中国の夢
電脳社会主義の可能性

矢吹 晋

花伝社

中国の夢——電脳社会主義の可能性

◆

目　次

はじめに——社会主義の初心を忘れず …… 5

第1章　中国を変え、世界を変えるEV車
　　　　——新社会階層が誕生しET革命を爆進する中国

　第1節　EV車とQRコードの推進力 …… 13
　第2節　トヨタ・ハイブリッドの挫折 …… 17
　第3節　ニューエコノミーと新社会階層 …… 24

第2章　「移行期の中国経済」の高度成長

　第1節　「世界の工場」が生まれた背景 …… 32
　第2節　「メイドインチャイナ2025」の目標 …… 38
　第3節　「メイドインチャイナ2025」のプロジェクト例 …… 43
　第4節　歴史的に見た中国経済 …… 45

第3章　現実化するデジタル・レーニン主義
　　　　——ビッグデータとデジタル・リヴァイアサン

　第1節　デジタル・レーニン主義の可能性 …… 49
　第2節　ビッグデータの収集とデジタル・リヴァイアサン …… 55
　第3節　ネットワーク・セキュリティを導く司令部 …… 57
　第4節　ニュースを料理する「中央厨房（セントラルキッチン）」
　　　　——『人民日報』の新システム …… 64

第4章　電脳社会主義の必然性——テクノファシズムをどう防ぐか

　第1節　社会主義国家の「官僚」化をめぐる言論 …… 68
　第2節　ソ連解体からチャイメリカ体制へ …… 73

第3節　文化大革命再考──「五・七指示」に基づく理念 …… *79*
　第4節　毛沢東社会主義の教訓 …… *88*
　第5節　市場経済への移行と天安門事件 …… *93*
　第6節　中国版「ノーメンクラツーラ」…… *98*
　補　　グレーバーによる官僚制分析 …… *103*

第5章　習近平思想──電脳社会主義の舵手

　第1節　習近平思想の登場 …… *107*
　第2節　政治報告の核心 …… *111*
　第3節　政治報告の構成 …… *114*
　第4節　「初級段階の主要矛盾」の再措定 …… *119*
　第5節　低姿勢外交から「運命共同体」作りへ …… *124*

第6章　一帯一路が導く全方位外交

　第1節　安倍晋三・習近平の握手 …… *129*
　第2節　トランプ大統領のアジア訪問 …… *134*
　第3節　中国は非核統一朝鮮を望む …… *138*
　第4節　北朝鮮の「核」をどう見るか …… *146*

補論1　チャイナセブンをめぐる大誤報

　第1節　日本メディアの憶測した人事 …… *155*
　第2節　公務員任期制と定年ルール …… *162*
　第3節　北京発大誤報 …… *171*
　第4節　トップセブン選出の裏事情 …… *175*

補論2　喉の小骨と化した尖閣紛争
- 第1節　なぜ、やはり「尖閣問題」が日中関係の核心なのか …… *182*
- 第2節　尖閣諸島は無主地であったのか　…… *186*
- 第3節　「領有紛争は沖縄返還に始まる」のか？ …… *193*
- 第4節　村瀬・宮本論文への疑問 …… *199*
- 第5節　今後の尖閣問題解決にむけて …… *205*

おわりに——中国の勃興と日本の危機 …… *207*

巻末資料・中国版ノーメンクラツーラ …… *211*

はじめに——社会主義の初心を忘れず

シェアリング先進国、中国

　上海のある雑誌[1]によると、2017年の中国の流行語第1位は「初心を忘れず（不忘初心）」であった。これは習近平が10月18日中国共産党の第19回党大会初日の報告で「初心を忘れず、使命を銘記せよ」と呼びかけたことから生まれたキーワードである。ここで習近平の説いた使命とは「中国人民のために幸福を図る」、「中華民族のために復興を図る」ことだが、何が幸福で、何が復興なのか、抽象的な言い回しだ。

　流行語第2位は「砥礪奮闘前進」である。「砥」も「礪」も刃物を研ぐ砥石のことで、砥は仕上げに用いるなめらかな砥石、礪はキメの粗い砥石である。つまり、共産党員は革命精神を磨き上げて奮闘前進せよという意味だ。習近平は2012年以来5年間の施政の成果として、①経済発展、②民生保障、③生態文明、④科技進歩、⑤文化教育、⑥地域発展の6分野を挙げ、これらを「中国的特色をもつ社会主義の道」の内容とした。ここでもまだ成果の内容は抽象的だ。

　流行語の第3位は「共享（シェアリング）」である。「共」に「享受」する、というキーワードから、一挙に現実生活の話になる。中国の人々は、自転車のシェアリングによって住まいからバス停、地下鉄駅までの「最後の1km」問題を解決できたと喜ぶ。シェアバイク方式は、「ネット技術とモバイル決済」を結合した新しい方式だ。充電シェアリング、雨傘シェアリング、バスケットボールのボールシェアリング……など、シェアリングが次々に生

1　2017年12月12日、上観新聞『咬文嚼字』編集部発布2017年"10大流行語"
　http://www.jfdaily.com/news/detail?id=73696

活に浸透し、社会管理と人間関係に巨大な変化をもたらしつつある[2]。2020年には「シェアリング経済」がGDPの1割以上を占めるというから、展開は急ピッチだ。

「シェア自転車が中国を変える」と聞けば、「白髪三千丈」（李白）並みの誇張ではないか、と受け取る向きもあろう。だが、2017年秋、著者が北京で3週間生活した体験から推すと、あながち牽強付会とは言い切れない。コンビニや普通の商店は言うまでもなく、レストランから屋台まで、タクシーからクリーニング店まで、「財布不要、スマホのみ」という生活が北京ではすでに現実なのだ。著者は2年前から話には聞いていたが、実際に**スマホ決済の現場**を見せつけられるまで半信半疑であった。作家谷崎光のエッセイ「中国でスマホを紛失したら、どれだけ恐ろしい事態になるか」は、スマホの効用を裏側から活写して余すところがない[3]。これは北京のような大都市だけの話ではない。雲南省昆明ではホテル宿泊客に対して「顔認証」方式が始まったと『昆明日報』が伝えていた[4]。

すでに、スマホなどを通じた電子商取引（略称ｅコマース）は、中国経済で大きな部分を占めている。中国電子商務研究中心（CECRC）[5]が公表した「2017年上期の中国電子商取引市場データ観測報告」（2017年9月19日）によれば、ｅコマース取引総額は13.35兆元であった。1元を17円とすれば、約226.9兆円の規模である。日本の2016年国民所得は392兆円であるから、6割弱に相当する。同じく「2017年上期の中国ネット小売市場データ観測報告」によると、ｅコマース取引総額に占めるネット小売りのシェアは23.2%程度である。

スマホ決済の利点は**便利さ**だけではない。そこで**集積されたビッグデータ**が消費財の生産計画に活用され、消費財への資源配分はやがて生産財へ

---

2 建国初期の農業合作化運動のなかで「集団所有制」について多くの議論と実践が行われたが、今回は大都市の一角からシェアリング（共享）という形で、もう一つの集団所有制が生まれた。その意味は深い。

3 http://cl.diamond.jp/c/acpKcihI2lbSe8ab

4 「昆明西山区：不用身份証、刷臉就可住酒店」『昆明日報』2017年9月25日。

5 http://www.100ec.cn/zt/bgk/

の資源配分に及ぶ。こうして庶民の生活需要に基づく**消費財の生産が基点**となり、中国経済全体への計画的資源配分が可能となる——このメカニズムがより重要である。

　ここで著者が想起するのは、ソ連経済解体の教訓だ。ソ連流の計画経済は戦争経済を遂行する上ではきわめて効果的に機能し、ナチスドイツの攻撃に持ちこたえた。しかしながら、スターリンが死去し、フルシチョフの平和共存時代になると、その欠陥が露呈された。人々はパンやバター、野菜を求めて長い、長い行列を作ることが日課となった。ハンガリーの経済学者コルナイ・ヤーノシュが『不足の経済学』（盛田常夫編訳、岩波書店、1984年）で分析したのは、主として消費財の不足問題として現象する「ソフトな予算制約」という計画経済の矛盾であった。コルナイは、計画経済の「実務家としての体験」を総括して、国有経済において不可避的に発生する**全般的不足のメカニズム**を鮮やかに分析して見せた。

　国有経済の企業は、損失が政府から補填される「ソフトな予算制約」のために、常に**過剰蓄積の傾向を持つ**。特に、生産ノルマの変更に対して容易に超過達成で対応できるように、経営者は様々なコネを尽くして原材料や部品などの生産資材を入手し、**過剰に在庫しておく**。市場原理の導入が進んだ当時のハンガリーでは、これが**過大な投資需要の発注**として現れる。他方で「ソフトな予算制約」は、コスト削減や技術革新の誘因をそぐため、生産能力は需要に比べて拡大しない。こうして**慢性的な需要超過**に見舞われる。その超過需要が**生産資材を入手できるときに「在庫しておく傾向」**を生み出し、需要超過をますます進行させる——これがコルナイの説いた「不足の経済学」の論理である。

　欲しい消費財が手に入りさえすれば、行列も我慢できよう。しかし行列することさえ不可能な商品があった。そのシンボルがナイロン・ストッキングである。西側の旅行客からの土産として最も歓迎される商品の王座をこの種の商品が長らく占めていた往時は、人々の記憶からほとんど消えようとしている。人工衛星スプートニクを打ち上げ、宇宙船ボストークを飛ばすハイテク能力を備えたソ連が人々の身近な消費財への需要を満たすことができずに解体した歴史を想起しつつ、著者はいま、中国がシェア自転

車のような底辺から「シェアリング生活」を積み上げていることの含意をかみしめている。シェア自転車が電気自動車（EV）のシェアリングに及び、やがては「マイカーという概念」さえも忘れられ、**社会の公共財に変身する**であろう。呼び出しに応じてやってきた自動運転の無人車に対して、利用者はその都度使用料を払う。ちょうどバス料金を払うように──。このような**予想もできない時代**がまもなく現実化する。これは旭化成名誉フェロー吉野彰の予言だが（「ET革命がもたらす未来の社会」NHKラジオ2017年12月）、中国はその潮流の先頭に立つ。

　ETと聞くと、人々はスティーヴン・スピルバーグ監督の映画から、「地球外生命」（Extraterrestrial life）を想起するかもしれない。しかし本書で語るETは Embedded Technology Revolution の略であり、異星人ではない。Embedded Technology は通常「組込み総合技術」と訳されているが、大方の読者にとってET革命が見知らぬものである点では、異星人に似ているかもしれない。この集積回路の組込み技術が人々の社会をどのように変えるか、その全貌はまだ誰にも見えていない。しかしながら、これは着実に21世紀の人類社会を変えつつある。

技術革新の先駆けで世界経済を牽引

　この傾向は低炭素社会へのニーズにも符合しており、21世紀世界経済を主導する原動力となるであろう。2017年12月19日、中国政府は二酸化炭素排出量取引の「全国市場開設」を発表し、EUの規模を超える世界最大の排出量取引市場が誕生した。張勇主任（国家発展改革委員会）は「低炭素型発展とサプライサイド（供給側）改革により、企業の構造転換を一挙に進める」と「脱炭素革命」の意義を強調した。翻って日本は、2012年に炭素税を導入したものの、国際的に最低レベルにとどまっていて、削減効果はない。取引市場の導入に踏み切れない日本は、この分野でも落ちこぼれた。

　躍進する中国経済は、GDPのサイズだけではなく、消費生活の面でも「先進国米国を超える日」を展望できる時代に入りつつある。14億の人々の生活がガソリン車のマイカーで支えられる日は、地球環境の制約からし

てありえないが、EV車の**シェア方式**ならば、夢がかなう。これが中国の夢見る「新しい生態文明」の一つのイメージだ。

　国連は『世界経済の形勢と展望2018』（2017年12月）を発表して、2018年の世界経済の成長率を3％と展望し、この成長を支える上で、約3分の1は中国経済の貢献によるものだと指摘した（United Nations, *World Economic Situation and Prospects 2018*. New York.）。

　「中国の夢」とは、IT革命からET革命（*Embedded Technology Revolution*）への転換を全世界に先駆けて疾走することによって実現されるであろう。ET革命の首唱者・吉野彰の「未来社会論」で著者が最も共感するのは、「人工知能つきEV車」（AI-EV）が、マイカーを不要ならしめ、「共有AI-EV」によるシェアリング経済推進のキャリアーになるという未来予測である。この技術は地球環境の「制約条件下での持続的発展」を可能にし、現代人の生活需要を満たしうる点で実現可能性をもつ。現代社会主義は21世紀初頭の今日、人類史上初めて、それを実現する**生産力の基盤**を備えたことになる。

　ビッグデータの活用によって中国経済はいま新たな発展を模索しているが、この「中国モデル」（*Digital China* ＝ 数字中国）は、特殊中国的なものではなく、普遍性をもつ。それは、ジョージ・オーウェルの危惧した「ビッグブラザーの独裁」に陥る危険性、すなわち「デジタル・リヴァイアサンという怪物」に食い殺される危険性を伴うが、他方、その担い手に公正と正義（*Fairness and Justice*）あるいは国際正義（*International Justice*）の精神を伴うならば、人工知能（AI）の力を借りて怪物を飼い馴らし、人々の生活に奉仕させる、新しい「もう一つの可能性」も秘めている。

AIIB、一帯一路が体現する中国のイニチアチブ

　習近平が提起した「一帯一路」の英訳は、当初 *One Belt and One Road* と直訳されていた。その後 *The Belt and Road Initiative* ＝ BRI と改訳され、中国の真意がより明確に伝わるようになった。習近平講話（2017年5月14日）は、ロシアから「欧亜経済連盟」、ASEANから「グランドデザイ

ン構想」、カザフスタンから「光明の道」、トルコから「中間回廊」、モンゴルから「発展の道」、ベトナムから「2つの回廊と1つの経済圏」、ポーランドから「琥珀の道」などの提案が出されたと言及している(『習近平治国理政』第2巻、中国外文出版社、2017年11月、509頁)。**一帯一路の改訳**は、各国からの提案を受けて、中国のイニシアチブの立場を明らかにしたものであろう。そしてこのBRI構想を金融面から支援するアジアインフラ投資銀行(AIIB)は、アメリカの格付け機関ムーディーズによって「トリプルAの評価」を受けるに至った(*AIIB Receives Triple-A Credit Rating.* June 29, 2017)[6]。BRIやAIIBを白眼視している人々は、いまや圧倒的少数派に転落しつつある。

ET時代において、世界中にはりめぐらされたデジタルカメラ群のデータは**人々を監視する凶器**ともなりうるが、同時にそこから人々の現実の生活を映し撮り、**希望を汲み上げて集約する利器**ともなる。限られた資源を共にシェアし、合理的に配分する手段として「計画経済システム」に勝るものはない。ET技術は、当然ながら諸刃の剣であり、他の技術と同じく善悪2つの可能性をもつ。いまや21世紀のラッダイト運動(*Luddite movement*=機械破壊運動)はありえない。原子力の「平和的利用」は、技術的に未完成であり、日本では失敗したが、中国は原子力のリサイクル技術の可能性を諦めていない。世界原子力機構(IAEA)によれば、2017年末現在、中国の原発は38基が稼働しており、19基を建設中である。[7]

2018年　春立つ日に

著者・矢吹晋

---

[6] https://www.aiib.org/en/news-events/news/2017/20170629_001.html

[7] http://www-pub.iaea.org/MTCD/Publications/PDF/RDS_2-37_web.pdf

図表 0-1　中国電脳社会主義年表

2011年2月	胡錦濤講話で「社会管理」の4文字を強調。このキーワードは、第12次5カ年計画（2011～2015）要綱にもあり。「管理」から「治理」へ次第に転換する
2011年5月	国家インターネット情報弁公室開設
2013年6月	スノーデン事件発覚、アメリカによるネット情報盗聴の実態暴露
2014年2月	「中央インターネット安全及び情報化指導小組」成立。**習近平が責任者になる**
2014年4月	劉奇葆中央宣伝部長「伝統メディアと新興メディアの融合発展の推進を加速せよ」「人民日報」
2014年8月	中国共産党中央全面深化改革指導グループが「指導意見」を採択
2015年3月	李克強が全人代の政府活動報告で**「インターネット＋」戦略を提起**
2015年7月	国家安全法を改正。インターネットの安全、インターネット空間主権の明確化
2015年10月	第13次5カ年計画（2016～2020）に「インターネット強国」建設を盛り込む
2015年12月	反テロリズム法を採択。ホスト企業に対し接続技術の提供を義務づける
2016年12月25日	習近平が第2回世界インターネット大会で「国家治理に対するインターネットの重要性が日増しに高まる」と述べる
2016年11月	インターネット安全法採択（2017年6月施行）
2016年12月	国家インターネット空間安全戦略を発表
2017年1月	「第39回インターネット発展状況統計報告」
4月13日	Sebastian Heilmann, *Leninism Upgraded: Restoration and Innovation Under Xi Jinping* April 13, 2017, Harvard Univeriusity, Asia Center
6月15日	米紙 WSJ は「もし中国が量子通信ネットの確立に成功すれば、米国のコンピュータ・ネットワークにおける優位性が減衰する」と、深刻な懸念を報道
10月10日	ネットワーク・セキュリティについての米中対話が行われ、コミュニケ発表。主な内容は、①不法移民の送還、②毒物禁止、③ネットワーク犯罪の摘発、など
10月18日	習近平は政治報告で**「インターネット、ビッグデータ、人工知能（AI）と実体経済の高度な融合」**を促し、ミドル・エンドの消費、イノベーションによる牽引、グリーン・低炭素、シェアリング・エコノミー、現代サプライチェーン、人的資本サービスなど新成長ポイントを形成する」と指摘
12月	中国版北斗衛星システム BDS（＝ *BeiDou Navigation Satellite System*）は、米 GPS との間で相互乗り入れ、合作協定の共同声明を発表

資料：高井潔司「インターネット＋社会の光と影」『中国情報ハンドブック』蒼蒼社 2017年7月をもとに補充。

ここで関連略語を一瞥しておく。

AI とは、*Artificial Intelligence* の略で人工知能（中国語：人工智能）である。

Big Data（ビッグデータ）とは、単に量が多いだけでなく、①様々な種類・形式が含まれる非構造化データ・非定型的データであり、さらに、②日々膨大に生成・記録される時系列性・リアルタイム性のあるものを指す。従来は管理しきれないため見過ごされてきたデータ群を記録・保管して即座に解析し、ビジネスや社会に利用することが、データの活用である（中国語：大数据）。

Deep Learning（ディープラーニング）とは、日本語で「深層学習」と訳されるが、人間の脳の構造を模した機械学習における深化した手法を指す。人工知能（AI）の基礎となる（中国語：深度学習）。

Digital Leviathan（デジタル・リヴァイアサン）とは、ホッブズ（英、政治哲学者 1588～1679）の描いた怪物にビッグデータをなぞらえた表現である（中国語：数字利維坦）。

Electronic Commerce（電子商取引、略称 e コマース）とは、コンピュータネットワーク上での電子的な情報通信によって商品やサービスを売買したり分配したりすることで、消費者側からは「ネットショッピング」と呼ばれる。企業がインターネットを介して消費者に対して小売を行う「企業対消費者間取引」（Business to Consumer、B to C）のほかに、「企業間取引」（Business to Business、B to B）、「消費者間取引」（Consumer to Consumer たとえばインターネットオークション）、などが含まれる。

ET とは、*Embedded Technology* の略で、組込み技術（中国語：嵌入系統、嵌入技術）の略。その代表は EV 車であり、車に組み込まれたコンピュータにより完全自動運転も可能になりつつある。2017 年は**自動車用**リチウムイオン電池の使用量が**モバイル機器用**のそれを上回った年であり、ET 革命の**一里塚**として記憶に値する。

IoT（モノのインターネット）とは、*Internet of Things* の略で、モノに取り付けられたセンサーによって、人手を介さずにデータを入力し、インターネット経由で利用するシステムである。中国語では「物聯網」と訳し、インターネットの中国語訳「互聯網」と対比される。

IT は、*Information Technology*「情報技術」（中国語：信息技術）の略である。

第1章　中国を変え、世界を変えるEV車

——新社会階層が誕生しET革命を爆進する中国

第1節　EV車とQRコードの推進力

スマホ普及とQRコードが果たした役割

　「はじめに」で著者のスマホ決済初体験を記したが、そもそも、なぜスマホが中国で急速に普及したのか。これは、いくつかの偶然の相乗効果によるものと見ていい。途上国として中国のインフラは、きわめて貧弱であった。その一つが家庭用固定回線の不足である。街角にはいまも「公用電話」の4文字が残る。これが中国型公衆電話である。人々はその前に行列を作ることが多かった。携帯電話の登場は人々を電話待ち行列から解放した。需要が爆発的に増えたので、送受器の価格はみるみる下落し、通話料もみるみる下落した。そこへ今度はスマホが参入した。華為（ファーウェイ）というベンチャー企業が新製品を提供して主役の座を占めた。携帯電話3社（中国電信、中国聯通、中国移動）の熾烈な競争によって価格は下がり続け、サービスは改善され、スマホの普及が一気に進んだ。

　中国ではクレジットカード（たとえば銀聯カード）の普及は遅れた。市内間の決済には問題がないが、地方都市との通信が順調でなかったからだ。携帯やスマホはこの壁を突破した。クレジットカード決済はようやく普及し始めたが、そのときすでに直接モバイル決済の段階へ移行した。スマホ利用のモバイル決済は、クレジットカード決済やネットバンキングとは異なり、スキミングされ情報を盗まれる危険を避けるアプリを開発したので、人々は安心して使える。つまりプリペイ（前払い）された現金は、「スマホ内のチップ」にある。カネは手元にあるから安心だ。しかも銀行預金よりも高い金利が付く。人々は銀行口座からスマホに貯蓄を移し、銀行側を

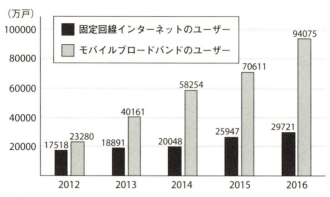

図表 1-1　インターネットは固定回線 3 分の 1 未満、圧倒的なモバイル派（2012 ～ 2016 年）

資料：国家統計局統計公報 2017 年 2 月 18 日

慌てさせている。

　中国でモバイル決済がクレジットカードやデビットカード系に勝利した理由を整理すると、次の事情がある。モバイル決済は、クレジットカード決済に比べて導入コスト（たとえば店頭の読み取り装置不要）が安く、決済後の入金期間が短いといった特徴がある。ちなみに日本の例からも分かるように、クレジットカード決済は銀行預金口座をベースとしてカード発行しているので、それぞれの銀行ごとに設定された預金保護システムが、相互乗り入れ、発展の足かせとなっている。ネットバンキングとの比較では、銀行のウェブサイトを使った決済は操作が煩わしいうえに、「なりすましサイト」に誘導され、日本でも詐欺被害が続出している。パスワード変更や「ワンタイム・パスワード」など対策も進められたが、詐欺犯人とのいたちごっこは相変わらず、人々を悩ませている。モバイル決済が銀行系、交通系、飲食系カードに勝利した、決定的な要素がある。それは読取りに QR コード（*Quick Response*）を選択したことだ。

花伝社ホームページの QR コード

　QR コードは、日本の自動車部品メーカー・デンソーが開発したもので、この技術を同社は惜しみなく公開して

いる[1]。ユーザーの利用と教育にかかるコスト（すなわち技術性や利便性）では、SuicaやPASMOのような非接触通信（近距離無線通信：NFC＝*Near field communication*）に劣る。というのはSuicaやPASMOのようなICカードは、①「利用者がかざす」だけという簡単な動作で利用可能であり、②応答スピードが早く、時間の短縮化ができ、さらに③非接触のため、摩耗による製品故障が少ない、といったメリットをもつ。

にもかかわらず、QRコード採用のメリットは大きい。それは、①ハードウェア装置（たとえば店頭の読み取り装置）に依存しないので「普及のコスト」が近距離無線通信（NFC）よりも安い。②利用者がワイファイのできる環境でスマホを使うと、無料でアクセスでき、しかも異なるOS（オペレーティングシステム）やハードウェアの環境でも共通して利用できるので（クロスプラットフォーム）、全体的なコストはNFCよりもはるかに安い。

もう一つ、決め手があった。それは「カメラ付き携帯」、すなわちスマホが、QRコードを瞬時に完璧に読み取ってくれることだ。先後関係が逆になったが、そもそもクイック・リスポンスとは、3万種の自動車部品在庫を瞬時に識別するために開発された技術なのだ。

中国におけるスマホ決済はIT革命の花形だ。そしてこのIT革命はET革命を呼ぶ。ETとは、「組込みシステム」（*Embedded System*）の略語で、ほとんどの工業製品にコンピュータが組み込まれ、その上で稼動するソフトウェアにより、製品の機能が実現されていることを指す。ユビキタス社会[2]とも呼ばれる。EV車はその代表である。ET革命はさらに進み、2025年には、吉野彰によれば、人工知能（AI）の技術と結びついて、電動車

---

1 QRコードの知的財産権について同社のホームページは「QRコードは誰でもご自由にお使いいただけます」と明記し、「QRコードの利用（作成・読取）には使用料は必要ですか？」という質問に対しては「JIS規格やISO規格に制定されているQRコードの使用に対するライセンス等は必要なく、誰でもご自由にお使い頂けます」と案内している。http://www.qrcode.com/faq.html#patentH2Title

2 総務省『情報通信白書』（平成16年版）によれば、「『いつでも、どこでも、何でも、誰でもアクセスが可能』なネットワーク環境」を、ユビキタス社会と定義付けている。もともとはラテン語で「至る所に遍在する」という意味である。

の「無人自動運転」さえ普及し、車社会が一変する。その時、「三種の鈍器」に陥るのは、①エンジン車（EV車代替）、②白熱灯（LED代替）、③交流送電（直流代替）である。2017年には「EV車に用いられる電池容量」の総和が「モバイルIT用電池容量」の総和を上回り、「ET革命が始まった」と吉野は説いている。IT革命からET革命へという科学技術の発展は人々の生活を変え、経済活動を変え、ついにはニューエコノミー（新経済）と呼ばれる新しい分野を生み出しつつある（後述）。

IoT（中国語＝物聯網）の時代

21世紀はモノのインターネット（IoT、中国語＝物聯網）の時代であるといわれる。このIoT時代における中国の優位性について金堅敏（富士通経済研究所）は、次の5項目を挙げている。

① 市場の優位性。集積の効果で収益均衡点に速く到達できる。
② 人材の優位性。中国の研究開発要員が世界の2割を占める。
③ 資金の優位性。ベンチャーキャピタル、未公開株式（Private Equity）など大量の資金が新産業に進出している。
④ オープンソースの優位性。既存技術の蓄積が少なく、過去の既得権益を守る意識が薄い。
⑤ 規制当局の寛容さ。「先に自由放任あり、後に規制でルール化する」行政の作法。ここで金堅敏は、**プライバシー保護**よりは、**裸にされても新技術に触れたい国民性**と補足して微笑した。

米国のEV車ベンチャー・テスラ社の株式時価総額が、同国の自動車会社ゼネラル・モーターズ（以下GM）のそれを上回ったという報道が世界をかけめぐったのは2017年4月のことだ[3]。2003年に設立されたばかりで、年産わずか8万台のベンチャー企業が100倍の規模をもつGMを超えたのは、この企業の将来性が買われたものだ。

---

3 「2017年4月10日、米電気自動車メーカー、テスラ・モーターズが時価総額でゼネラル・モーターズ（GM）を抜き、同ベースで全米首位の自動車メーカーとなった」（2017年4月10日、ブルームバーグ）

ところで、上には上がある。8カ月後、このテスラに挑戦する野心的な中国企業が2018年1月、米ラスベガスの消費者家電ショー（CES）で登場した。『日刊工業新聞』（2018年1月9日付）の報道によると、タイトルは「中国バイトン、完全自動運転で初の試作車　来年末に投入」である。

【米ラスベガス＝杉本要】「中国・南京に本拠を構える電気自動車『バイトン』は日本時間8日、初の試作車を発表。『レベル4』の**完全自動運転機能**を実現、**単なる乗り物ではなく、シェアリングを想定したスマートデバイス**である。2019年末に中国、20年には米国と欧州で発売する。航続距離は520km。価格は4.5万ドル（約500万円）。米アマゾンの音声認識人工知能『アレクサ』を搭載し、音声で車載機器の操作が可能。カーステン・ブライトフェルト（ドイツ人CEO）は『2019年時点で、世界で最も進んだ車となる』と意欲を示した。バイトンは2016年設立の中国のEVベンチャー *Future Mobility* の製品だ。独BMWと日産自動車の元幹部が共同で創業し、米アップルの元技術者らも加わった。部品供給網の構築で独ボッシュや仏フォルシアなどと協業する」（強調引用者）。

この記事から明らかなように、南京発のベンチャー企業は独仏中の協力により、テスラの半額でバイトンを売り出すという話なのだ。著者は新年早々、香港の英字紙SCMPでこのニュースを知り、大いに驚かされた。そして著者をもっと驚かせたのは、日本のメディアが『日刊工業新聞』と短い共同通信記事を除いて、このニュースを一切無視したことであった。この事件は何を意味するであろうか。中国市場において日本自動車業界が「第2の家電業界」に陥る兆候でなければ幸いだ。

第2節　トヨタ・ハイブリッドの挫折

規制されるガソリン車・ハイブリッド車
　第3のEV車ショックも中国から届いた。中国の4大自動車メーカーの

一つ長安汽車は、2017年12月、ガソリン車の製造販売を2025年に停止すると発表した。同じく北京汽車集団も2025年までにガソリン車の製造販売停止を発表した。特に北京では2020年までに5年繰り上げてガソリン車の製造販売を停止する方針を発表した。こうしたガソリン車廃止の潮流を追いかけるように、ドイツのフォルクスワーゲンがEV車のために340億ユーロ（約4.5兆円）を投資するといった類のニュースが続いていた[4]。

英仏両国政府も2017年7月には、2040年にもガソリン・ディーゼルエンジン車の販売禁止を言明した。米国で最も規制の厳しいカリフォルニア州では、2012年時点では、カリフォルニア州で年間6万台以上販売するメーカー6社（GM、フォード、クライスラー、ホンダ、ニッサン、トヨタ）がZEV規制（排ガスゼロ車＝Zero Emission Vehicle）の対象であった。ところが2018年モデル以降、販売台数が中規模のメーカー（BMW、メルセデス・ベンツ、現代(ヒュンダイ)・起亜(キア)、マツダ、フォルクスワーゲン、スバル、ランドローバー、ボルボなど）にもZEV規制が適用されることになった。さらに2018年、すなわち今年からは「排ガスゼロ」規制が適用される。トヨタ系のハイブリッド車（エンジン・電池併用）は「排ガスゼロ車の定義に含まれない」から、**規制対象になる**。こうした規制強化に対して、フォルクスワーゲンは「2030年までに全300社種の電動化」方針を、スウェーデン・ボルボも「2019年以降発売の全車電動化」など対応策を発表している。

ハイブリッド化によりガソリン車の延命策を図るトヨタ戦略[5]は、重大

---

[4] 独フォルクスワーゲン（VW）は、2018～22年の5年間で電動化を中心とする次世代技術に340億ユーロ（約4兆5000億円）を投資すると発表した。『日本経済新聞』2017年11月7日。

[5] アメリカのCARB規制により、2018年モデルからハイブリッド車は販売を許されない。EUも似た排出規制を定めている。New EU carbon dioxide emissions regulations from 1 January 2018, http://www.gard.no/web/updates/content/20861564/gard-alert-new-eu-carbon-dioxide-emissions-regulations-from-1-january-2018

な危機を迎えている[6]。下請け産業を含めて自動車関連業界の日本経済に占める地位は圧倒的である。自動車は約3万個の部品を組み立てる「組立て産業」である。部品数は航空機ほど多くはないが、日本経済への重大な衝撃は明らかだ。

EV車と従来のエンジン自動車との大きな違いは、エンジンの推進力とそれを車輪に伝えるトランスミッション（動力伝達装置）の有無だ。エンジン型自動車では排気ガスの少ない省エネ型のエンジン製作が難しかった。動力を車輪に伝えるトランスミッションも、折れにくい堅牢な部品を必要とした。ところがEV車では、エンジンの代わりにモーターが回転し、その動力は直接車輪に繋ぐことができるので、技術的壁はない。これまでに百年にわたって積み重ねてきた**モノづくりの技術**が一挙に陳腐化してしまう。それを論理としては理解できても、現実には容易に受け入れがたいのが人間の習性である。この規制強化の動きは当初から理解していたにもかかわらず、「これから2、30年先」と事態を楽観してきた立場が裏目に出た。

注）「トヨタの環境戦略としては優位性のあるハイブリッドカー（HV）やプラグインハイブリッドカー（PHV）で主導権を握り、将来の環境対応車としてFCV（矢吹注：燃料電池車）を本命とみて進めてきた。EVは航続距離が短いことや充電インフラが整っていないこと、さらに価格が高くなるとして普及しないと位置づけてきた。しかしながらトヨタを取り巻く環境が激変する。欧州自動車メーカー各社が環境対応車としてクリーン・ディーゼル車からEVへのシフトを鮮明にしている。また、都市部での大気汚染問題が深刻化し、HVやPHVなどの内燃機関を搭載した車より、排ガスゼロのEVを重視する動きが鮮明になっている。さらに、トヨタが環境対応車として注力してきた肝心のHVが、環境対応車として認められなくなっている」（河村靖史「トヨタ、経営判断ミスで環境車戦略失敗……見下した提携相手から逆襲、プリウス不振の誤算」『ビジネス・ジャーナル』2017年6月22日）。

---

6 「EV革命100兆円」『週刊エコノミスト』2017年9月12日号、「パナソニック・トヨタが挑むEV覇権」『週刊ダイヤモンド』2017年10月21日号、「日本経済の試練、EVショック」『週刊東洋経済』2017年10月21日号と、日本でも3誌が特集した。

EV車の困難は、モーター自体ではなく、そのモーターを回すリチウムイオン電池にある。これを開発したのは前述の吉野彰である。「リチウムイオン２次電池における吉野彰博士の業績」によると[7]、吉野によって開発された主な要素技術は以下の通りである。①炭素を負極とし、コバルト酸リチウムを正極とするリチウムイオン２次電池の基本構成を確立した。②電極、電解液、セパレータなどの本質的構成要素に関する技術を確立した。③安全素子・保護回路・充放電などの実用化技術を確立した。

　なお吉野は自らの発明史を回顧して、①大規模集積回路LSI、②液晶ディスプレイ、③リチウムイオン電池を「新三種の神器」と名付けて、これら「三神器によるET革命」を展望している。逆に、衰退していく「ニッカド電池、レコード、銀塩写真」を吉野は「三種の鈍器」と名付け、変革の軌跡を分かりやすく解説した。

　携帯電話というモバイル技術によって、コミュニケーションに大きな変化が起こったが、これはモバイル革命と呼ばれている。その後、米アップル社はiPhoneを2007年1月に発表し、モバイル革命は、モバイル決済というキャッシュレス時代への幕を切り拓いた。そして2010年には電気自動車が日本で発売され、ET時代の幕開けとなった。

　しかしながら、EV車技術に不可欠のリチウムイオン２次電池が日本で開発されたにもかかわらず、日本の量産化は遅れをとった。そしてお隣の

---

[7] 「1980年代、携帯電話やノートパソコンなどの携帯機器の開発により、高容量で小型軽量な２次電池（充電可能な電池）のニーズが高まったが、従来のニッケル水素電池などでは限界があり新型２次電池が切望されていた。負極に金属リチウムを用いたリチウム電池（１次電池）は商品化されていたが、金属リチウムを用いた２次電池には、充電時に反応性の高い金属リチウムが針状・樹枝状の結晶形態で析出し、発火・爆発の危険があり、充電と放電を繰り返すと劣化する難点があり、実用化されなかった。吉野は（中略）1983年にリチウムイオン２次電池の原型を創出した」
https://www.asahi-kasei.co.jp/asahi/jp/r_and_d/interview/yoshino/pdf/outlin_lithium.pdf#search=%27%E5%90%89%E9%87%8E%E5%BD%B0%E3%80%81%E3%83%AA%E3%83%81%E3%82%A6%E3%83%A0%E9%9B%BB%E6%B1%A0%27

中国でBYD（比亜迪汽車）[8]等がリチウム電池のEV車への転用・発展に成功しつつある。

トヨタの電動車開発

2017年12月13日、トヨタ自動車は電動車用の電池についてパナソニックとの連携強化を公表する記者会見を行った。トヨタはかつて慎重だったEV車も含め、電動車強化に転じた、とメディアは報じた。ここでいう電動車には、①電気自動車（EV）、②ハイブリッド車（HV）、そして③ハイブリッド車に外部からの充電機能を加えた、プラグイン・ハイブリッド車（PHV）、さらに④水素を用いて発電しながら走る、燃料電池車（FCV）が含まれる。

2017年時点でトヨタグループの世界販売見通しは約1000万台だが、13年後の2030年目標として、①＋④＝100万台、②＋③＝450万台、合計550万台の目標を設定した。中国企業は2025年までにガソリン車の製造販売を停止する目標を立てている。独フォルクスワーゲンも同じ2025年までに50種のEV車を投じる方針を明らかにするなど世界的な電動車シフトは加速している流れに押されて、トヨタの新方向が示されたが、出遅れの印象を否めない。EV車への転換がどのように進むかについては、さまざまの見方があるが、レコードがCDに代わり、ブラウン管が液晶テレビに代わり、フィルムカメラがデジカメに代わり、携帯電話がスマホに代わった先例からして、エンジン車からEV車への急転換は、予想を上回って進む可能性が大きい。

---

[8]「BYD自動車は、中国のバッテリーメーカー比亜迪股份有限公司の子会社である。同社の前身は、西安秦川自動車であり、同社が倒産したため、比亜迪により現社名に変更され、新会社として2003年に設立された。創業者で現会長の王伝福は、2009年度版の胡潤百富榜の評価では総資産350億元（日本円で約4556億円）と、中国一の資産家である。同社は2008年12月に世界初の量産型プラグインハイブリッドカー『BYD F3DM』を発売した。2010年4月、日本の金型メーカーオギハラの館林工場を買収し、館林工場の土地、建物、設備と従業員約80人を引き継いだ。今後、オギハラが開発した金型を中国本土に持ち込み、中国人社員への技術移転を進める。電気自動車の販売数では世界一である。」https://ja.wikipedia.org/wiki/比亜迪汽車

とはいえ、日本では自動車関連業界の就業者534万人（就業人口の8.3％）、製造業出荷額3.3兆円（17.5％）、輸入を差し引いた純輸出額4.2兆円と圧倒的なシェアをもつことから、既得権益保護の色眼鏡で見られ、電動化を軽視してきた感を否めない。三菱UFJモルガン・スタンレー証券のレポートによると、EV車によって「不要になる部品」は、愛三工業（燃料ポンプ）90％、エクセディ（クラッチ等）86％、日本特殊陶業（プラグ、排気センサー）83％、といった具合で5割以上の部品が不要になる企業だけで8社もある。[9]

電動化への課題として、電池の持続距離、充電時間、電池の劣化等があげられる。いわんや充電するための電力供給を重油や石炭に依拠したのでは、本末転倒になる。これらのネガティブな要素を数え上げて、日本は消極的な態度に終始して、今日の立ち遅れ事態を迎えた。日本のスタンスを反面教師として、中国が積極的に電動化に取り組んだのは、一つは排気ガス公害に悩まされている厳しい現実のほかに、エンジン車では克服困難な技術の後進性から一挙に脱出できるのがEV車だとする「技術転換の核心」を見極めていた冷徹な眼による。

京都議定書以降の日本経済

顧みると、先進国に対して温室効果ガスの排出削減を義務づけた京都議定書が採択されたのは1997年であり、発効は2005年であった。2017年は「議定書から20年」の節目であった。70年代のオイルショックを契機として「省エネ化」に成功した日本経済は、京都議定書辺りまでは「省エネ化」で世界を牽引する役割を果たした。しかしながら、バブル崩壊の後遺症はその後も長く日本経済の足かせとなり、2008年のリーマン恐慌でたたきのめされ、2011年の東日本大震災、福島第1原発事故は病める日本経済に致命傷を与えた。自信を喪失した日本政府（経産省）や産業界は「温暖化対策は経済に悪影響をもたらす」と、これを軽視し敵視するようになった。

---

[9] 『週刊東洋経済』2017年10月21日号。「論壇季評」『自由思想』2017年12月号。

注）ここで中国の原発について沖村憲樹「日本を抜いた中国の科学技術」（前掲書）からいくつかの事実を紹介しておく。「現在38基が稼働中である（わが国で稼働中なのは5基）。中国は国際原子力機構への登録によると、2030年には270基の原発が稼働し、2億kwを発電する世界一の原発大国になる。2060年までには750基の原発が設置される」、「当初は旧ソ連の技術を導入したが、その後米仏の発電炉を建設した。それを元に国産化比率を高め、自主技術による最先端原子炉『華龍』（150万kw）を開発し、年間8基程度を建設し、輸出を計画している」、「日本はもんじゅを廃炉とし、フランスも高速増殖炉フェニックスの開発を中止したので、中国はプルトニウム利用核燃料サイクルを仕上げる世界最初の国になる」、「高速増殖炉のほか、高温ガス炉、溶融塩炉・進行波炉など長期的観点から新型原子炉開発を進め、核融合についてもITER（国際熱核融合実験炉）を実行している」、「国務院工業情報化部中国原子力能機構という組織が総合政策を立て、傘下の企業集団で数十万人が働いている」（前掲書、108頁）。

　京都議定書採択の1997年当時、日本は経済協力開発機構（OECD）加盟国中、1人当たりGDPで4位だったが、2014年には19位に転落した。二酸化炭素排出1トン当たりのGDP、すなわち炭素生産性も5位から20位に転落した。2002～2014年のGDP成長率と温室効果ガスの削減率を見ると、英国は62.1％成長で24.8％削減、ドイツは32％成長で13％削減、米国は58％成長で4.4％削減という先進国経済のなかで、日本はマイナス0.4％成長で1.9％削減に終わった。ゼロ成長やマイナス成長のもとでは、伸びしろのない環境で二酸化炭素排出を削減することになるから、これが極度に困難なことは容易に分かる。効率の悪い設備を廃棄して効率の良い設備に更新することなしに二酸化炭素排出を削減することは不可能だ。日本経済は総じて、リーマン恐慌や東日本大震災を口実として利用するばかりで、極度に臆病になり、ひたすら現状維持に徹した。この結果、日本経済の劣化は急速度で進行した（第2章図表2-2、3参照）。

　このような経済的現実を覆い隠すかのごとく、主要メディアは、中国崩壊論を煽り、安倍政権は中国「封じ込め」のために世界各地を飛び回った。赤字国債だけは際限もなく発行し続けたために、これは証券市場に流れ、株高を演出したが、株高は実体経済の改善とは無縁の虚構の繁栄にすぎまい。

第3節　ニューエコノミーと新社会階層

EV車開発を支える中国のベンチャー金融

　日本の迷走ぶりとは対照的に、既に中国大陸でEV車業界は疾走している。自動車ジャーナリスト河口まなぶの「BYD訪問記」で、その一端に触れることができる[10]。

> 「『中国のシリコンバレー』と称される深圳の街中からクルマで約40分の郊外。（中略）筆者はただただスケールの大きさに圧倒された。まるで、浦安ディズニーランドの感じを彷彿とさせた。Build Your Dreams、頭文字をとってBYDというこの会社が興ったのは1995年のこと。家電用バッテリーの会社として創業し、2002年には香港メインボード（H株）において過去最高額で上場。そして2003年に自動車へと参入し、2005年には世界初のプラグイン・ハイブリッド車を送り出した。さらに2008年には世界最大の投資持株会社バークシャー・ハサウェイの会長兼CEOのウォーレン・バフェットが約10％の投資を行って話題となった自動車メーカーである。そして創業者で現会長の王伝福は創業22年で、中国一の資産家になった」「会社規模は、2016年に約50万台を販売しているが、中国においてはまだベスト10に届かない。しかし実際に会社を訪れて感じる印象は日本の自動車メーカーと同等以上の雰囲気が漂う」「（引用者注：EV車の）バッテリーは64kWhで、航続距離は400km。タクシー用途なので1日1回の充電で済む。このe6はもう6年前から走っているが、既に100万kmを超えた個体も存在する。ちなみに深圳のタクシーは全部で1万8000台だが、そのうちの7000台をe6が占める。タクシー会社はBYDの資本が入っていて、かなりの走行データを収集で

---

[10] 河口まなぶ「EVシフト準備万端！中国の自動車メーカーBYDの衝撃」2017年9月25日　https://news.yahoo.co.jp/byline/kawaguchimanabu/20170925-00076152/

きている」、「この街で過ごしてさらに衝撃的だったのは、現地の人がほぼ現金を使っていないこと。ここ深圳から誕生し、最近アリババグループを抑えてアジアナンバーワンの時価総額を持つに至ったテンセント社が開発したインスタントメッセンジャーとSNS機能を融合したアプリ（＝WeChat）、その付加機能であるWeChatPayで、ほぼ全ての買い物が電子決済されている」。

　図表1-2は中国のベンチャー金融の2010〜2016年の動きである（KPMG, *Venture Pulse Q1*, 2017）。投資総額は2016年時点で、310億ドル、取引回数は300回である。ちなみに米国は690億ドル、欧州は160億ドル、インドは33億ドルであった。図表1-3はアジアのベンチャー金融が2015年に欧州を抜いたことを示す。しかしながら、その主役は中国であり、インドである。

　日本は遺憾ながら、きわめて影が薄い。国連貿易開発会議（UNCTAD）の『直接投資統計』（2017年）を用いて、2010年代における日本の直接投資受入れ状況をみると本書第2章図表2-2の通りである。日本のグリーンフィールド投資（モノづくり工場への投資）は極端に低迷しており、誰も日本に投資しないばかりか2011年と2015年には投資の引揚げが多く、受入れ額は赤字である。日本国内でモノづくりの工場への投資が行われていない以上、若者の新規雇用が生まれないことは言をまたない。中国との比較はさておき、経済規模の似ているドイツと比べても日本の2011〜16年受入れ合計220億ドルに対してドイツは1578億ドル、7倍である。この現実を無視して、虚構の株高に踊る日本経済に明日がないことは、明らかではないか（対外直接投資については後述）。

注）ベンチャー業界において、「スタートアップ企業」（*Startups*）とは、新たなビジネスモデルを開発する起業で、市場を開拓する段階にあるもの、すなわち「創業から2〜3年程度の起業」をこう呼ぶ。アメリカのIT関連企業が集まるシリコンバレーで使われはじめた新語で、日本でもインターネット関連企業で使われている。スタートアップ企業はこれまでに市場に存在しなかった「新しいビジネスモデル」を提起して、短期間で急激に成長を遂げる場合も多い。スタートアップ企業は、ま

図表1-2 中国におけるベンチャー金融（2010〜2016年）

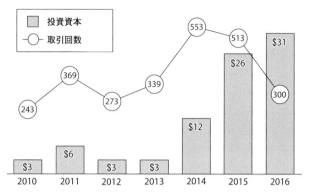

Source : Venture Pulse, Q4'16, Global Analysis of Venture Funding, KPMG Enterprise. Data provided by PitchBook, January 12, 2017.

図表1-3 世界のベンチャー金融
──アジア（中国）は2014年に欧州を追い抜いた

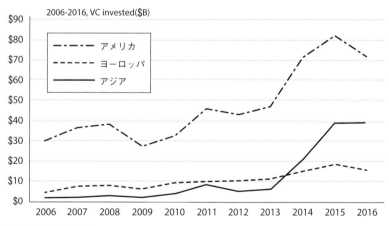

出所：図表1-6に同じ

だ事業を世に広める途中なので、外部から資金を調達する必要があり、ベンチャーキャピタル（VC）を利用する。VCが投資をする場合、「投資ラウンド」という仕組みが用いられる。最初はシリーズA（ビジネスの企画や開発段階）、次にシリーズB（事業として発展させ、成功させる段階）と状況に合わせた投資が行なわれる。世の中に「新しい価値」をプラスし、「人びとの役に立つ」事業、とりわけ「イノベーション」や「社会貢献」が評価される事業内容ならばスタートアップ企業として歓迎される。そうした勢いの中心が、アメリカから中国に移転しつつある感がある。中国のビジネスの中心地でも、かつての北京中関村に次いで、杭州市（アリババの本拠）、そして深圳市がその拠点である。深圳市のGDPは爆発的に増えて、ついに広東省広州市のそれを2017年に追い抜いた。

中国で突出する「ニューエコノミー」[11]

　かつてAFP電は、「中国は早ければ2020年には米国を抜いて世界最大の経済大国となる」と予想する米コンサルティング会社プライスウォーターハウスクーパース（Price Waterhouse Coopers ＝ PWC）の市場予測を報じたことがある（2010年1月21日）。

　このレポートによると、世界の経済大国の間に「地殻変動」が起き、2030年までに世界経済のトップ10は中国、米国、インド等の順となると予測した。PWCのマクロ経済部門を統括するジョン・ホークワース（John Hawksworth）が、米欧の経済と比較して、中国とインドが今後、世界のGDPに占める割合を急速に伸ばしていくだろうとの見通しを表明し、「中国は早ければ2020年までに世界最大の経済大国になり、2030年までには米国に差をつけるほどまでに成長する」、「インドは[12]、2020年以後、成長率で中国を追い抜き、国内総生産（GDP）が急速に上昇する可能性もある」と指摘した。当時は超楽観論と見られた予想が、ほとんど的中しつつある。PWCはまた、2010年6月15日、エンターテインメン

---

[11] 中国の科技政策の全体像については、沖村憲樹（独立行政法人科学技術振興機構顧問）「日本を抜いた中国の科学技術」、朱建栄編『世界のパワーシフトとアジア』花伝社（2017年12月）99〜120頁が詳しい。

[12] 中国に対して人口増加率が高いため。

ト産業とメディア産業に関する世界48カ国についてのレポート（*Global Entertainment and Media Outlook 2010-2014*）を発表し、この中で今後5年以内に中国が日本を抜いて「世界第2位の**広告市場になる**」との見通しを示し、中国で「ニューエコノミー」と呼ばれる分野が勢いよく成長している事実を紹介した。

　2015年に公表された『中国共産党統一戦線工作条例（試行）』（2015年5月18日施行）は、この「ニューエコノミー」なる新しい社会階層を、主として①私営企業・外資企業の管理者・技術者、②仲介組織の従業員、③自由職業者等から成ると説明している。この文書では、21世紀初の時点でこの新しい社会階層は約5000万人、これに関連する業種の従業者を加えると総人口は約1.5億人で、その資本額は約10兆元に上ると推定していた。中国のGDPを74兆元とすれば「ニューエコノミー」は13.5％に相当する。中国がもつ技術特許の半数は彼らの手にあり、その税収は直接税、間接税を合わせて全国の約3分の1に達する。21世紀初の時点で、全国の私営企業450万社、投資者1100万人、自由職業者はおよそ1000万人である。「ニューエコノミー」は近年の経済発展の産物だが、その増え方と中国における役割はますます突出してきた。

　ニューエコノミーの主な担い手は帰国留学生たちだ。『2017年帰国留学生の就業調査』[13]によると、帰国留学生たちの主な業種は①金融業（18.0％）、②IT／通信／電子／インターネット（9.3％）、③教育（8.2％）、④文化／メディア／娯楽／体育（4.6％）、⑤生産／加工／製造（3.8％）である。これを職種で見ると、①販売（25.3％）、②技術（17.7％）、③市場／公共関係（7.9％）、④運営（7.4％）、⑤財務／会計／税務（6.8％）、⑥行政／后勤／秘書（6.0％）が主なものである。

ビリオン企業「ユニコーン」にランク入りした中国企業10社

　中国のET業界における躍進を知るには、いわゆるユニコーン企業を一瞥すればよい。「ユニコーン」（一角獣）とは、「ベンチャー企業でかつ非

13　2017年10月15日、人民網北京『2017海帰就業力調査報告』

図表1-4 中国のユニコーン企業（10億ドル企業）10位

	企業名	英文名称	推定時価（億元）	CEO	本部	業種	主な投資者
1	螞蟻金服	Ant Financial	4000［6兆8800億円］	彭蕾	杭州	インターネット金融	春華資本、中投海外、建信信托
2	滴滴出行	Didi Chuxing	3000	程維	北京	自動車交通	テンセント、阿里系、軟銀中国
3	小米	Xiaomi	2000	雷軍	北京	ハードウェア	IDG、啓明創投、晨興資本
3	新美大	China Internet Plus	2000	王興	北京	インターネット服務	テンセント、DST、今日資本
5	今日頭条	Toutiao	1000	張一鳴	北京	文化娯楽	紅杉資本、海納亜洲、建銀資本
5	寧徳時代	CATL	1000	曾毓群	寧徳	自動車交通	国投創新、渤海華美、君聯資本
5	陸金所	Lufax	1000	計葵生	上海	インターネット金融	モルガンスタンレー、中銀集団、国泰君安（香港）
8	大疆	DJI	800	汪滔	深圳	ロボット、ドローン	Accel、紅杉資本、麦星投資
9	口碑	Koubei	500	范馳	杭州	インターネット服務	阿里系、銀湖資本
9	菜鳥網絡	Cainiao	500	童文紅	深圳	物流服務	GIC、TEMASEK、春華資本
9	京東金融	JD Finance	500	陳生強	北京	インターネット金融	紅杉資本、嘉実投資、中国太平
9	餓了麼	Ele.me	500［8600億円］	張旭豪	上海	インターネット服務	金沙江創投、経緯中国、紅杉資本

出所：胡潤研究院《2017胡潤大中華区独角獣指数》
http://www.hurun.net/CN/Article/Details?num=5602F6026D18

上場」だが、「企業価値が推定10億ドルを超える怪物企業」のあだ名である。イギリス人コンサルタント、ルパート・フーゲワーフが創設した胡潤研究院が発表した「2017年中国のユニコーン企業ランキング」によると、ベスト10は図表1-4の通りであった[14]。

インキュベーター（孵卵器）から飛び出したばかりのヒヨコ企業であるユニコーンに対し、株式を公開している中華圏の企業は世界でどのような位置を占めるのか。図表1-5に見るように時価総額世界ランキングでは、テンセント（WeChatなどのSNSサービス）、アリババ（オンライン・マーケット、金融サービス）、中国工商銀行などが上位に躍り出ている。日本のトップ企業は第43位のトヨタ自動車だけである。日本経済の足踏みが続くなかで、日系企業はここまで転落した。それだけではない。各国の環境規制が強化される中で、トヨタのハイブリッド戦略の行方には赤信号が灯っている。

14　http://www.hurun.net/CN/Article/Details?num=5602F6026D18

図表 1-5　時価総額 50 社のうち 9 社は中華圏にある

	企業名	英文表記	億米ドル	国名
1	アップル	Apple	8596	アメリカ
2	アルファベット	Alphabet	8171	アメリカ
3	マイクロソフト	Microsoft	7315	アメリカ
4	アマゾン・ドット・コム	Amazon.com	6991	アメリカ
5	テンセント・ホールディングス	Tencent Holdings	5580	中国
6	フェイスブック	Facebook	5430	アメリカ
7	バークシャー・ハサウェイ	Berkshire Hathaway	5302	アメリカ
8	アリババ・グループ・ホールディング	Alibaba Group Holding	5167	中国
9	中国工商銀行	Industrial and Commercial Bank of China	4251	中国
10	JP モルガン・チェース	JPMorgan Chase	4013	アメリカ
11	中国建設銀行	China Construction Bank	3871	中国
12	ジョンソン＆ジョンソン	Johnson & Johnson	3712	アメリカ
13	エクソン・モービル	Exxon Mobil	3698	アメリカ
14	バンク・オブ・アメリカ	Bank of America	3337	アメリカ
15	サムスン電子	Samsung Electronics	3248	韓国
16	ウェルズ・ファーゴ	Wells Fargo	3239	アメリカ
17	ウォルマート・ストアーズ	Wal-Mart Stores	3157	アメリカ
18	ロイヤル・ダッチ・シェル	Royal Dutch Shell	2892	蘭英
19	ネスレ	Nestle	2763	スイス
20	ビザ	Visa	2573	アメリカ
21	ペトロチャイナ	PetroChina	2429	中国
22	中国平安保険	Ping An Insurance	2417	中国
23	シェブロン	Chevron	2380	アメリカ
24	台湾・セミコンダクター・マニュファクチャリング	Taiwan Semiconductor Manufacturing	2349	台湾
25	ホーム・デポ	Home Depot	2346	アメリカ
26	AT&T	AT&T	2299	アメリカ
27	ユナイテッドヘルス・グループ	UnitedHealth Group	2294	アメリカ
28	中国農業銀行	Agricultural Bank of China	2281	中国
29	インテル	Intel	2252	アメリカ
30	中国銀行	Bank of China	2236	中国

31	アンハイザー・ブッシュ・インベブ	Anheuser-Busch InBev	2228	ベルギー
32	ファイザー	Pfizer	2207	アメリカ
33	ベライゾン・コミュニケーションズ	Verizon Communications	2205	アメリカ
34	HSBC・ホールディングス	HSBC Holdings	2177	イギリス
35	P&G	Procter & Gamble	2176	アメリカ
36	オラクル	Oracle	2135	アメリカ
37	チャイナ・モバイル	China Mobile	2123	香港
38	ロシュ・ホールディング	Roche Holding	2118	スイス
39	ボーイング	Boeing	2110	アメリカ
40	ノバルティス	Novartis	2087	スイス
41	シティグループ	Citigroup	2075	アメリカ
42	シスコ・システムズ	Cisco Systems	2053	アメリカ
43	トヨタ自動車	Toyota Motor	2051	日本
44	コカコーラ	Coca-Cola	2027	アメリカ
45	コムキャスト	Comcast	1975	アメリカ
46	アッヴィ	AbbVie	1791	アメリカ
47	マスターカード	Mastercard	1789	アメリカ
48	ダウ・デュポン	DowDuPont	1768	アメリカ
49	ユニリーバ	Unilever	1725	蘭英
50	ペプシコ	PepsiCo	1710	アメリカ

http://www.180.co.jp/world_etf_adr/adr/ranking.htm

第2章 「移行期の中国経済」の高度成長

第1節 「世界の工場」が生まれた背景

対中直接投資の増大

　1990年代以降、中国経済は2桁の高度成長を続けて、ドイツ、日本、米国をごぼう抜きしてチャイナ・アズ・ナンバーワンになった。この大躍進の背景には、次の要素が数えられる。

　第一に資本形成から見ると、外資導入政策が成功して、大量の外国直接投資が中国に流入した（一部では「外資優遇」政策を悪用して、人民元を不法に香港に移し、そこで「香港ドル」に変身させ、それを大陸に投資して「外資としての優遇措置」を受ける例さえも見られた）。第二に、人口爆発とも呼ばれた大量の若年労働力の存在は、雇用政策から見ると、政府にとって頭痛のタネであった。しかしながら、この大群は、安価な賃金で働く人々のプールであり、資本家にとっては魅力あふれるものであった。第三に、技術導入を見ると、セット技術の導入により、いきなり工場が操業を始めたかと思えば、他方では、いわゆるCAD（コンピュータ・アンド・デザイン）が即戦力を発揮して、技術進歩の遅れを急速にキャッチアップした。第四に、社会主義経済圏の解体により世界市場は単一化され、拡大した。これによって資本主義市場は旧計画経済の枠内に閉じ込められていた部分を追加市場として確保し、同時にそこから安価な労働力を追加供給できた。

　これら4つの要因により、ポスト冷戦期における資本主義の繁栄がもたらされ、この外部環境のもとで「世界の工場・中国」が生まれた。

　図表2-1はIMFの資料に基づいて、中国と世界の主な地域との貿易構

図表2-1　中国は世界主要経済圏から6000億ドルを稼ぎ、そのドルで米国債を買う

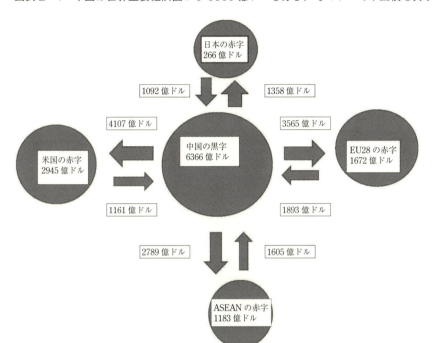

Source：IMF Direction of Trade, May 2016, ジェトロが整理した2015実績

造を調べ、中国がどこからどれほどの黒字を得ているかを調べたものである。中国の輸出依存型構造の一端はこの図からも分かるが、将来の経済を考えるためには、現在の投資動向をみるのがよい。

　国連貿易開発会議（UNCTAD）は、毎年『世界投資年鑑』を公表している。図表2-2は、2011～2016年における主要国の直接投資受入れ額を調べたものである。ここに示された日本向けの直接投資の停滞（2011年、2015年は投資撤退）は、「明日の日本経済」を誰もが信頼せず、投資を躊躇し続けた姿を浮彫りにしている。**まさに日本沈没の構図**だ。

　世界全体の直接投資受入れ総額は、2016年の場合、約1.7兆ドルである。このうち米国は0.4兆ドル程度（23％）を受入れている。米国に次いで大きいのは中華圏（香港、台湾を含む）であり、近年は2500～3000億ド

図表 2-2 直接投資受入れ（フロー）

	2011年	2012年	2013年	2014年	2015年	2016年
米国	2,298	1,990	2,013	1,716	3,484	3,911
中華圏	2,185	1,943	2,016	2,443	3,123	2,501
日本	-17	17	23	106	-22	113
ドイツ	675	281	155	39	333	95
世界	15,911	15,925	14,432	13,238	17,740	17,464

Source: UNCTAD, FDI flows, 2011-2016

図表 2-3 対外直接投資（フロー）

	2011年	2012年	2013年	2014年	2015年	2016年
米国	3,965	3,181	3,034	2,922	3,031	2,990
中華圏	1,836	1,843	2,027	2,598	2,140	2,633
日本	1,075	1,225	1,357	1,290	1,286	1,452
ドイツ	779	621	422	995	932	345
世界	15,760	13,884	13,994	12,531	15,943	14,524

Source: UNCTAD, FDI flows, 2011-2016

ルを受入れている。これに対して日本やドイツの受入れ額は小さい。日本は2011年に17億ドル、2015年に22億ドルの投資引上げ（撤退）があり、日本経済の先行きへの懸念を示している。2016年の日本の受入れ額113億ドルは世界ランキングでアンゴラに続く第21位に留まり、その不人気ぶりを直截に示している。ドイツの受入れ額も小さいが、日本よりは大きいことが表から読み取れる。

　次に対外直接投資を見ると、図表2-3のごとくである。2016年の場合、米国は約3000億ドルを海外に投資しているが、中華圏の投資がすでに2633億ドルとなり、米国の投資額に肉薄している。2015〜2016年の景気調整のために、伸び悩んだが、この調整が終われば、中華圏は米国を追い抜くことになろう。今後は米中の対外投資額をめぐる競争が見どころになる。2011年当時、中華圏の投資は米国のおよそ半分にすぎなかったが、過去数年のうちに劇的な転換をなしとげ、中国は直接投資の「受入れ」国から、「対外投資」国へと大転換を遂げた。

　とはいえ、中国は依然投資の受入れ国としての顔ももつ。つまり中国は

図表 2-4　対外直接投資残高（ストック、億ドル）

	2000 年	2010 年	2016 年
米国	26,940	48,095	63,837
日本	2,784	8,310	14,006
ドイツ	4,839	13,645	13,653
中国	277	3,172	12,809
世界	74,605	209,392	261,597

Source: UNCTAD, FDI stock, 2000, 2010, 2016

図表 2-5　中国の直接投資受入れと対外向け投資を日本のそれと比べると、違いは明らか

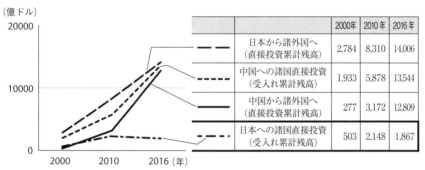

	2000年	2010年	2016年
日本から諸外国へ（直接投資累計残高）	2,784	8,310	14,006
中国への諸国直接投資（受入れ累計残高）	1,933	5,878	13,544
中国から諸外国へ（直接投資累計残高）	277	3,172	12,809
日本への諸国直接投資（受入れ累計残高）	503	2,148	1,867

Source: UNCTAD, FDI stock, 2000, 2010, 2016

　ハイエンド産品（高価格、高性能、高品質志向の商品、傾向のこと）の投資を受入れ、ローエンド産品（ハイエンドの対）やミドル・エンド産品用投資を国外で展開している。いま見たのは、2011 〜 2016 年の投資のフローである。では投資のストック、すなわち直接投資の累計残高はどうか。

　図表 2-4 のように、米国の対外投資累計残高は 6.4 兆ドルである。2位は日本 1.4 兆ドル、3位ドイツ 1.3 兆ドルで、ここまでは従来の常識通りのランキングといってよい。注目すべきは 4 位に中国が顔を出して 1.28 兆ドルとドイツや日本に迫りつつあることだ。いまから 10 〜 20 年前には、中国は世界最大の「投資受入れ」国であり、その返済が可能かどうか、いわゆるカントリーリスクが盛んに論じられていた。しかしながら、いまや対外投資累計残高においても、日本に迫りつつある。下の図表 2-5 がそれを示す。

日本の対外投資累計残高は 2016 年時点で約 1.4 兆ドルである。中国の対外投資累計残高は約 1.3 兆ドルであり、日本に迫る。日本は高度成長期から対外投資を長年にわたって展開してきたが、その数字を中国が数年間で追いつき、追い越そうとしている姿は、まことに印象深いものがある。

「人口オーナス時代」と一人っ子の負担

　経済発展を支えるさまざまの要素のうち、最も重要な要素が人口すなわち労働力であることはいうまでもない。エコノミスト藻谷浩介の書いた『デフレの正体──経済は「人口の波」で動く』（角川新書、2010 年 6 月）は、タイトルそのままに、日本経済を襲っているデフレの正体は、少子高齢化が原因なのだと説いて大きな話題を呼んだ。なるほど、バブルが弾けて以後長く続く日本経済の低迷と、躍進する中国経済の最も際立った特徴が若い労働力人口の豊かさにあることは、誰もが実感しているところであろう。藻谷浩介流の観点によれば、中国のこれからの労働力需給展望は、大きな関心の的になることはいうまでもない。

　中国はこれまで子供と老人が少なく、生産年齢人口の多い「人口ボーナス」状況をフルに活用してきた。それどころか、これまで「最低限 7 ％の経済成長が必要だ」と、毎年生産年齢人口として労働市場に新入りする若者の雇用確保のために必要な措置として、ほとんど至上命令扱いされて繰り返されてきたことも、中国の人口ボーナスを象徴する出来事であった。

　ところが、一人っ子政策を 30 年続けてきた結果、人口ボーナス時代は終り、人口オーナス（onus = 負担）の時代に確実に移行しつつある（図表 2-6）。中国の人口構成において、一人っ子世代が生産年齢人口になり、これが減少する反面、高齢人口は、日本の後を急いで追うかのごとく急増しつつある。甘やかされて育った一人っ子が果たして、日本よりももっと急速に高齢化する親たちを扶養できるのか。

　1980 〜 2010 年の 30 年間、太線で示した「従属人口指数」は一貫して低下した。この指数は分母に生産人口をとり、分子は「年少人口（+）老年人口」をとる。中国の場合、分子が小さくなり、分母が増えたことによって、「従属人口指数」は低下したわけだ。しかし、この傾向は、まさ

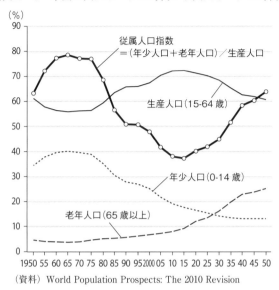

図表2-6 中国は人口ボーナス時代から人口オーナス時代へ

（資料）World Population Prospects: The 2010 Revision

に第12次5カ年計画（2011〜2015年）の目標年である2015年あたりを境に反転した。生産年齢人口が減少し、彼らが支える「年少人口（＋）老年人口」、特に後者が急激に増加する。今後10年間は、まさにその転換点に位置する。

　このような人口構造の転換が経済発展にどのような影響を与えるか、ある程度までは予想できるとはいえ、実際にはさまざまの予想を超える事態も生まれよう。とはいえ、従属人口指数の変化にもかかわらず、量としての生産年齢人口は、依然他の諸国と比べてきわめて大きいので、比率だけではなく、絶対数量で考慮すべきことも確かである。他方、労働力の不足現象が生まれて初めて労働節約技術が発展する側面も大きいはずであり、作業用ロボットの活用も検討対象となろう。こうして中国にとって第12次5カ年計画期はこれまでの量的経済発展から質的経済成長、循環型の経済成長を模索する大きな転換点になった。最後に、ここでは単純化して人口比率だけを論じたが、肝心なのは労働生産性であり、人口数に生産性を乗じたものが決め手になることはいうまでもない。

第2節 「メイドインチャイナ2025」の目標

製造業の高度化を目指す「3つの10カ年計画」

2015年5月8日、国務院通知(国発〔2015〕28号)は、「メイドインチャイナ2025」[1]の基本政策を次のように指示した。

——前文に曰く、製造業は国民経済の基盤であり、国家存立の根本であり、国家振興の神器であり、強国になる基礎である。産業文明が18世紀半ばに始まって以来の、世界の強国の興亡、中華民族の奮闘の歴史は、「強い製造業なしには国家と民族の繁栄もない」ことを物語る。国際競争力のある製造業を作り出すことは、中国の総合的な国力を高め、国の安全を保障し、世界における強国を打ち立てるために避けては通れない道だ。中華人民共和国の建国から、とりわけ改革開放以来、中国の製造業の持続的な成長によって、あらゆる分野にわたる独自の産業体系が形成され、産業化・近代化の過程が大いに推進された。そのため、中国の総合的国力が高まり、世界の大国として中国の地位が固められてきた。だが世界の最先端と比べれば、中国の製造業はまだ「規模が大きい」とはいえ、「強い」とは言えず、自主的イノベーション能力や資源利用効率、産業構造、情報化の程度、品質や生産効率などで大きく後れを取っており、生産方式の転換が迫られている。中国では現在、科学技術革命と産業革命の新たな波が、中国経済の発展方式転換の加速と同時に押し寄せている。この歴史的な時期において、世界の産業分業の局面には再編が起こっている。

この重要な歴史的チャンスをしっかりとつかみ、「4つの全面」(①小康社会の全面的建設、②改革の全面的深化、③徹底した法による国家統治、④全面的な厳しい党内統治) という戦略配置の求めるところに基づき、「製造強国」の戦略を進め、統一計画と先見の明を活かし、今後「3つの

---

[1] 中国で2015年に提起されたのは、Made in Chinaのスローガンだが、現在強調されているのは、Create in Chinaのスローガンである。

10カ年計画」(2016 〜 2045 年)を経て、建国 100 年目の 2049 年までに、世界の製造業の発展を率いる「製造強国」へと中国を発展させ、中華民族の偉大な復興という「チャイナ・ドリーム(*China Dream*)」実現に向けた土台を固めなければならない。

この「メイドインチャイナ 2025」(＝中国製造 2025)提案(図表 2 - 7)は、中国の製造強国戦略実施の最初の 10 年(2015 〜 2025)の行動綱領である[2]。指示は冒頭で、「世界の製造業が直面する重大な変革期」を次のように描いている。

——次世代情報技術と製造業のよりいっそうの融合は、巨大な影響のある産業変革を引き起こし、新たな生産方式や産業形態、ビジネスモデル、経済成長分野を次々と形成している。各国はイノベーションを強化し、3D プリンターやモバイルインターネット、クラウドコンピューティング、ビッグデータ、バイオ工学、新エネルギー、新材料などの分野でいずれも新たな進展を実現している。サイバー・フィジカルシステム(*Cyber Physical System*=CPS)に基づく「インテリジェント製造」(*Intelligent Manufacturing System*)は現在、製造方式の変革をリードする力となっている。クラウドソーシング(*Cloud Sourcing*)や電子商取引などによって、バリューチェーンの体系(*Value Chain System*)は再構築されつつある。ウェアラブルスマート(*Wearable Smart*)製品やスマート家電、スマート自動車などの「スマートデバイス」(*Smart Device*、パソコン等既存のコンピュータ枠にとらわれない情報機器のこと)製品も製造業の新たな分野を拡大している。中国の製造業の転換・アップグレードや革新発展にとっても大きなチャンスとなる。

——世界の産業競争の局面では現在、重大な変化が起こりつつある。中国もこの新たな展開の中で、巨大な試練にも直面している。国際金融危機

---

2 「メイドインチャイナ 2025」は、ドイツの「インダストリー 4.0」をモデルとして構想されたものと理解されている。

図表2-7 メイドインチャイナ化の主な目標（2020～2025年）

類別	指標	2015年現状	2020年目標	2025年目標
イノベーション能力	一定規模以上製造業企業（売上500万元以上の企業）の研究開発経費内部支出の主要業務収入に占める割合（％）	0.95	1.26	1.68
イノベーション能力	一定規模以上製造業企業の業務収入1億元当たりの有効発明特許数[1]（件）	0.44	0.70	1.10
品質・効率	製造業品質競争力指数[2]	83.5	84.5	85.5
品質・効率	製造業付加価値率の上昇		2015年比2％増	2015年比4％増
品質・効率	製造業労働生産性の上昇率（％）		7.5％前後（2016-2020の平均成長率）	6.5％前後（2021-2015の平均成長率）
産業化・情報化の融合	ブロードバンド普及率[3]（％）	50	70	82
産業化・情報化の融合	デジタル化研究開発設計ツール普及率[4]（％）	58	72	84
産業化・情報化の融合	カギ工程のデジタル制御化率[5]（％）	33	50	64
環境保護のグリーン発展	一定規模以上の単位工業付加価値当たりのエネルギー消費の減少幅		2015年比18％減	2015年比34％減
環境保護のグリーン発展	単位工業付加価値当たりの二酸化炭素排出量の減少幅		2015年比22％減	2015年比40％減
環境保護のグリーン発展	単位工業付加価値当たりの水消費量の減少幅		2015年比23％減	2015年比41％減
環境保護のグリーン発展	工業固体廃棄物総合利用率（％）	65	73	79

出所：「中国製造2025」の公布に関する国務院の通知、国発［2015］28号、2015年5月8日[6]

注：1. 一定規模以上製造企業の主要業務収入1億元当たりの有効発明特許数＝一定規模以上製造企業の有効発明特許数／一定規模以上製造企業主要業務収入。
2. 製造業の品質競争力指数は、中国の製造業の品質の総体レベルを反映する経済技術総合指標であり、品質レベルと発展能力の2つの方面の12項目の具体的な指標から得られたものである。
3. ブロードバンド普及率は、固定ブロードバンド世帯普及率を採用した。固定ブロードバンド世帯普及率＝固定ブロードバンドユーザ世帯数／世帯数。
4. デジタル化研究開発設計ツール普及率＝デジタル化された研究開発設計ツールを応用した一定規模以上企業数／一定規模以上企業総数（関連データはサンプル企業3万社をもとにしている、以下同様）。
5. カギとなる工程のデジタル制御率は、一定規模以上工業企業のカギとなる工程のデジタル制御化率の平均値を指す。
6. 邦訳は科学技術振興機構研究開発戦略センターによる。https://www.jst.go.jp/crds/pdf/2015/FU/CN20150725.pdf#search=%27%E4%B8%AD%E5%9B%BD%E8%A3%BD%E9%80%A02025+%E5%85%A8%E6%96%87%27

後、先進国は次々と「再工業化」戦略を実施し、製造業の新たな競争優位性を新たに打ち立て、世界の貿易投資の新局面の形成を推し進めてきた。発展途上国の一部からも、戦略的計画と資源配置の取り組みを加速し、世界の産業の再分業に積極的に加わり、産業と資本の移転の受け皿となり、国際市場を開拓する動きが出ている。中国の製造業は、先進国と中国以外の発展途上国の両方から脅威を感じている。中国はこの状況下、世界に目を向け、戦略的資源配置を加速し、製造強国の建設をめがけ、基礎を固めて実力を蓄え、試練をチャンスに変え、製造業の新たな競争における有利なポジションを勝ち取らなければならない。

――中国経済の発展環境には重大な変化が生じている。産業化や情報化、都市化、農業近代化が同時に進展する中、内需の巨大な潜在力によって中国の製造業発展には大きな可能性が生まれている。それぞれの産業には新たな設備の需要、人々には新たな消費の需要、社会管理・公共サービスには新たな生活の需要、国防建設には新たな安全の需要がある。こうした需要は、製造業における重大技術設備の革新や商品の品質・安全性、公共サービス施設の提供、国防施設の保障などのレベルと能力の向上を必要としている。全面的な改革深化といっそうの開放拡大は、製造業発展の活力と創造力を引き出し、製造業の転換・グレードアップを促進する力となっている。

――中国の経済発展の「新常態(ニューノーマル)」への突入も、製造業の発展に新たな挑戦を投げかけている。資源と環境の制約は高まり、労働力など生産要素のコストは高まり、投資・輸出の成長率は大きく鈍化し、資源要素投入で規模を広げるだけの粗放型発展モデルでは立ち行かなくなり、構造調整や転換・アップグレード、品質や効率の向上が今すぐに求められている。製造業は、経済成長の新たな原動力を生み出し、国際競争に立ち向かえる新たな優位を生むための重点分野であり、困難ではあるが、解決の道でもある。

――製造強国の建設を迫られる。数十年の急発展を経て中国の製造業はその規模で世界トップに躍進し、あらゆる分野にわたる独立した完全な産業体系を形成し、中国の経済社会の発展を支える重要な土台、世界経済の発展を促す重要な力となっている。持続的イノベーションによって中国製

造業の総合的な競争力は大きく高まっている。有人宇宙船や有人深海潜水艇、大型航空機、北斗衛星ナビ、スパコン、高速鉄道設備、100万kw級発電設備、1万メートル深海石油ボーリング設備などの重大な技術設備でも突破口が切り開かれ、国際競争力のある産業や中堅企業も複数形成された。中国はすでに、製造業強国を建設する土台と条件とを備えている。

注）ハイテクを担う中国航天科技集団公司について
この公司は1999年7月、旧「中国航天工業総公司」所属の一部企業をもとに成立した中央直接管理の公司である。その前身は1956年に成立した国防部第5研究院を基礎として、第7機械工業部、航天工業部、航空航天工業部、中国航天工業総公司の発展段階を経て今日の公司となった。中国航天科技集団公司は中国の運搬ロケット、応用衛星、有人宇宙船、宇宙ステーション、商業衛星打上げサービス、戦略ミサイル、戦術ミサイルの生産を担当している。中国航天科技集団公司は8つの研究院、専業公司11社、上場公司12社と直属単位から成る。これらの機関は北京、上海、西安、成都、天津、内蒙古、深圳（香港）、海南に分布している。中国工程院（the Chinese Academy of Engineering ＝ CAE）会員と中国科学院（the Chinese Academy of Sciences ＝ CAS）会員が29名所属し、①「専門家千人計画」の専門家30名、②「国家級突出貢献専門家」31名、③国家級専門家100余名、④「学術技術リーダー（帯頭人）」520余名、⑤「百千万人材工程国家級人選者」67名、⑥「中国高技能人材模範」3名を擁している。このほか⑦国家高級技師1200余名、⑧航天特級技師185名、⑨中華技能大奨獲得者12名、⑩「高端人材」数は中央企業のなかで最大である。中国航天科技集団公司には、10数個の国防科技重点試験室、一つの国家プロジェクト実験室、5つの国家級工程研究センターがある。集団公司の成立以来、51プロジェクトで「国家科技進歩賞」を獲得し、申請したパテントは1万多件に上る。近年来、集団公司は「創新型企業」、「中国十大創新型企業」、「中国工業大賞」等の栄誉称号を受けた。現在は宇航系統の発展、ミサイル武器系統、航天技術の応用、航天サービス業の4つを主な任務として、国内外との交流・合作、創新に貢献している。とはいえ中国はまだ産業化のプロセスにあり、先進国と比べるとまだ大きなギャップがある。①製造業の規模は大きいが実力は高いとは言えず、②自主的イノベーション能力が弱く、③カギとなるコア技術とハイエンド設備は対外依存度が高く、④企業を主体とした製造業のイノベーションシステムの整備は進んでいない。⑤製品の付加価値が低く、世界的に有名なブランドが不足している。⑥資源やエネルギーの利用効率が低く、環境汚染問題が深刻となっている。

⑦産業構造が国の発展と合わず、ハイエンド設備製造業と生産者向けサービスの発展が滞っている。⑧情報化レベルがまだ低く、産業化との融合が十分に進んでいない。⑨産業の国際化の程度が低く、企業のグローバル経営の能力が足りない等、欠点だらけである。それゆえ「製造強国の中国」を推進するには、以上の問題を解決しなければならない。──科学研究とその企業化を一体化した組織の一端を紹介すれば、以上のごとくである。このような明確な目的意識のもとに、「中国で製造する」（Made in China）から「中国で創造する」（Create in China）への転換、「中国ブランド」への転換を日夜追求している。[3]

第3節 「メイドインチャイナ2025」のプロジェクト例

中国全土で数百以上のプロジェクトが「製造業の高度化」「スマート企業化」を目指して動いているが、ここではいくつかの事例を紹介したい。

① GE、中国スマート航空工業へ製造企業との連携

GEアビエーションは、世界最大の航空エンジンメーカーで、民間航空機エンジンの市場の多くを占めている。GEにとって、新製品を開発し市場を獲得することが目的ではなく、製品を売った後にエンジンに付けられたセンサーでデータを収集・分析し、自社のサービスをより改善しつつ、サプライチェーンの技術と情報システムの変革を航空業界で進めることは重点だ。GEは航空産業におけるエンジンやタービンの製造技術に関して豊かな経験を持ち、世界中の多くの企業と共同製造・開発を実施している。特に、Predix[4]という開発プラットフォームを通じて、GEは航空産業向けのアプリケーションを多く展開することで、航空機部品のデータ管理と監視をより効率的にすることができた。

中国東方航空会社などはGEが開発したIoTプラットフォームを利用して、エンジン・センサーから送信されたデータにより、ジェットエンジン

---

3 同集団の公式ホームページによる。http://www.spacechina.com/n25/index.html
4 GE（ゼネラル・エレクトリック）の「Predix」は、IoT（モノのインターネット）と産業用途に特化したクラウドサービスである。

などの部品を監視・管理をしている。GEが中国事業を展開すると同時に、中国航空工業の傘下企業、航空物流会社である中航国際物流は同社の物流ネットワークを活用し、都市部で自動化倉庫を設立する計画を発表した。スマート管理システムによって生産性を高めていく計画に、GEは協力する。

②インテルとフォックスコン（台湾）傘下のインターネット企業 *Cloud-Wyse* が提携

インテルの *Connected-Machine Solution* に基づいて、インテルと台湾フォックスコンの傘下会社であるインターネット企業 *Cloud-Wyse* は、フォックスコンのスマート工場建設に関する提携を発表した。特に電子製品の組立ラインをより強化していくことが狙いだ。インテルは *Cloud-Wyse* と協力しスマート工場への変革を目指している。

③独中国間の企業協力

ドイツの工業用マシンメーカーであり、金属加工のソリューションプロバイダーのSW社は、製造業が発展している蘇州市で新たな工場を建設した。インダストリー4.0[5]とメイドインチャイナ2025の連携を背景に、SW社は優れた生産技術を中国産業へ紹介し、ローカル企業と共により先進的な製造エコシステムを構築する。SW社が蘇州市で工場を新設することは、同社が中国での事業を発展する重要な一里塚とみなされている。

④富士通と上海INESA社、「スマート製造プロジェクト」での連携

富士通と上海市にある電子機器メーカーINESA（国営大型企業）は積極的に、IoTやビッグデータなどの情報通信技術を活用してスマート工場の設立に関する課題に共同研究を行っている。このプロジェクトは、「工場のIoTデータ活用基盤の構築」、「ビッグデータ分析平台の構築」、「工場全体の効率性を可視化するシステムの構築」と「スマート工場成熟度評価

---

[5] 「インダストリー4.0」とは、ドイツが推進する製造業の刷新プロジェクトである。「第4次産業革命」と邦訳されている。

基準の策定」という4つの部分に分けられている。中国の製造業をレベルアップする革新的な事業に力を注いでいる。

⑤寧波市等を「メイドインチャイナ2025」のモデル都市に指定

2016年8月、浙江省寧波市は、初の「メイドインチャイナ2025」モデル都市として選ばれた[6]。今後、新たな産業システムを育成し、工業の発展を促進する。同年9月、蘇南5都市（鎮江、南京、常州、無錫、蘇州）がモデル都市に指定された[7]。

第4節　歴史的に見た中国経済

アリギの問題提起

こうして目覚めた中国は文字通り、覚醒した巨龍のごとく大地を闊歩し始めたが、それは歴史的文化的遺産の復興の要素も含まれるのではないかと誰もが考える。その一例をイタリア出身の社会学者ジョバンニ・アリギの『北京のアダム・スミス』（中山智香子訳、作品社、2011年）に即して検討してみよう（図表2-8）。

東アジア中心の世界市場の形成が現実になってきた中で、アメリカは「知られざる長城」を築いて封じ込めようとした、とアリギは批判する。アジアこそが、スミス的な「非資本主義」的市場経済を中心的に発展させてきた地域である。アジアは、ヨーロッパ型の海外領土獲得、軍事力拡大依存型の資本蓄積とは異なる、国内市場優先の立場から短距離、周辺国との交易を重視する道を選んできた。

両者の相違点は、何か。欧米型は、地理的拡大と国家間戦争を伴うのに対し、アジア型は15世紀来、「500年間の平和」を維持し、スミスの言う「自然な」発展径路としての国内市場の維持成長を優先した。世界経済の

---

[6] 新華社（北京）、2016年8月18日電。「中国製造2025城市試点示範工作18日正式啓動，寧波獲批全国首個試点示範城市」（記者：張辛欣）

[7] http://finance.sina.com.cn/stock/t/2016-09-30/doc-ifxwkvys2406658.shtml

図表2-8 アリギの図解したマルサスの罠とスミスの罠

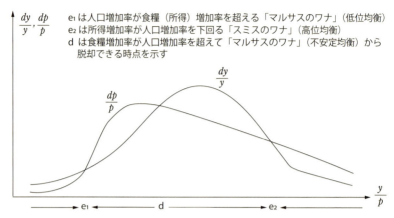

出所：*Adam Smith in Beijing*, p.70

未来を左右するハンドルを握るのは、もはや西洋、アメリカではなく、東アジア、中国であることを認識せよ、とアリギは説く。同時に中国に対しても、環境に配慮し、持続可能な経済発展の道を追求せよ、と示唆している。

その理論的土台は、第一に、西洋と東洋の経済発展「径路の違い」の再確認と、第二に「東西ハイブリッド化」の可能性の追求、である。アリギは、過去500年間の、西欧資本主義システムにおけるヘゲモニーの移行、すなわちヘゲモニーの新旧交代における金融の重要性を指摘した。アリギは伝統的市場経済（C－M－C'）と資本主義経済（M－C－M'）とを峻別して、前者を肯定して、後者を否定する。

前者は、人々が市場において「必要な商品を交換し合う」関係であるから、人間にとって「自然な関係」を取り結ぶことになる。しかしながら後者は、「資本をもって資本を増殖する」行為、資本の「あくなき自己増殖」を図るものであり、近代以前の市場経済、商品交換とは異質だ。資本主義の発展は軍事力を用いた植民地獲得を不可避としたが、スミスの説いた市場経済は軍事力と無縁であった。

マルクスの資本家的生産には、より有用な商品との交換を意図した商品

交換が想定されていたが、アダム・スミスは、「貨幣には購買力のほかに目的はない」と論じた。マルクスの資本主義的発展を放棄せよ、スミスの歴史社会学に戻るべし。アリギの主張は明快このうえない。

アリギの所説を日本に適用してみよう。日本はアジア型とヨーロッパ型の「2つの顔」をもち、それゆえ両者の接点に位置していた。その歴史的位相を正しく認識して、日本にしかできない役割を発揮するのか、それともアジアにありながらアメリカの敗れた夢を追い続けるのか、いま大きな岐路に立つ。マルクスやシュンペーターは資本主義の発展を論じたが、これを放棄せよ。スミスの歴史社会学に戻るべし。これがアリギの遺言だ。

注）ジョバンニ・アリギの所説のような大きな文脈で説いたものではないが、「アジア型経済発展モデル（*Asian Path of Development*）」というキーワードを用いて、著者はかつて以下のように書いた。「1993年春、イギリスのオックスフォード郊外でディッチリー国際会議が開かれ、著者も招かれてこれに出席した。対独戦争中にチャーチルが司令部を置いたという由緒正しい貴族の邸宅で開かれたこの会議のテーマは、［ソ連解体以後の］西側の対中国政策を検討するものであり、そこで提起された「アジア型経済発展モデル」（*Asian Path of Development*）というアイディアは、近年著者［矢吹］が考えてきたものと同じであることを確認した」『変貌するアジアの社会主義国家』佐藤経明（総論）、白石昌哉（ベトナム）、丹藤佳紀（北朝鮮）、矢吹晋（中国）の共著、三田出版会、1995年6月、96頁所収。

西側の中国経済楽観論

2018年は改革開放40年に当たる。40年前、鄧小平が改革・開放を提起して以来、世界銀行や国際通貨基金（IMF）は、あたかも「中国市場経済の応援団」でもあるかのごとく、熱心に脱「計画経済」を進めようとする中国経済を応援してきた。そして20世紀末から21世紀初めにかけて、中国経済の高度成長を称賛し、現行の成長率が今後も維持されるならば、中国経済がドイツや日本を超えるのは確実だとする見方を早くから示して激励してきたことも、周知のとおりである。とはいえ、世界銀行やIMFはその組織の性格からして、相対的にはかなり慎重な態度で展望を示してきたように見える。これに対して、たとえば米国の証券会社ゴールドマン

サックスなどは、投資家への勧誘がその仕事であり、かなり楽観的な展望を示すことが多かった。しかもこれらの楽観的展望がその後の現実の発展によって裏付けられてきたことによって、楽観論はますます勢いを増してきているのが今日の姿であろう。

　一例を挙げよう。英国のジャーナリスト、マーティン・ジェイクスの著書『中国が世界を支配するとき——西側世界の終焉と新世界秩序の誕生』（Martin Jaques, *When China Rules the World: The End of the Western World and the Birth of a New Global Order,* The Penguin Press, 2009. 松下幸子（訳）：『中国が世界をリードするとき——西洋世界の終焉と新たなグローバル秩序の始まり』（上下巻）NTT出版、2014年）は、かなり挑発的なタイトルで読書界の話題をさらった本である。

　この本の冒頭に掲げられているのは、「2025年の世界」「2050年の世界」における主要国のGDP予想図であり、それを試算したのは、ゴールドマンサックスである。ヘンリー・ポールソンの回想録（*Dealing with China,* Twelve, New York, 2016）は、米中関係の舞台裏をよく描いて興味深い。彼はゴールドマンサックスのCEOを務めた後、ブッシュ政権で財務長官を務め、米中間の金融関係樹立に貢献した。この例からわかるように、世界銀行やIMFの後には、米国の戦略エコノミストたちが控えており、その行動をみたほうが米中関係の実相がよくわかるという話である。

　たとえば世界銀行前総裁のゼーリックは、2011年夏にスタインバーグと交代するまで、国務副長官を務めた。2006年当時、中国を利益共有者（stake-holder）と位置づけて話題になった。ゴールドマンサックス社は、かつて「中国が2025年に米国に限りなく近づき、GDP 2兆ドルになり、2050年には7兆ドルになり、4兆ドル台の米国とインドを合わせた数字に近づく」と展望したことがある。このうち2025年の展望はすでに数年後の現実である。

第3章　現実化するデジタル・レーニン主義

―― ビッグデータとデジタル・リヴァイアサン

第1節　デジタル・レーニン主義の可能性

習近平のデジタル中国化構想、「デジタル・レーニン主義」

　いまドイツの中国研究者ハイルマン（*Sebastian Heilmann*）の「デジタル・レーニン主義」[1]という新語が世界中の話題になっている。ハイルマンはベルリンのメルカトル中国研究所（略称 MERICS）の前所長だが、ハーバード大学フェアバンクセンターで発表した「レーニン主義の復活と創新」が習近平のデジタル中国化構想を的確にとらえたネーミングとして話題になったものだ。

　この見解は、WSJ 紙にブラウン記者（中国担当コラムニスト）が 2017 年秋の党大会における習近平「政治報告」を解説する文脈で紹介して大きな話題となり（アンドリュー・ブラウン「習近平はビッグデータ独裁の中国を目指す」WSJ 日本語版、2017 年 10 月 18 日）、日本でも紹介されるようになった[2]。ハイルマンは習近平が江沢民や胡錦濤とどのように異なるかについて、2013 年以来進めてきた「改革開放の深化」において習近平は「権力の再集権化」を優先させているが、それは「古典的レーニン主義者の処方箋の復活」であり、21 世紀の課題に適合するように「中国共産

1　Leninism Upgraded: Restoration and Innovation Under Xi Jinping April 13, 2017, President of the Mercator Institute for China Studies (MERICS) in Berlin, former Visiting Fellow at the Fairbank Center for Chinese Studies

2　土谷英夫（ジャーナリスト、元日経新聞論説副主幹）「デジタルで蘇るレーニン主義」（『News Socra』2017 年 11 月 16 日）、武田徹（専修大学教授）（『読売プレミアム』2017 年 12 月 25 日）など。

党を創新させるため」であると分析した。

「頂層設計」（トップレベルのデザイン）を強調し、「党政分担」（党務と政務の分離）ではなく、「党務による政務領導」を貫徹しようとする習近平の新しい作風を、日本では「習近平独裁」や「毛沢東個人崇拝の復活」等々否定的に論評されているが、ハイルマンはそこに古典的レーニン主義の復活を見て、それが「21世紀の課題に適合したもの」と再解釈して見せたわけだ。

では、21世紀の課題とは何か。ハイルマンを紹介したブラウン記者によれば、これはズバリ「ビッグデータ独裁」の一語である。むろんジョージ・オーウェルの『1984年』における「ビッグブラザーの独裁」のもじりである。いわゆる「習近平独裁」の本質とは、「ビッグデータ独裁」にほかならないと核心を衝いたものだ。

西側でハイルマン流の解説が行われているとき、中国内部ではどのような議論が行われていたかを知るうえで、張志安などによる「インターネットに対する管理と国家治理」[3]という論文が、注目すべき論点を提起した。張志安は広州中山大学に新設された「インターネット及び治理研究センター主任」兼中山大学教授である。論文は、百度（バイドゥ）、アリババ、テンセントなどのインターネット企業の作り出す「新世論」が既存の世論に挑戦を始め、インターネット世論が国家治理（ガバナンス）に対して大きな圧力になっている現状をどう改善するかを論じたものだ。張教授は、政府は権力を大胆に「下放」し、市場と社会（世論）に「治理主導」権を与えよと主張する[4]。

張教授曰く、インターネット空間は大衆に意見発表の場を与え、世論を監督する「簡便なプラットフォーム」（平台）を提供した。これまで行われてきた「ネット管理」を「ネット治理」に、「政府主導の権威主義的管理」を「政府・市場・社会の三者協議による多元的治理（ガバナンス）」に改めるべき

---

[3] 2016年6月，商務印書館「互聯網治理与国家治理」『網絡空間法治化──互聯網与国家治理年度報告（2015）』

[4] 類似の主張として、兪可平「全球治理引論」『馬克思主義与現実』2002年1期、等がある。

である。要点は政府による「上からの管理」（コントロール、マネジメント）をやめて政府・市場・社会三者の協議による「治理」（ガバナンス）方式とせよ——これが張らの主張だ。

「治理」とは「禹の治水」から類推できるように、水を治めることだ。治水ができれば物事は安定し、整った状態になる。社会を混乱させ、国家統治を危うくする恐れのある電子情報の洪水を治水して、逆に社会や国家の安定に役立たせること、これこそがインターネットに対する治理を通じて、国家の治理を図るという発想であろう。

管理に対して「自主管理」というツイ（対）概念があるが、「国家統治」に対して**国家治理**を対置したのは、旧来の統治が「上から目線」であるのに対して、新しい治理概念は、「市場による決定」と「世論監督」という2つの要素を加味して「国家・市場・世論」の**三者協議によるガバナンス**を構想したものと見てよい。3つの要素のうち、**市場**が決定的な役割を果たすのが現代資本主義であり、**世論**が決定的な役割を果たすのが現代のポピュリズム政治である。**国家**がすべてを決定しようとするのは全体主義的統治である。3要素の力関係によって、一方では「強権国家を市場と世論で補完する」だけの**国権主義**に帰結するかもしれないし、他方では市場と世論が重んじられ、国家の役割は暴力とエログロ取締りだけに限定するような、現代的「**夜警国家**」論まで、さまざまの色合いを帯びるであろう。

さらに張教授は公民の「**情報自由権**」（中国語＝信息自由権）、「**プライバシー**」（中国語＝隠私権）の保護をネット立法の重点とし、「**忘れられる権利**」（中国語＝被遺忘権）をビッグデータから削除することにも言及している。[5]

最後に2014年浙江省烏鎮で開かれた世界インターネット大会に触れて、インターネット治理の分野における中国の「話語権」を主張し、あわせて「柔性治理」（*soft governance*）を呼びかけていることが注目される。ここで話語権とは、近年の流行語である。「発言権」が発言の機会確保を求

5　被遺忘権については、呉飛「大数拠与被遺忘権」『浙江大学学報』2005年2期。

めるのに対して、「話語権」は相手に**聞いてもらう力**、すなわち「発言力、影響力、宣伝力」の意で用いられる。

　もう一つは、**ネット主権**という新語である。ネット社会は生まれながらにして国境を越えており、国家主権とは区別されるネット（国家）主権はまったく新しい問題提起になる。この種の課題に対して、「柔性治理」ソフトガバナンスこそが望ましいと指摘した点に注目したい。

肖浜教授は情報技術を「諸刃の剣」と論ずる

　肖浜論文[6]は前掲張志安編著に収められたもう一つの重要論文である。これは情報技術を「諸刃の剣」と認識して、問題の核心を次のように剔抉する。国家権力の監視システム（原文＝監控体系）と公民権の保障システム——両者の関係をどう考えるべきか。それはまず、①情報技術の権力による一方的運用に留まるか、権力側と市民側、**双方からの運用**に成功するか、である。②次に双方からの運用について、それが**対称的、均衡的な運用**であるか、否か。③非対称、非均衡に陥る場合、その**リスクをどう解決するか**、という問題である。

　1990 年代に中国で推進された「金税工程」と「金財工程」に即して考察すると、「金税工程」は、徴税・行政システムにおける運用であり、国家権力を監視できる情報技術である。「金財工程」は国の予算に対する監督、立法工作における運用であり、公民権の保障を推進できる。これら２つの経験から情報技術の二面性を考察する。英国の社会学者アンソニー・ギデンズによれば、現代国家の特色の一つは国家権力の集中化が進み、国家による監視（*surveillance*）が極度に膨張していること、すなわち、国が行政目的のために国民の情報を秩序立てて収集し保存していること。もう一つは国家機構が個人の行為や活動に直接的監視を行うことである。国はそのために警察、税務署、入管、税関等の監視システムをもうけている。

6　肖浜教授は中山大学政治与公共事務管理学院院長。「一把双刃剣——中国国家治理中的信息技術」『網絡空間法治化——互聯網与国家治理年度報告（2015）』商務印書館 2016 年 6 月．

国の監視システムが拡大すればするほど、公民が自らの権利のために闘争する場も広がるという弁証法が機能する。それゆえ、現代の情報技術は国家による監視システムに対しても、公民権を保障するメカニズムとしても、双方から運用できるものが望ましい。それは権力と公民の共生構造における諸刃の剣にほかならない。

　1994年から始まった「金税工程」は税源をほぼカバーし、税務部門がコンピュータネットを通じて納税者について大量のデータを蓄積してきた。さらに工商、社保、税関、衛生、薬品監督、検査、銀行、財政等各部の情報は、部門を越えて共有することによって税源監視システムを構築した。金税工程によって天地を網羅することができた。金税工程は①管理サブシステム、②徴税サブシステム、③会計監査サブシステム、④処罰サブシステム、⑤執行サブシステム、⑥救済サブシステム、⑦監督サブシステム、の計7つのサブシステムからなり、相互チェックが可能である[7]。1995年に国は総額4000万ドルの世界銀行技術援助を受けて、北京等19都市で徴税システムの電子化を行った。さらに円借款を用いて中国徴税管理信息系統（CTAIS = *China Taxation Administration Information System*）を推進した。

　もう一つの金財工程は省級人代で財政支出、予算執行の全過程をオンラインで監督する。広東省、四川省、河南省等は金財工程という呼称は用いていないが先行した。上海ではスタートは遅かったものの、その後「金財工程」の命名権をもつほどに成功した。こうして金財工程は地方人代常務委員会というプラットフォーム（平台）を通じて公民が権力の予算支出を監視し、公民権を保障する手段に成長している。

注）導入当時の財政部副部長楼継偉が『中国財政』（2002年10期）に書いた「科学規画、精心組織、積極推進金財工程建設」によると、2002年初め、当時の朱鎔基総理の指示で政府財政管理信息系統（*Government Financial Management Information System*=GFMIS）を「金財工程」と命名した（金融財政プロジェクトの意か）。

---

[7] 金税工程 http://www.china.com.cn/chinese/zhuanti/283779.htm

これを受けて財政部は「政府財政管理信息システムのネットワーク建設技術標準」を下達した。これは①財政業務応用システムと、②全国各級財政管理部門・財政資金使用部門の情報ネットワークシステムからなる。前者は予算編成審査システム、現金管理システム等 11 のサブシステムから成る。後者はネットワークプラットフォーム、コンピュータシステム、データシステム、セキュリティシステムの 4 サブシステムから成る。なお、項懐誠（財政部部長）「加快推進金財工程建設歩伐」（2002 年 8 月 22 日全国財政系統金財工程建設座談会における講話）『予算管理与会計』2002 年 10 期も導入当時の解説として重要である。

『上海財税』（2003 年 2 期）によると、GFMIS（金財工程建設計画）は 2008 年全てを完成させる目標で、各省間で競って実行され、上海がモデルとなった。これが「スマートシティ上海」版である。

情報技術の非対称、非均衡はなぜ起こるのか

情報技術の非均衡は情報技術自体に起因するものではなく、現代の社会・政治発展の三重の不均衡に基づく。一つは立法権と行政権の不均衡であり、往々行政権が拡大して権力構造に歪みが生じていること[8]。2 つ目に、権力側の監視システムと公民権保障メカニズムの制度的不均衡。そして最後に、社会・政治勢力の不均衡である。

改革開放 40 年来、公民の権利意識と公民社会は成長してきたとはいえ、強い行政権力と比べると依然かなり脆弱だ。それゆえ**拮抗力が足りない**。そのうえ、新たな怪物 *digital Leviathan*（中訳＝数字利維坦）に食われる恐れさえある。中国の識者たちはいま「電脳社会主義」（＝デジタル・レーニン主義）が、ホッブズの説いた怪物に変身するリスクをも想定しながら、ビッグデータ（大数拠）を「飼い馴らすにはどうすれば良いか」を研究している。著者が特に着目するのは、怪物の正体を「数字利維坦」（*digital Leviathan*）と名づけ、その本質を見極めながら、これに立ち向かう姿勢である。

---

8 黄旭「互聯網、行政権与新利維坦 Leviathan」『南京社会科学』2003 年 3 期。

第2節　ビッグデータの収集とデジタル・リヴァイアサン

オーストリア学派の経済計算論争

　ロシア革命が起こり、レーニンらボルシェビキたちが計画経済を主張するや、1920年代から30年代にかけて、オーストリア学派の間で、経済計算論争（economic calculation controversy）が起こり、社会主義経済の可能性について肯定派と否定派との間で論争が繰り返された[9]。これは、オットー・ノイラート（オーストリアの社会科学者、1882～1945年）の「戦争経済から実物経済へ」に対して、ルートヴィヒ・フォン・ミーゼス（オーストリアの経済学者、1881～1973年）が「社会主義共同体における経済計算」で反論したことが発端である。

　社会主義経済において、生産手段は公のものとされ、生産量は国家が決定するため、市場や価格は存在しないことになる。このような経済が現実に実現できるのか。ミーゼスは、貨幣が存在しない（労働証券が想定された）とすれば、価格もつけられないから、計算不能として可能性を否定した。フリードリヒ・ハイエク（オーストリアの経済学者、1899～1992年）は、計算についての「すべての情報が集まらない以上、計算は不可能だ」とした。

　ミーゼス、ハイエクの不可能論に対し、オスカー・ランゲ（ポーランドの経済学者、1904～65年）は市場メカニズムを社会主義経済に導入することで社会主義は可能だと反論した[10]。すなわち潜在的な交換の可能性があればシャドウ・プライスという形で擬似的、便宜的に価格をつけること

---

[9] この問題はソ連内部では、「独立採算制 хозрасчёт／hozraschyot; autonomous accounting system」というテーマで議論が行われ、実行されてきた。社会主義国における企業は国有または集団所有制であるが、この制度を採用するにあたって、国家は企業に国家計画の遂行に対する義務と責任を付与し、同時に一定の経営上の自主性を与え、計画達成については報奨制度をとった。旧ソ連では1921年初めてこの制度を採用し、第2次世界大戦後確立された、といわれる。

[10] https://ja.wikipedia.org/wiki/オスカル・ランゲ

が可能である、ランゲはレオン・ワルラス（フランスの経済学者、1834〜1910年）の一般均衡理論の枠組みに則って多財の需給の連立方程式の解を求めることで、効率的な価格付けと資源配分を達成することが出来ると考えた。

　ハイエクの立場はランゲのような計算が技術的に可能であるとしても、この計算を実施する中央計画当局は計算に必要な需給に関する膨大な情報を収集せねばならず、そのような「情報の収集は不可能である」というものであった。しかも計算に必要な情報は主として「**経済主体にとって自身しか知らない私的情報**」であり、「個々の経済主体が情報を正しく伝達するインセンティヴを持つとは限らない」。ハイエクの見るところ「必要な情報の収集に成功し効率的な価格付けと資源配分を行えるのは分権的なメカニズムとしての市場メカニズムだけである」という展望であった[11]。

デジタル・リヴァイアサンの巨大化

　さて、21世紀の今日、ビッグデータは、ハイエクの計画経済不可能論の重要な論拠を突き崩したことになる。すなわち、完全にすべてとはいえないが、①社会科学から見た大数の法則としてほとんどすべての情報は入手できる。②しかもそれは、ハイエクの説いた**経済主体にとって自身しか知らない私的情報**を含めての話である。

　本書の「はじめに」で引用したハンガリーのコルナイはかつてこう記した。

>「この問題を今の頭で考え直してみると、既述したハイエク・タイプの議論に辿り着く。すべての知識すべての情報を、単一のセンター（中央）、あるいはセンターとそれを支えるサブ・センターに集めることは不可能だ。知識は必然的に分権化される。情報を所有するものが自らのために利用することで、情報の効率的な完全利用が実現する。

11　「経済計算論争と市場メカニズムの特性」 https://ja.wikipedia.org/wiki/フリードリヒ・ハイエク

したがって、分権化された情報には、営業の自由と私的所有が付随していなければならない。もちろん、最後の断片まで情報を分権化する必要はないとしても、可能な限り分権化されているのが望ましい。

ここで我々は社会主義中央集権化の標準的な機能のひとつとして、数理計画化が有効に組み込まれないのはどうしてかという問題を越えて、社会主義政治・社会・経済環境の中で、中央計画化が効率的に近代的に機能しないのはどうしてかという一般的な問題に辿り着く。計画化に携わる諸機関の内側で、長期間のインサイダーとして仕事に従事［した体験に照らして］社会主義の信奉者が唱えるような期待は、どのような現代的な技術を使っても、社会主義の計画化では実現できないという確信がより深まった」[12]。

ハイエクやコルナイの挙げた論拠は否定されたが、それでも他の理由を持ち出して、計画経済を否定する論者は、多分浜の真砂と同じ程度に存在しつづけるであろう。しかしながら、ビッグデータという新しい怪物が生まれたことは、誰も否定できない。

早い話が、**ビッグデータの収集**自体は、他の先進国もやっている現実、すでに動かしがたい現実である。それゆえ本質的な課題とは、デジタル・リヴァイアサンをいかに飼い馴らすか、それは不可能なのか、である。話題の映画「シン・ゴジラ」は、原発事故を風刺した寓話だが、デジタル・リヴァイアサンは現実に生まれ、日々巨大化しつつある怪獣なのだ。

第3節　ネットワーク・セキュリティを導く司令部

中央ネットワーク・セキュリティ情報化領導小組

「ニューエコノミー」のシェアがGDPの1割を超えた情勢下、セキュリティ確保が大きな課題となる。中国共産党の指導部が、セキュリティ問

---

[12] コルナイ・ヤーノシュ『コルナイ・ヤーノシュ自伝　思索する力を得て』盛田常夫訳、日本評論社、2006年、158頁。

題をトップから指導する「情報化領導小組」を立ち上げたのは、2014年2月である。さらに2017年10月の党大会で採択した党規約には「新時代のための、中国的特色をもつ社会主義についての習近平思想」（英訳 = *Xi Jinping Thought on Socialism with Chinese Characteristics for a New Era*）と書き込まれ、新時代の社会主義の核心は、デジタル経済と情報化工業である、と明記された。習近平は、中央ネットワーク・セキュリティ情報化領導小組 LSG（中央網絡安全和信息化領導小組）のトップにも就任し、「デジタル経済化」を推進している。

ネットワーク・セキュリティと情報化を推進する政府機構は、中国サイバー管理局 CAC（= *Cyberspace Administration of China*）である。2014年2月27日、中央ネットワーク・セキュリティ情報化領導小組が成立し、北京で開かれた初めての会議で以下3つの議題を採択した。つまり、①『中央ネットワーク・セキュリティ情報化領導小組工作規則』、②同上『工作細則』、③同上『2014年重点工作』である。

注）中央ネットワーク・セキュリティ情報化領導小組の成立時メンバーは、組長＝習近平、副組長＝李克強、劉雲山のほか、党中央と国務院関係閣僚から選ばれた。
❶党中央関係部門からは、①馬凱（中共中央政治局委員）、国務院副総理）、②王滬寧（中共中央政治局委員、中央政策研究室主任）、③劉奇葆（中共中央政治局委員、中央宣伝部長）、④范長龍（中共中央政治局委員、中央軍事委員会副主席）、⑤孟建柱（中共中央政治局委員、中央政法委員会書記）、⑥栗戦書（中共中央政治局委員、中央弁公庁主任）である。
❷国務院関係閣僚としては、①郭声琨（国務委員兼公安部部長）、②周小川（全国政協副主席、中国人民銀行行長）、③楊晶（中共中央書記処書記、国務委員兼国務院秘書長、のち失脚）、④魯煒（国家新聞弁公室副主任、中央網絡安全与信息化領導弁公室主任、のち失脚）、⑤房峰輝（中央軍事委員会委員兼総参謀長、のち失脚）、⑥王毅（外交部部長）、⑦徐紹史（国家発展改革委員会主任）、⑧袁貴仁（教育部部長）、⑨王志剛（科技部党組書記）、⑩楼継偉（財政部部長）、⑪苗圩（工業和信息化部部長）、⑫蔡武（文化部部長）、⑬蔡赴朝（国家新聞出版広電総局局長）である。

北斗衛星システム

2017年暮れ、米中両国政府が北斗衛星システム BDS（= *BeiDou*

Navigation Satellite System）と米 GPS との間で相互乗り入れを行う協定を発表した（『人民日報』2017 年 12 月 8 日）。北斗衛星システム BDS は、中国が独自に開発を行なっている衛星測位システム（GNSS）である。これにより北斗の利用者は米 GPS の位置情報を、GPS の利用者は中国・北斗のそれを利用できることになった。これは国務院衛星管理局（*China Satellite Navigation Office*）と国務省宇宙・先進技術局（*The Office of Space and Advanced Technology*）との間で 2014 年以来進められてきた交渉が 2017 年のトランプ訪中を契機としてまとまり、「北斗および GPS 信号の相互操作容認に関わる共同声明」（*the US-China Civil GNSS Cooperation Dialogue*）が発表された。

中国は米国の GPS に依存しない独自システムの構築にこだわり、北斗衛星システム（BDS）[13]を開発してきた。アジア太平洋地域での運用が 2012 年 12 月 27 日に開始されたが、主任設計者は孫家棟[14]である。北斗は米 GPS や欧州ガリレオと同様、全世界をカバーしているが、地域により精度は異なる。開発実施機関は中国国家航天局で、開発は 3 段階で進められてきた。

中米両国の衛星ナビゲーションシステムに関する最初の会議が 2015 年 5 月 19 日北京で開かれ、北斗と GPS の両システムの日常的な交流・協力のメカニズムを構築し、協議する「中米民用衛星ナビゲーションシステム（GNSS）協力の共同声明」が先に締結されていたが、この協力が「相互

---

[13] 北斗システム I は実験システムであり、2000 年から中国と周辺国で航法に提供されていた。第 2 世代の北斗システム II は、「コンパス」の略称で知られ、2020 年の完成時には 35 機の衛星で構成される全地球測位システムになる予定。https://ja.wikipedia.org/wiki/ 北斗衛星導航系統

[14] 孫家棟（1929 年生まれ、）は中国の科学者、ロケット及び人工衛星技術の専門家。長年中国製人工衛星プロジェクトの主導者として務めた。嫦娥計画の元総設計士でもある。中国科学院と国際宇宙航行アカデミーの会員。https://ja.wikipedia.org/wiki/ 孫家棟

乗り入れ」に発展した[15]。なお、これまでの北斗衛星打ち上げは次頁の図表3-1のごとくである。

注）内閣府宇宙開発戦略推進事務局ホームページによると、米国の測位衛星であるGPS（*Global Positioning System*）と「みちびき」との関係は、次の通りである。GPSは地球上のほぼすべての場所で現在位置の測位が可能となるように設計されている。これに対し、GPSを補う「みちびき（準天頂衛星システム）」は、日本を中心としたアジア・オセアニア地域での利用に特化している。常に日本上空に衛星を静止させることができれば理想的だが、地球の引力と遠心力の方向が違うため、静止させることはできない。静止衛星とは、地表から常に見えるようにするため、経度を固定したまま赤道上空に静止させる。これを南北方向に振動させたものが「傾斜静止軌道衛星」といい、南北対称の「8の字」軌道になる。この傾斜静止軌道衛星のうち、北半球では地球から遠ざけることで速度を遅くし、南半球では地球に近づけることで速度を速くしたものが「準天頂軌道」の衛星となる。このため、「みちびき」の準天頂軌道は、南北非対称の「8の字」軌道になり、北半球に約13時間、南半球に約11時間、すなわち日本付近に長く留まる。準天頂軌道の衛星が主体となって構成されている日本の衛星測位システムを英語ではQZSS（*Quasi-Zenith Satellite System*）と呼ぶ。

党大会人事とデジタル化推進の担当者

　習近平は党大会の「政治報告」の中で先端技術の開発計画について次のように言及した。

　「『インターネット、ビッグデータ、人工知能（AI）と実体経済の高度な融合』を促し、ミドル・エンドの消費、イノベーションによる牽引、グリーン・低炭素、シェアリング・エコノミー、現代型サプライ

---

[15] 北斗衛星は地上局と遠隔端末の両方と通信するため、これを利用して短いメッセージの送受信（漢字120文字／回）が可能である。全地球システムは「5機の静止衛星を含む35機の衛星」から構成される新システムで、30機の非静止衛星で全地球を完全にカバーし、サービスが供給される。2012年10月に打ち上げた16機目の北斗により運用範囲がアジア太平洋地域へ広がり、2020年を目途に合計30機余を打上げて地球規模でシステムを完成させ、世界各地での運用を目指している。https://ja.wikipedia.org/wiki/北斗衛星導航系統

図表 3-1　北斗衛星（GPS 中国版）の打ち上げ記録

北斗衛星	発射日時	打上げロケット	軌道
北斗テスト衛星 -1A	2000 年 10 月 31 日	長征 3A	静止軌道 GEO
北斗テスト衛星 -1B	2000 年 12 月 21 日	長征 3A	静止軌道 GEO
北斗テスト衛星 -1C	2003 年 5 月 25 日	長征 3A	静止軌道 GEO
北斗テスト衛星 -1D	2007 年 2 月 3 日	長征 3A	静止軌道 GEO
コンパス -M1	2007 年 4 月 14 日	長征 3A	中軌道 MEO
コンパス -G2	2009 年 4 月 15 日	長征 3C	静止軌道 GEO
コンパス -G1	2010 年 1 月 17 日	長征 3C	静止軌道 GEO
コンパス -G3	2010 年 6 月 2 日	長征 3C	静止軌道 GEO
コンパス -IGSO1	2010 年 8 月 1 日	長征 3A	傾斜対地同期軌道 IGSO
コンパス -G4	2010 年 11 月 1 日	長征 3C	静止軌道 GEO
コンパス -IGSO2	2010 年 12 月 18 日	長征 3A	傾斜対地同期軌道 IGSO
コンパス -IGSO3	2011 年 4 月 10 日	長征 3A	傾斜対地同期軌道 IGSO
コンパス -IGSO4	2011 年 7 月 27 日	長征 3A	傾斜対地同期軌道 IGSO
コンパス -IGSO5	2011 年 12 月 2 日	長征 3A	傾斜対地同期軌道 IGSO
コンパス -G5	2012 年 2 月 25 日	長征 3C	静止軌道 GEO
コンパス -M3	2012 年 4 月 30 日	長征 3B	中軌道 MEO
コンパス -M4	2012 年 4 月 30 日	長征 3B	中軌道 MEO
コンパス -M5	2012 年 9 月 29 日	長征 3B	中軌道 MEO
コンパス -M6	2012 年 9 月 29 日	長征 3B	中軌道 MEO
コンパス -G6	2012 年 10 月 25 日	長征 3C	静止軌道 GEO
コンパス -IGSO6	2015 年 3 月 30 日	長征 3C	傾斜対地同期軌道 IGSO
コンパス -M7	2015 年 7 月 25 日	長征 3B	中軌道 MEO
コンパス -M8	2015 年 7 月 25 日	長征 3B	中軌道 MEO
コンパス -IGSO7	2015 年 9 月 30 日	長征 3B	傾斜対地同期軌道 IGSO
コンパス -M9	2016 年 2 月 1 日	長征 3C	中軌道 MEO
コンパス -IGSO8	2016 年 3 月 30 日	長征 3A	傾斜対地同期軌道 IGSO
コンパス -G7	2016 年 6 月 12 日	長征 3C	静止軌道 GEO
コンパス -M10	2017 年 11 月 5 日	長征 3B	中軌道 MEO
コンパス -M11	2017 年 11 月 5 日	長征 3B	中軌道 MEO

Source: China Satellite Navigation Office

チェーン、人的資本サービスなどの分野において新たな成長ポイントを育成し、新たな原動力を形成する」、「グローバル・バリューチェーン[16]におけるミドル・ハイエンド[17]へとわが国の産業が邁進するよう促し、世界レベルの先進的クラスター（「集団・群」）をいくつか育成する」、「科技強国、品質強国、宇宙開発強国、インターネット強国（*cyber superpower*）、交通強国、デジタル中国、スマート社会の建設」に力強い支えを提供する」。

これらの政策を推進する担い手として、次の３人組が党大会で選ばれた。すなわち韓正が政治局常務委員に、陳敏爾が政治局委員に、徐麟が中央委員に昇格した。彼らはそれぞれの職位で「デジタル中国」化、「スマート社会」作りを担当するが、韓正は上海のスマート社会作りを**指揮した功績**を買われ、陳敏爾は貴安新区の**ビッグデータ・プロジェクト**を成功させており、今後、徐麟は「網信弁公室主任」（兼中央宣伝部副部長）として現場の指揮をとることになる[18]。

なお米中間ではネットワーク・セキュリティについての対話が行われ、2017年10月10日にその成果をコミュニケ[19]として発表した。その内容は、①不法移民の送還、②毒物禁止、③ネットワーク犯罪の摘発、などである。ここで量子科学実験衛星「墨子号」に触れておく。中国科学院国家宇宙科学センターは世界初の量子科学実験衛星「墨子号」を、長征２号（CZ-2D）ロケットで打ち上げた（2016年８月16日）。「墨子号」は４カ

16　グローバル・バリューチェーン GVC（=*Global Value Chai*）とは、製造業などにおける生産工程が内外に分散していく国際的な分業体制を指す。

17　ローエンドとは、最も性能の低い、低価格商品、ミドルレンジとは、性能と価格のバランスをとった中堅クラスの商品、ハイエンドとは、高機能・高性能の商品を指す。

18　徐麟も上海市宣伝部長として当時の上海市書記習近平に仕えた経歴をもつ。

19　2017年10月６日、新華社ワシントン電。2017年10月４日、中国国務委員、公安部長郭声琨と米国司法長官ジェフ・セッションズ、国土安全保障省（*Homeland Security*）長官代理エレーネ・デュークは第１回米中法執行とサイバー安全保障の対話を行った（*U.S.-China Law Enforcement and Cybersecurity Dialogue* = LECD）

図表3-2 「クラウド産業からデジタル経済体へ」

デジタル経済（数字経済）と実体経済（リアルエコノミー）をクラウドで結ぶ説明図
資料：阿里雲研究中心『智能産業雲上転型』2017年12月20日

月にわたる軌道上実験の後、2017年1月18日、光子のペアを「量子もつれの状態で地上に放出した。約1200キロ離れた青海省と雲南省の2カ所で「それぞれ光子を受信することに成功した」と公表された。岡田充記者（共同通信）の解説によると[20]、量子暗号通信では「量子もつれ」と呼ばれる、特殊な関係の光子のペアを使う。送信者はこの光子を使って情報を暗号化、受け手は光子を基に暗号を解読する仕組み。もし第三者が、解読や盗聴しようとすると光子の性質が変わる。それを検知して通信をやり直せば、ハッキングを阻止できる。量子暗号通信は、光ケーブルを通じた商業利用がすでに始まっているが、従来情報損失やノイズなどの問題があるとされてきた。人工衛星を利用すれば、理論的には数千キロ離れた地点に光

20　https://www.businessinsider.jp/post-34733

子のペアを放出できる。これまでは 100 キロ離れた地点での実験には成功したが、1200 キロも離れた地点での成功は実用化への飛躍的前進という。

　潘建偉[21]チームは今後、7400 キロ離れた中国とオーストラリアの 2 地点での実験を計画している。中国がさらに長距離の通信に成功すれば、機密情報を日常的にやり取りする在外公館をはじめ、島嶼部にある軍事施設、遠洋を航海する艦艇など、遠隔地での利用が可能になる。東シナ海の海底油田の掘削プラットフォーム、南シナ海の人工島の軍事施設にも使える。まして有事となれば、敵に解読されない通信が可能になるから、戦局を有利に展開できる。米紙は「もし中国が量子通信ネットの確立に成功すれば、米国のコンピュータ・ネットワークにおける優位性が失われる」(『WSJ』2017 年 6 月 15 日付) と、深刻な懸念を表明している。

第 4 節　ニュースを料理する「中央厨房(セントラルキッチン)」
　　　　──『人民日報』の新システム

紙媒体から電子媒体へ

　人間の食べ物を料理するのが厨房(キッチン)である。情報という目に見えないものを理解させるために、厨房をイメージさせるとは、お堅いことで知られる『人民日報』としてはなかなかの発想ではないか。西茹准教授(北海道大学大学院メディア広報科)の論文[22]を紹介したい。

---

[21]　ウィキペディアによると、潘建偉(1970 〜)は浙江省東陽市生まれ。上海科学技術大近代物理学科で量子力学に触れ、その後研究を続け、同大で修士号を得た後、オーストラリアに留学し博士号を取得。2011 年中国科学院院士となる。2012 年英科学誌『ネイチャー』が傑出科学者に選ぶ。現在は母校の科学技術大学副校長。https://zh.wikipedia.org/wiki/潘建偉

[22]　西茹(北大准教授)中国におけるメディア融合戦略に関する考察『メディア・コミュニケーション研究』第 71 号、北海道大学大学院メディア・コミュニケーション研究院、2018 年 3 月刊。

——メディア融合戦略[23]の実施において、習近平は人民日報、新華通信社、中央テレビ局（CCTV）などの中央レベルのメディアに先行させ、モデルづくりを求めた。

　①人民日報社は「社属新聞雑誌」29紙誌、「ウェブサイト」44、「ミニブログ」公式アカウント11の、「ウィチャット」公式アカウント142、「モバイルクライアント」31を傘下にもつ複合メディアグループである。

　②ユーザー数は3.5億と自称する。

　③同社の「メディア融合」発展計画は、a）『人民日報』クライアント、b）オムニメディア・ニュース平台（プラットフォーム）、c）データセンターという3つのプロジェクトによって構成される。

　④オムニメディア・ニュース平台は、すべてのメディアに応じるニュース生産と加工過程、その指揮システムであり、「人民日報中央厨房」と名付けられ、最も注目されている。

　⑤「中央厨房」は「メディア融合」国家戦略が採択された直後（2014年10月）に立案された。中央宣伝部が直接監督を担うプロジェクトである。「メディア融合」推進座談会（2017年1月5日）には、劉奇葆（中央宣伝部長）が出席者らに厨房を見学させ、新型主流メディアのモデルと紹介した。

　⑥これは旧来の社内各部門それぞれが取材と編集を行う「個別厨房」を、「集中調理施設」に一本化し、多様なコンテンツを製作し、いろいろなツールで発信する。これは「24時間稼働し、全世界をカバーする」平台（プラットフォーム）である。

　中国のネットニュース配信には、2系統がある。一つは騰迅（テンセント）、捜狐（sohu）、網易（ワンイー）、鳳凰（PHOENIX）、新浪（SINA）などの新設の民間ポータルサイトが主導するニュースサービスであり、もう一つは、伝統メディアがネット技術を利用するサービスである。これらのうち、新華社や人民日報、中央テレビ局などのウェ

23　メディア融合とは、インターネット網のブロードバンド化や放送インフラのデジタル化および、衛星放送の普及に伴い、主に通信・放送・新聞を連携させたサービスが進展し、それぞれの業界の相互参入が進展する現象を指す。

ブサイトは国家レベル、「澎湃新聞」や「浙江新聞」は地方レベル、に分類される。

「澎湃新聞」は地方級（上海）だが卓越した存在で、内外の注目を集めた。最大の特色は、時事、政治問題を扱うことだ。澎湃の名称は「PAPER」の音をもじったもの[矢吹注：上海市は中国最大の経済都市として、政治都市北京に対して独特の地位を占めている。北京の『人民日報』セントラル・キッチンの動きに対して、上海市は「上海連合キッチン」を構想している]、これはニュースアプリ形式を用い、携帯で閲覧し、広告もある。経営主体は中国最大の「上海新聞集団」（2013年8月習近平が重要演説を発表した直後、上海市の解放日報系と文匯・新民系が合併したもの）で、米ハフィントンポストのようなオンラインメディアを目指す動きとして注目を浴びた。澎湃新聞はニュース制作を集団傘下の『東方早報』に委ねたため、都市報の延命策かとも見られた。これまでのネットメディアと澎湃が異なるのは、ニュース制作に当たって専門主義を堅持し、オリジナルなニュースコンテンツを提供する点である。

澎湃のサイトは時事、経済、思想、生活の4領域に分かれ、その下に計49の専門コラムが設けられている。発足当初、「虎退治ニュース」は、出色のコラムだった。最大の「虎」とされた周永康（元党政治局常務委員）のケースでは、その深層、内幕をえぐり出し、人気となった。2カ月後、「危険ライン」に触れ、当局から批判を受けたといわれる。そのアプリをダウンロードした者は6900万人を越え、1日当たりのアクセスも延べ500万人を数える。澎湃閲覧は無料で財政支援に頼り、まだ赤字経営である——。

上記の西茹の解説から分かるように、人民日報式「中央厨房」と上海式澎湃新聞は、いずれも「紙媒体」側の「電子媒体への転換」努力である。取材の担い手はやはり記者たちだ。これに対してネット系の騰迅、捜狐、網易、鳳凰、新浪のようなサイトは、記者に限らず、誰もがスマホを持つ限り、カメラに収め、そのまま音声で説明すれば直ちに情報発信となる。

否、スマホ所有者本人の**情報発信の意図の有無にかかわりなく**、どこで

何を食べ、誰と会い、何を買ったか、これらの情報がすべてビッグデータとして、貴安新区等の**ビッグデータ集積地**に集められている。誰がこの素材をどのように利用してどのように使うか。そのビッグデータ解析を誰が監視して、一方で関係者のプライバシーを擁護しつつ、他方で話語権を拡大して、政治的多数派のものとして、政策を決定するのか、これが政治中枢の課題として浮上してきた。

第4章　電脳社会主義の必然性

――テクノファシズムをどう防ぐか

第1節　社会主義国家の「官僚」化をめぐる言論

トロツキー・リッツィ・ジラスの分析と中国共産党の反応

　ロシア革命でスターリンの独裁体制が成立して追放されたトロツキーは『裏切られた革命』（1937年）[1]で、「官僚制が生産手段を統制している」事実を確認した。しかしながらトロツキーは、ソ連の官僚たちが生産手段を統制している事実は認めながらも、「特定の所有形態を欠いている」として、彼らが「支配階級」を構成しているという認識は退けた。すなわち、生産手段の国有化を行った後のソ連にとって必要なのは、「十月革命のような社会革命」ではなく、「官僚制の排除を目的とした政治革命である」と彼は結論づけたのである。

　ソ連における官僚制に対する理論的探求はここで終わったが、その後、イタリアのブルーノ・リッツィ（Bruno Rizzi）は『世界の官僚制化』（1939年）において、官僚制はみずからに高い給料を支払うことによって、プロレタリアートの剰余価値を所有するようになった以上、ソ連では「新しい階級が発生した」と分析した。しかし、リッツイは官僚制の技能を高く評価し、官僚と労働者階級との間のギャップが最小になるように労働者生活の物質的条件を高めるためには、官僚制が有効であると考えていた。

　リッツイに代表される「新しい階級」論をさらに徹底させたのは、ミロバン・ジラス（ユーゴスラビアの理論家、元大統領補佐）の『新しい階

---

[1] 日本語訳：『裏切られた革命』藤井一行訳、岩波書店、1992年。

級』（1957年）[2]であった。ジラスは「社会主義国家は政党によって運営されており、政党は官僚制である」、「官僚制は国有財産を使用、処分する権限をもつがゆえに一つの階級である」、「この官僚制は、権力とイデオロギー的独断主義という2つの重要な要素に依拠している」、「これは過渡的な現象ではなく、国家制度の特殊類型の一つである」、と主張した。すなわち社会主義体制における官僚制はなるほど生産手段を所有してはいないが、その使用権・処分権は保有しており、それを根拠として官僚制を階級的基礎とみることは合理的だと認識したのであった。

中国共産党はジラスの『新しい階級』論を公式に認めることはなく、スターリン批判に連続するチトー主義批判の文脈で、「ユーゴスラビアの新憲法やチトー主義は、帝国主義に屈伏するものだ」と厳しく批判した。しかしながら表向きの批判とは裏腹に、チトー主義への関心は強いものがあった。というのは当時、中国では革命の過程で共産党に期待した人々が「共産党の支配」に幻滅を感じ始めていたからである。ソ連でスターリン批判が行われ、東欧で民主化へのうねりが巻き起こると、中国でも北京大学や人民大学を中心にこれに同調する動きが表面化し、1957年、毛沢東は反右派闘争を強力に展開した。

毛沢東の見解

スターリン批判後の社会主義世界の動揺に際しては反右派闘争の立場を採った毛沢東が1960年代前半に痛感したのは、「社会主義における官僚制」のあり方であった。この問題に対して、最も大胆な主張を展開したのが毛沢東であり、1964年5月にこう断定した。

> 「現在のソ連はブルジョア独裁、大ブルジョア独裁、ナチスのファシズム独裁、ヒトラー流の独裁である。彼らはゴロツキ集団であり、ドゴールよりもはるかに悪い」（矢吹晋編訳『毛沢東社会主義建設を語る』現代評論社、1975年、256頁）。

---

2 日本語訳：『新しい階級――共産主義制度の分析』原子林二郎訳、時事通信社、1957年。

旧ソ連の現実の姿のなかに中国の明日を垣間見た毛沢東は、ソ連の官僚制を批判し、中国の未来を危惧して、こう敷衍した。

　「官僚主義者階級と労働者・貧農・下層中農とは鋭く対立した2つの階級である」。「資本主義の道を歩むこれらの指導者［走資派あるいは実権派］は労働者階級の血を吸うブルジョア分子にすでに変わってしまったか、あるいは今まさに変わりつつある」（「毛沢東、陳正人同志の「蹲点報告」に対する指示」1965年1月29日、『毛主席文選』34頁）。

　以上のように「社会主義における官僚制論」の系譜を考察してみると、**21世紀初頭における中国の現実こそが**、まさに「官僚主義者階級」が生産手段を所有し、名実ともにみずからの階級を再生産する条件を整え、中国国家資本主義が官僚資本主義として自立している姿だろう。
　「社会主義における官僚制論」の系譜を考察してくると、毛沢東の性急さがよく分かる。そして、毛沢東の問題提起から半世紀を経た21世紀初頭における中国の現実こそが、まさに「官僚主義者階級」について、現実に即した階級分析を必要とする事態が生まれつつあることを示している。
　毛沢東の発動した文化大革命は惨憺（さんたん）たる帰結をもたらしたが、彼の提起した課題はいまも色あせない。毛沢東が官僚制に投げつけたコトバ「（下層階級の）血を吸うブルジョア分子」は激烈な表現だが、毛沢東の掲げた「継続革命」の課題は残されている。そしていまの電脳社会主義化した中国では、課題に応える条件もこれまでとは異なる様相を呈してきたことを認識すべきだろう。
　ロシア革命に始まる現実の社会主義建設は、まず生産手段の私有制を廃棄し、国有制（人民所有制とも呼ばれた）あるいは集団所有制とすることからスタートした。所有制の変革により、労働者階級は資本の軛（くびき）から解放され、搾取・被搾取という生産関係から解放され、生産現場の主人公としての立場で社会主義建設に参加することが想定されていた。
　しかしながら、現実の労働の現場では、資本家あるいはその代理人としての経営者は追放されたものの、現場で労働を指揮したのは、労働者の代

表ではなく、共産党本部から派遣された官僚たちであった。

その官僚たちこそがいわゆるノーメンクラツーラ（本章第6節参照）にほかならない。レーニンが死去し（1924年）、トロツキーが追放され（1929年）、スターリン（1878〜1953年）の独裁が1930年代に始まると、政治的反対派はグラーグ（収容所）に送られ、社会主義的生産関係の構築という課題は忘れられ、スタハノフ運動（生産ノルマを達成した炭鉱労働者アレクセイ・スタハノフをモデルとした生産性向上運動）に象徴されるような「労働ノルマ達成競争」に労働者は駆り立てられ、後にオーウェルが戯画化したような「堕落した労働者国家」に変質していった。

ロシア革命は、生産手段の私有制を廃棄した後に、どのような社会主義的生産関係を構築するかという新たな課題に直面して、さまざまの試行錯誤は試みたものの、結局はこの課題を解決することなしに、ソ連邦解体の日を迎えた（1991年12月）。

毛沢東はソ連版社会主義建設を総括した『経済学教科書』（スターリン時代の末期に計画され、1954年秋にロシア語初版刊行）を学び、大躍進運動期（1958〜60年）に、その読書ノートを書いた（矢吹晋訳『毛沢東、政治経済学を語る』現代評論社、1974年）。毛沢東はここで「社会主義企業における人と人との関係」を論じ、後の文化大革命期に「五・七指示」（本章第3節）としてまとめた分業廃棄の構想を語り始めた。

官僚資本主義から電脳社会主義へ

2011年7月1日、中国共産党は建党90周年を祝賀したが、祝賀ムードから透けて見えるのは、社会の治安維持のために全力をあげる方針を繰り返す姿である。そのキーワードは、「社会管理」の4文字だ。これは具体的には、中国の直面する重大な社会問題群——たとえば、環境汚染問題と被害者救済、農村高齢者問題、少数民族政策、宗教・信仰の自由侵害、NGO、NPO等社会組織……などに対して、「ただ管理あるのみ」の政治姿勢であると言える。

同年春の全人代報告で呉邦国委員長は「5つをやらない立場」を強調している。ここで「やらない」と明言されているのは、①複数政党による政

権交代、②指導思想の多元化、③「三権分立」と両院制、④連邦制、⑤私有化、の5つである。これらの5カ条については、従来「政治改革の課題」として提起されてきたものであり、個々のトピックについてさまざまな議論が行われてきたが、2011年春の全人代でこれを強調したのは、「社会主義の『行方不明』事件」として特筆する必要がある。

すなわち、5カ条を指摘したことが悪いのではない。これらの条件づけで政治的安定の確保を一面的に強調したことによって、「政治の目標と理想」が見失われ、それが腐敗を助長したことが問題なのである。

上記の通り、鄧小平以後の市場経済システムの導入で、経済活動に関するかぎり一定の自由化が進展したが、それを背後で支えてきたのは「管理社会」のシステムであった。これはほとんどジョージ・オーウェルが第2次大戦直後に描いた未来図『1984年』に酷似する世界である。

文革が失敗した後、ポスト毛沢東期に行われた市場経済への移行政策によって、ノーメンクラツーラ（＝赤い貴族。本章第6節で後述）と呼ばれる特権階級が事実上の私物化（制度的な *privatization* ではない）を推し進め、「官僚主義者階級」が誕生した。この階級は、アメリカの1％の富裕階級よりも、より巧みに組織された支配階級に成長しつつある。高度成長の過程において労働分配率の激減をもたらし、ジニ係数を悪化させたのは、これら支配階級が経済政策を左右してきたことの帰結にほかならない。

顧みると、中国にとっては、建党90周年（2011年）前後が最も混迷を深めた時期に見える。しかしながら、このとき「**社会管理**」だけが踊る深淵から、「**管理**」を「**治理**」（governance の訳語）という新コンセプトで救済する動きが生まれていた。習近平と彼を支える人脈は、英国の社会学者アンソニー・ギデンズの著書『民族国家と暴力』（*The Nation-State and Violence*）を深く学び、現代国家に対する分析を進めていた（第3章第1節、52頁参照）。

第2節　ソ連解体からチャイメリカ体制へ

どうして中国はソ連のように解体の憂き目に遭わなかったのか

　20世紀前半に行なわれたロシア革命と中国革命との関係を最も分かりやすく説いたのは、毛沢東の次の一言であろう。曰く「ロシア革命の砲声が中国にマルクス・レーニン主義を送り届けてくれた」。

　以後、中国はひたすら「ロシアの道」を模倣し、その後、ロシアの道とは異なる「中国の道」を模索した。毛沢東が主唱した「大躍進政策」と「文化大革命」はいずれも失敗し、2000〜3000万人の餓死者を出す事態となったが、一方でマルクス・レーニン主義の先達・旧ソ連は、人工衛星スプートニクをアメリカに先立って打ち上げ、一時はアメリカを凌ぐかのように見えたが、結局はアメリカ資本主義との生産力競争に敗れて1991年に崩壊した。いわゆる東欧圏の旧共産国は拡大EUの一角に組み込まれ、東西ドイツの統合が行われた。

　旧ソ連の崩壊後、中国を襲ったのは「蘇東波」というツナミである。詩人「蘇東坡」の名を一文字変えたこの表現は「ソ連東欧からの民主化の圧力」を表す。誰もがポスト冷戦期に「次は中国の民主化だ」と想定したのは、中国の計画経済が基本的に旧ソ連と同じシステムで運営されていた事実を裏書するものだ。

　しかしながら、中国が旧ソ連解体の道を歩むことはなかった。その理由は、2つ挙げられよう。

　一つは鄧小平が事態を先取りして、「市場経済の密輸入」にすでに着手しており、これが人々に生活向上への希望を与えていたこと、もう一つは政治支配体制の徹底的な引き締めによる「管理社会の構築」である。この政経分離体制――すなわち中国共産党の指導下における市場経済の導入（資本主義的原蓄の発展）はこれまでのところ功を奏している。

　旧ソ連圏の解体以後、資本主義体制の「独り勝ち」を語る声が大きくなった。一時は「アメリカの独り勝ち」を称賛する声が世界にこだまして、市場経済の勝利は磐石に見えた。だが、ソ連解体を契機に加速度を増し

た「新自由主義の暴走」は止まるところを知らず、アメリカの独り勝ちはリーマン・ショックという帰結を迎え、「驕るアメリカ、久しからず」を絵に描いたようなありさまとなっている。

リーマン恐慌（2008年）の意味するもの

　2008年のリーマン恐慌は、世界経済を大恐慌以来の危機に陥れただけでなく、3年後にはギリシャ・ソブレン危機を誘導し、それはEU全体に連鎖反応的な衝撃を与え、今日なお収束の兆候は見えない。このような状況を踏まえて雑誌『Foreign Affairs』は、「アメリカは終わったのか？」と特集し、『ニューヨーカー』誌記者のジョージ・パッカーによる「破られた契約——不平等とアメリカの凋落」という記事を掲載した[3]。

　この記事の内容は以下の通りである。

　——1979年から2006年にかけて、アメリカ中産階級の所得は40％増えたが、最貧層では11％しか増えていない。これに対して最上位1％の所得は256％も所得が増えて、国富の23％を占めるようになった。これまで最大であった1928年を上回るシェアだ。アメリカはすでに甚だしい階級社会と化した。まさにアメリカンドリームの終焉を意味する。格差の拡大と富裕階級の固定化は、アメリカ人の夢をもはや実現不可能なものとした現実を鋭く指摘したものであった。ニューヨークのウォールストリートを占拠した失業者たちが訴えたのは、まさにこの現実であったと見てよい。

　なぜこうなったのか？　アメリカンドリームが存在した時代には、政府がさまざまな規制やルールを定め、所得の比較的に平等な配分を保証しようとしていた。商業銀行の資金が投資銀行に流れるのを禁止するグラス・スティーガル法はその象徴であった。この規制により投機の行き過ぎや過剰競争は規制され、社会を安定させるためのさまざまな機関・制度が存在

---

[3] George Packer: Inequality and American decline, *Foreign Affairs,* vol. 90（2011年10月12日）。

する国——これがアメリカであった。これらの機関は「公共の利益」を守るために機能した。中産階層の大国であるアメリカは、こうして守られてきた。

顧みると、1978年頃のアメリカはベトナム戦費で疲弊しどん底にあったが、これは一見アフガンやイラク戦費に悩む現代と酷似する。しかし、決定的な相違点がある。それは1978年には「公共の利益」を守る規制や機関が機能し、アメリカンドリームを保証するシステムが生きていたことだ。なぜか。大恐慌後の1933年から1966年にかけての30年間、連邦政府には消費者・労働者・投資家を守るために、11の規制機関が設立されたし、さらにその後もこの傾向は続き、1970～75年には環境保護局、職業安全健康管理局、消費者のための生産物安全委員会を含む12の規制機関が次々に設立された。

ところがこれらの規制措置や規制機関は、近30年間に「新自由主義」という名の妖怪により、ほとんどつぶされてしまった。「公共の利益」を維持していたシステムのほとんどが大企業によって乗っ取られ、「公共の利益」の分野が、企業が利益を上げるためのビジネスの分野に変化した。かくてアメリカは、もはやアメリカンドリームが生きていた時代に戻ることは不可能だ。「アメリカは終わった」(America is over.)。

これがジョージ・パッカー記者の結論である。2016年の選挙においてトランプを当選させたものは、アメリカ社会のこの変化であろう。

20世紀、21世紀世界の覇権交代

以上のスケッチを著者の解釈で要約すれば以下の通りである。

すなわち、20世紀世界は「社会主義への希望」に明けた。とりわけ1929年の世界恐慌以後、社会主義への対抗を強く意識した福祉国家を目指す経済政策によって資本主義世界は補強され、繁栄を誇ってきた。

資本主義世界は社会主義システムの挑戦を見事に交わして、その生命力を誇示するかに見えた。しかしながら挑戦者・ソ連が力尽きようとした1970～80年代に、アメリカは独り勝ちを謳歌してアメリカンドリームを

食いつぶす愚行を演じた。その結果、ソ連の解体（1991年）から20年を経ずして、リーマン・ショックに襲われたのである。

とはいえ「アメリカの終わり」は、旧ソ連解体の姿とは異なり、「終わりの始まり」にすぎない。そこに新たな役割を担うべく登場したのが中国である。

『Foreign Affairs』（2011年11／12月）特集号が掲げたもう一つの論文は、「縮小の英知――アメリカは前進するために縮小せよ」[4]で、筆者はJ.M.パレントと、P.K.マクドナルドである。

この論文によると、1999年から2009年にかけて、世界経済に占めるアメリカのGDPシェアは23％から20％へと3ポイント減少した。そして中国のGDPシェアは7％から13％へ、ほとんど倍増した。この発展スピードが維持されるならば、2016年には中国のGDPがアメリカを追い越す［実は2014年に追い越した］。

論文「縮小の英知」によると、アメリカはいま覇権国家に通弊の3つの問題を抱えている。すなわち、①過剰消費（over-consumption）、②過剰（対外）膨張（over-extension）、そして③過度の楽観主義（over-optimism）である。一方で、アメリカに挑戦する中国は「4つの矛盾」を抱えている。すなわち、①国内不安（domestic unrest）、②株式・不動産バブル（stock and housing bubbles）、③汚職・腐敗（corruption）、④高齢化（aging population）である。

「縮小の英知」が指摘したこれらの問題点は、ほとんど常識であろう。それゆえ、論文の新味は、これらの現状分析の論理的帰結として、「縮小」（Retrenchment）以外にアメリカの選択肢はない。それを明快に論じたところに、この『Foreign Affairs』特集の意味があるわけだ。

「貧しい平等主義」から開放政策による外貨獲得へ

19世紀後半から約1世紀の混乱を経て独立した中国の共産党政権は、

---

[4] Joseph M. Parent & Paul K. MacDonald, The Wisdom of Retrenchment: America Must Cut Back to Move Forward

計画経済という名の「アウタルキー経済」を指向したが、毛沢東時代の終焉とともに、国際的立ち遅れを痛感した。

毛沢東の後継者・鄧小平は、「貧しい平等主義」路線では政権を維持できないことを察知して、180度の政策転換を行い（1978〜79年）、改革・開放政策に転じた。すなわち対外的には「鎖国から開放政策へ」の転換であり、国内的には「計画経済システムを市場経済システムに」改め、グローバル経済の「軌道」に、中国経済を乗り入れようと企図した。

80年代初頭の「4つの経済特区」で試行された市場経済化は、沿海の主要都市に拡大され、やがて「点から面へ」と拡大し、中国経済全体の市場経済化が進められた。遅れてグローバル経済に参加した中国は、豊富な低賃金を十分に活用して、世界の工場となり、元安の為替レートでひたすら外貨を蓄積した。これはほとんど**飢餓輸出に似た強制貯蓄**のメカニズムであった。

中南海の指導部にとって90年代半ばの**台湾の奇跡**が実現した外貨準備高1000億米ドルは垂涎の的であり、彼らはほとんど外貨不足トラウマ、「米ドル物神崇拝」に陥った。1994年元旦の外貨兌換券廃止により、交換レートが実勢を反映したものになると、大陸ではようやく輸出入は黒字基調となり、これを好感して外資はようやく「人民元への信任」を回復し、中国大陸への直接投資に着手した。その後、中国は貿易黒字と直接投資の流入を極力活かして外貨準備を積み上げ、2006年に1兆ドルを超えて、日本のそれをわずかに上回った。

これは鄧小平路線の成功であるとともに失敗をも意味した。「成功」とは経済的発展だが、「失敗」とは政治改革の失敗である。鄧小平自身は「経済改革から政治改革へ」という構想を繰り返し語っていたが、実際には政治改革まで踏み込む時間的余裕はなく、1997年に死去した。鄧小平は最晩年に後継者江沢民を厳しく批判した「南巡講話」を語り、朱鎔基[5]を抜擢して指導部を補強しようとしたが、それは部分的にしか成功しなかった。

---

5 矢吹『「朱鎔基」中国市場経済の行方』小学館文庫、2000年を参照。

当初は天安門事件後の収拾を図る「過渡期の指導者」として作られた江沢民政権がその後 10 年続き、胡錦濤政権の 10 年も江沢民院政を続けた。この結果、中共中央、そして中央軍事委員会中枢まで政治的腐敗が蔓延する重大な帰結を迎えてしまった。習近平はその虎退治によって権力をグリップ（掌握）し、電脳社会主義の条件を整えたのである。

チャイメリカ体制
　外を見ると米中経済関係は、発展し続けた。第 2 期ブッシュ政権（2004 〜 09 年）で、中国は「責任をもつ利害関係者」（*Responsible Stakeholder*）と期待され、オバマ政権では「戦略的利害再保証」（*Strategic Reassurance*）が語られ、密着度を深めた後、2010 年夏の米国防総省報告は中国軍の役割を称賛して「国際公共財の担い手」（*International Public Goods*）と呼ぶところまで発展した。その直接的含意は、①国連の平和維持活動、②反テロ活動、③災害救援活動等において、中国軍がいかに国際貢献を果たしているかを繰り返し強調・称賛したものだ。
　すなわち中国軍は「中国の国益」を守るための活動は当然として、そのほかに「国際秩序を守る」ためにさまざまな活動を行っており、その役割は、アメリカにとってほとんど「敵軍」ではなく「友軍」だと称賛したのである。ペンタゴン報告書が中国軍に対して、このような微笑外交を送ることの遠望深慮は明らかであり、米中協調（結託）による国際秩序維持の枠組み作りを展望するためにほかならない。
　アメリカの従属国・日本がどれほど米国債を保有したとしても、まず政治問題にはなりえない。しかし中国は、場合によってはそれを売却することで対米圧力をかける危険性をもつ。ここで中国が失うのは、さしあたりは 1 兆ドルの外貨であるが、アメリカが失うのは、「基軸通貨国としての地位」である。どちらがより多くを失うかについてはいくつかの見方が可能だが、アメリカとしては中国がそのような敵対的行為に走らないように、米中協調のシステムを固めることが喫緊の課題であり、この「同床異夢」が米中政府当局によって明確に認識され、努力が続けられてきた。このようにして成立した直接対話の枠組みをもつ今日の米中関係を、著者は

「チャイメリカ（体制）」と名付けた。

　この「チャイメリカ体制」は、かつての米ソ冷戦体制と似て非なるものである。すなわち米ソ冷戦体制下では、米ソが「2つの陣営」に分かれて対峙し、陣営間の貿易等経済関係は、極度に制約を受けていた。しかし今日のグローバル経済下のチャイメリカ構造においては、米中貿易はきわめて活発であるばかりでなく、低賃金と安い人民元レートを用いて、いわば飢餓輸出にも似た政策によって大量に貯め込んだ中国の「米ドル保有」の過半部分が米国債等の買いつけに当てられている。

　こうして米中関係は、一方ではかつての米ソ関係のように軍事的対立を含みながら、他方経済では、「過剰消費の米国経済」を「過剰貯蓄の中国経済」が支える相互補完関係がこれまでになく深まっている。これが「チャイメリカ構造の核心」である。今日の米中関係は、軍事・経済双方の要素についてバランスのとれた観察を行わなければ、理解できない様相を呈している。

　さらに、中国はいまや「アメリカ以上に所得格差の大きい」国と化しつつある。この文脈では、現存のチャイメリカ経済構造とは、米中両国が「所得不平等（inequality）を互いに競い合う体制」でもある。これが21世紀初頭の、世界第1位、第2位の大国経済の現実である。

第3節　文化大革命再考──「五・七指示」に基づく理念

毛沢東による「五・七指示」

　2つの中国モデル（毛沢東モデル、鄧小平モデル）は、モデルとして内外から大きな関心を持たれているが、運動の方向性（ベクトル）は正反対である。前者はソ連修正主義あるいはソ連社会帝国主義を批判して、「社会主義への中国の道」を提起したものだ。それはソ連のスターリン批判を契機として表面化し、大躍進期（1958～1960年）には人民公社として現れ、狭義の文化大革命期（1966～1971年）には「五・七指示」として現れるも、両者共に現実の運動としては大失敗し悲惨な結末を迎えた。しかしながら、人類史のユートピア構想、思想史としては、やはり検討に値す

る。

　「五・七指示」は、解放軍総後勤部から提出された「農業副業生産についての報告」に対する毛沢東コメントの形式をとりつつ、毛沢東が「林彪宛て書簡」として書いたものである。1966年5月15日に全党に「通知」されたが、その際に「歴史的意義をもつ文献であり、マルクス・レーニン主義を画期的に発展させたもの」と説明された。

　66年8月1日付『人民日報』社説（「全国は毛沢東思想の大きな学校になるべきである」）のなかで、その基本的精神が説明された。この社説から当時の「五・七指示」の意義付けを見て取れる。

　「五・七指示」の描いた共産主義モデルは次のようなものだ。

　⑴　世界大戦の有無にかかわりなく「大きな学校」を作ろう――世界大戦が発生しないという条件のもとで、軍隊は大きな学校たるべきである。第3次世界大戦という条件のもとにあっても、大きな学校になることができ、戦争をやるほかに各種の工作ができる。第2次世界大戦の8年間、各抗日根拠地でわれわれはそのようにやってきたではないか。

　⑵　軍隊は「大きな学校」たれ（共産主義への移行形態としての「大きな学校」）――この大きな学校は、政治を学び、軍事を学び、文化を学ぶ。さらに農業副業生産に従事することができる。若干の中小工場を設立して、自己の必要とする若干の製品、および国家と等価交換する製品を生産することができる。

　この大きな学校は大衆工作に従事し、工場農村の社会主義教育運動に参加し、社会主義教育運動が終わったら、随時大衆工作をやって、軍と民が永遠に一つになることができる。

　また随時ブルジョア階級を批判する文化革命の闘争に参加する。こうして軍と学、軍と農、軍と工、軍と民などいくつかを兼ねることができる。むろん配合は適当でなければならず、主従が必要である。農、工、民の三者のうち、ある部隊は1つあるいは2つを兼ねうるが、同時にすべてを兼ねることはできない。こうすれば、数百万の軍隊の役割はたいへん大きくなる。

(3) 労働者のやるべきこと——同様に労働者もこのようにして、工業を主とし、兼ねて軍事、政治、文化を学ぶ。社会主義教育運動をやり、ブルジョア階級を批判しなければならない。条件のあるところではたとえば大慶油田のように、農業副業生産に従事する必要がある。

(4) 農民のやるべきこと——人民公社の農民は農業を主とし（林業、牧畜、漁業を含む）、兼ねて軍事、政治、文化を学ぶ。条件のあるときには集団で小工場を経営し、ブルジョア階級も批判する。

(5) 学生のやるべきこと——学生も同じである。学を主とし、兼ねて別のものを学ぶ。文を学ぶばかりでなく、工を学び、農を学び、軍を学び、ブルジョア階級を批判する。学制は短縮し、教育は革命する必要がある。ブルジョア知識人がわれわれの学校を統治する現象をこれ以上続けさせてはならない。

(6) 第3次産業のやるべきこと——商業、サービス業、党政機関工作人員は条件のある場合にはやはりこのようにしなければならない。

(7) この構想の性格について——以上に述べたことは、なんらかの新しい意見だとか、創造発明だとかではなく、多くの人間がすでにやってきたことである。ただ、まだ普及されていないだけなのだ。軍隊に至ってはすでに数十年やってきたが、いまもっと発展しただけのことである——。

「五・七指示」の核心は「分業の廃棄」である。毛沢東はここでマルクス『ゴータ綱領批判』にならって、「分業の廃棄」を強く打ち出している。

文革の始まりは「五・一六通知」か、「五・七指示」か？

2016年秋、東京の明治大学で文化大革命50周年記念シンポジウムが行われた[6]。そこでも大方は文革の出発点を1966年の「五・一六通知」と認識していた。「五・一六通知」は、いわば「破壊の綱領」であり、「中国

---

[6] のちに、明治大学現代中国研究所、石井知章、鈴木賢編『文化大革命——〈造反有理〉の現代的地平』（白水社、2017年）として書籍化。

の内なるフルシチョフ」打倒を呼びかけたものである[7]。これとは正反対に、いわゆる「五・七指示」は「建設の綱領」であった。

著者の見解によれば文革は破壊と建設の「2つの顔」をもつが、実際に展開された文革は、ほとんど破壊（中国の内なるフルシチョフ修正主義の打倒）であり、建設の側面（中国のあらゆる組織を共産主義への学校とすること）は覆い尽くされた感がある。毛沢東が打ち上げた「不破不立」という文化大革命のスローガンに即していえば、ブルジョア的な「四旧」[8]を「破」る段階で力が尽きてしまい、共産主義の理想を打ち「立」てる段階に到達する前に自壊、自滅したと言えるだろう。

いま中国内外の大多数の論者は「五・一六通知」を文革の起点と見ている。破壊の側から見るか、建設の側から見るかは大きな違いとなるが、「五・七指示」と「五・一六通知」との時間差はわずか10日間にすぎない。著者は当時、隣国に在って、第三者として観察するチャイナ・ウォッチャーの立場であったことによって、運動に直接参加した者とは異なる視点で文革を見てきた。あえて著者は、「五・七指示」を文革の原点、すなわち共産主義への初心と見ている。「五・七指示」を文革の原点と見るならば、毛沢東の掲げた、追求した理想をはっきりと把握できる。しかしながら、「五・一六通知」は「われわれの身辺に眠るフルシチョフ」打倒の呼びかけであり、そこには理想（主義）はない。

理念レベルでの再考を

政治的目的とそれを達成する手段、政治的意図とその結果（帰結）については、特に失敗した場合に、手段の正当性が問われ、結果を踏まえてそ

---

[7] 1966年5月16日に中国共産党中央政治局拡大会議で採択された党中央委員会通達を指す。文化大革命を学術討論の範囲にとどめようとした「二月提綱」を取り消し、「プロレタリア独裁の下で革命を継続し、反党反社会主義、ブルジョア反動思想を徹底的に打倒せよ」、「われわれの身辺に眠るフルシチョフ」の打倒を呼びかけた。ここで「われわれの身辺に眠るフルシチョフ」とは、劉少奇を指すことが後に明らかになる。

[8] 旧思想、旧文化、旧風俗、旧習慣の4つを指す。1966年8月から「四旧打破」と名付けられる紅衛兵運動が展開された。

の意図が論じられることが多い。これは当然だが、現代における社会主義運動（の失敗）を論ずる場合に、帝国主義の第3次世界戦争の可能性と、それに対する備えという危機意識を除外することは、対象を客観的に認識する妨げになる恐れがある。

　実は「資本主義への移行」と「社会主義への移行」とは、人類史の発展段階という意味では共通する側面を持つが、決定的な相違点のあることを明確に再確認する必要がある。つまり、前資本主義から資本主義社会への移行は、共同体に浸透した商品経済・市場経済が、しだいに共同体を解体して市場経済が代替する過程であった。しかしながら、資本主義社会から社会主義社会への移行は、資本主義経済の胎内に社会主義的要素が生まれて、やがて代替するものではない。社会主義的要素が部分的に生まれたとしても、それは市場経済の力によって絶えず解体される。それゆえ社会主義への移行は「自然に、部分的に」行われるものではなく、社会主義革命を経て、目的意識的に、つまり「主観能動」的に社会主義的生産関係を構築していかなければならないものである。

　目的意識的理念に基づく現実社会に対する実践活動（働きかけ）という基本構造において、「理念と実践」との対立矛盾関係は、いかなる社会運動についても一般に見られることではあるが、社会主義運動や共産主義運動においては、とりわけ理念に導かれた実践活動が重視される本質があり、それは革命対象自体によって決定されるものと認識するのが古典的な社会主義、共産主義像であった。毛沢東流にいえば、「認識（理論）⇒実践、再認識（理論）⇒再実践」の永続過程になる。毛沢東はこの文脈で共産主義への理念を「五・七指示」という分かりやすい言葉で提起したのであるから、文革はこの理念レベルから議論を始めるのが妥当なやり方である。

　とはいえ、「羊頭狗肉」は世の習いであり、毛沢東は結局、「五・七指示」という羊頭を掲げて、「奪権闘争」という狗肉を売ったに等しい。現在は、「五・七指示」の美辞麗句は奪権の道具にすぎず、もともとこれを追求したものではないと断定する評価が広く行われている。この風潮に対して著者はあえて異議を申し立てる。それはあまりにも、梟雄（きょうゆう）・毛沢東論にすぎる、あまりにも一面的な解釈ではないか、と。

その理念にもかかわらず、文革が竜頭蛇尾に終わったのは、さまざまの条件や制約のためであり、竜頭蛇尾という結果だけから即断して「五・七指示」という理念まで否定するのは、その理念に導かれて行動しようとした人々の意志を踏みにじるものではないか。理念においても実践においても、現実の運動過程においては過ちを避けられない。それらはやはり一つ一つ検証する必要があり、「盥の水とともに赤子を流す」類の愚行は避けねばなるまい。

　文革事象についてある論者[9]は「人権侵犯と傷害事件」を特筆して、①軟禁・査問された者420万人、②殺された者172万人（非正常死亡、死刑に処せられたものではないが、軟禁査問中に死んだ者は、死刑13万人の13倍）、③死刑に処せられた政治犯13万人という数字を挙げている。要するに、420万人が査問され、うち半分弱の172万人が死亡させられたが、これは死刑者13万人の13倍である。これらはむろん被害者側からの文革告発である。このような「負の現実」がなぜ生まれたのか、それを軽視することは許されないが、これらの「負の現実」を絶対視して、直ちに文革全体の評価に及ぶならば、それは短絡のそしりをまぬかれない。負の側面に覆い尽くされたなかにも、同時に正の側面がないわけではない。

　ギロチンという名の刑具は、罪人の首を切断する斬首刑の執行装置としてフランス革命において採用され、1981年まで使用された。ギロチンは公開処刑で使用されることが多く、19世紀のフランスでは大勢の市民がギロチンによる公開処刑を娯楽として楽しんでいたといわれる。

　歴史上の大革命に似て、文化大革命期には、さまざまの行過ぎ現象、愚行がみられたが、これらを反面教師として総括しつつ、「21世紀の社会主義」は教訓を引き出すべきであろう。ユートピアがディストピアに帰結した現代史のヒトコマを冷静に分析し、「もう一つのディストピア」を繰り返さないこと、それが歴史の教訓に学ぶことである。

9　徐友漁「文革とはなにか」前掲、石井知章他編『文化大革命』、30頁。

日本にとっての文化大革命の意義

　日本から見た文化大革命は、先進国における「管理社会」批判のイデオロギーとして迎えられ、「造反有理、帝大解体」のスローガンとして衝撃を与えた。

　マルクスは『ゴータ綱領批判』のなかで、分業から解放され、個人が全面的に発展する社会を構想した。前述の通り毛沢東はマルクスにならって、「五・七指示」で「分業の廃棄」を強く打ち出している。ただし、マルクスは資本主義社会が到達した高度の生産力を前提として「分業の廃棄」を考えたのに対し、毛沢東の場合は、中国の後れた経済、自然経済を多分に残した段階でそれを提起した点で、とりわけ日本の左翼知識界に衝撃を与えたのである。

　当時から、生産力の「発展段階を軽視した」点で、毛沢東を「空想的社会主義者」と見る向きは少なくなかったが、社会主義の理想とはるかに隔たっているソ連型社会主義（＝スターリニズム）の現実に失望し、社会主義への展望を見失っていた当時の日本の左翼世界において、毛沢東の文革理念は衝撃をもって受け取られた（しかし、それも「70年闘争の自壊」とともに消えることとなるのだが――）。

毛沢東「分業の廃棄」主張の国際的背景

　毛沢東が唱えた「分業の廃棄」の背景にはもう一つ、当時の国際情勢が背挙げられる。沈志華教授の著書『最後の「天朝」』[10]（第7章）は、次のように文革期の中国外交のアウトラインを描く。

・1965年9月3日『人民日報』は林彪署名の「人民戦争の勝利万歳」を掲げ、毛沢東の農村から都市を包囲し、武力で政権を奪取した中国の経験がアジア、アフリカ、ラテンアメリカの革命闘争に「普遍的かつ現実的な意義をもつ」と主張した。中国のゲリラモデルの世界的展開による世界革命の提唱であった。

10　朱建栄訳、岩波書店、上下巻、2016年。

この「革命外交」により、インドネシアで9.30事件（軍事クーデタ未遂事件）が起き、毛沢東は1967年1月17日マラヤ共産党チェン・ピンに対して「54年のジュネーブ協定は間違いである」と主張し、この会議後に中ソ両党がマラヤ共産党に武装闘争の放棄を求めたのは「デタラメ指示」であり、「武装闘争こそが正しい」と力説した。

・67年7月2日付『人民日報』はビルマ共産党の6月28日声明を全文掲載した。68年3月29日付『人民日報』1面は「毛主席の鉄砲から政権が生まれるという学説の威力は無比である」との見出しでネ・ウィン政権の打倒を呼びかけた。

・中国は61～65年に、A.A.LA（アジア‐アフリカ‐ラテンアメリカ諸国人民連帯会議）の74政党から374回にわたり1892人を受け入れ、ゲリラ戦の戦略戦術を指導した。1971年タイ共産党のゲリラ戦に協力するため顧問と軍事専門家を派遣し、72～74年にフィリピン共産党に武器を輸送した。

・1967年3月20日、林彪は軍団長級以上の幹部会議で「中国が倒れなければ、世界は希望がもてる」、「中国が赤の海になれば、欧州全体が赤色に染まるに等しい」と演説し、毛沢東はその録音を紅衛兵に聞かせるよう指示した。

・1967年7月7日毛沢東は「世界革命の兵器工場になるべきだ」（『毛沢東思想万歳』丁本）と語った。68年5月16日毛沢東は「世界革命の中心は北京にある」との表現を批判し、「中国人民が自ら言うべきではない［モスクワ批判］」「世界人民に言わせるのがよい」と指摘した。

・66年9月9日、ウィーン駐在中国大使館を批判した紅衛兵の文を評価して「すべての海外駐在機関は革命化を進めよ」と指示した。1967年初めには中国の外国駐在大使は黄華仏大使を除いて全員召還され、大使館員の3分の1も学習のため帰国させられた。紅衛兵と造反派により67年6月18日にインド大使館が、7月3日にビルマ大使館、8月5日にインドネシア大使館が破壊され、22日には英臨時大使館焼き討ち事件が発生した。

　毛沢東はのちにエドガー・スノーとのインタビューで「中国は全面的

内戦に突入し、外交部はめちゃくちゃにされ、約 1 カ月半にわたってコントロールを完全に失い、その権力は反革命分子の手に握られた」と述べた。
・中ソ両党が分裂してから世界の大半の共産党はソ連側につき、中国共産党との交流を中止した（日共しかり）。世界中で 100 以上の ML 主義党（マルクス・レーニン主義を名乗る党派）が生まれたが、数年後に大半は雲散霧消した。
・1969 年 2 月 19 日、毛沢東は陳毅、徐向前、聶栄臻、葉剣英の 4 名の元帥に国際問題を、李富春副首相に国内問題の対策を求めた。7 月 11 日には陳毅ら 4 名が署名した「戦争情勢に関する初歩的認識」が周恩来に届けられた。報告書は、中国を標的とする戦争が起こる確率は低い、中ソ対立は米中対立よりも深刻とみる内容であった。9 月 17 日陳毅は「米ソ間の矛盾を利用し中米関係を打開する必要あり」と提言し、そこからピンポン外交が始まった。

沈志華の分析に依拠して、これまで明らかにされていなかった影の部分をこのようにみてくると、文化大革命という政治劇の核心部分が浮かび上がる。文化大革命は国際情勢面では、ベトナム戦争が拡大して中国を巻込み、世界第 3 次大戦が勃発する危険性があると見る毛沢東の焦燥感から発動されたものである。

1967 年 7 月 7 日、毛沢東は「中国は世界革命の兵器廠となるべきだ」という激烈な発言を行ったが（『毛沢東思想万歳』丁本、679〜681 頁）、これは万一米国が「北爆」をエスカレーションさせ、世界第 3 次大戦を始めた場合の中国の対応を指示したものだ。しかしながら現実の国際情勢は、米中戦争の方向ではなく、中ソ武力衝突（珍宝島＝ダマンスキー島）に動いた。中国から見て差し迫る戦争の危機とは、米中戦争ではなく、中ソ戦争の危機であった。この認識において、毛沢東、周恩来、および陳毅以下 4 元帥たちの認識は一致した。そこから「主要な敵はソ連である、したがって米国は友軍として位置づける」という国際情勢の 180 度転換が始まった。それまで文化大革命の旗手としてこれを指導してきた林彪ら解

放軍主流派は、毛沢東、周恩来の路線転換に反対して、敗北し、ソ連への亡命飛行の途中、モンゴルのウンデルハン草原で墜死した（1971年9月13日）。狭義の文化大革命（1966～1971年）はこうして事実上収束したが、いわゆる文化大革命という混乱状況は、1976年の毛沢東死去まで続いた。

第4節　毛沢東社会主義の教訓

哲学者・経済学者からの「大躍進」批判

帝国主義に抗するゲリラ戦争において、大きく、かつ決定的な役割を果たすのは「主観能動性」の要素であることは言うまでもない。さらに、全国的政治権力の奪取後に進める建設（たとえば5カ年計画）においても、建設が目的意識的な行為である以上、「主観能動性」の役割は大きいと言えよう。

しかしながら、主観能動性の役割を、価値法則の客観的な作用を無視するところにまで強調すると、客観的な市場経済の原理によって復讐される。

毛沢東の主導した「大躍進運動」（1958～1961年）も、客観的経済原則を無視したことにより広範な飢餓を引き起こした。当時、中国共産党創立以来の党員で、『実践論・矛盾論解説』の著者である李達（当時武漢大学学長）は、1958年に武漢東湖賓館に滞在中の毛沢東を訪ねて、主観能動性の一面的な強調により観念論・主観主義に陥ったと批判した。

文革の前夜1964年11月には、哲学者・艾思奇が楊献珍を批判する「合二而一」論争が起こったが、これは政治の文脈では、ソ連修正主義と袂を分かつ「毛沢東の道を合理化する艾思奇」と「これに同意しない楊献珍」の論争にほかならない。哲学論争と呼ぶよりは政治論争そのものであった。

政界からの批判では、彭徳懐（1898～1974年）による意見書（1959年廬山会議に提出）での「大躍進は経済的に引き合わない」とする見解が最も有名だ。

経済学の分野でも、毛沢東流の「主観能動性」を価値法則に依拠して批判した2人の経済学者がいる。孫冶方（1908～1983年）はモスクワのクートベに学び、1956年に価値法則と「利潤の名誉回復」を提唱し

た。孫冶方は「リーベルマン以上にリーベルマン的だ」[11]と受け取られ投獄（1968〜1975年）された。

　顧準（1915〜1974年）は、上海の著名な「立信会計事務所」で会計学を学んだ体験から、経済原則を企業経営の現場から観察する能力を身につけていた。1956年に『社会主義制度下の商品生産と価値法則』を書いて主観主義を批判し、経済計画の根拠として価値法則を重んずべきことを指摘して「右派分子」とされ、1965年には「極右派」の烙印を押された。

　彼らの主張は、いずれも価値法則を無視した大躍進運動が経済の運営を破壊した現実を理論的に批判するものであった。

文化大革命は、官僚主義に陥ったスターリニズムの克服を試みた

　大躍進運動は、主観能動性の一面的強調が経済原則を破壊したことによって失敗したものであるから、批判者の側に正義があったが、革命幻想に酔う毛沢東は、ソ連修正主義に挑戦する中国の道と彼自身の権威失墜を救済するために文革を発動した。

　こうして文革前期（林彪失脚以前）には、大躍進批判に対する反批判が組織的に行われ、多くの冤罪事件を引き起こした。冤罪事件の被害者の視点からすると、文革は二度と繰り返してはならない悲劇である。犠牲者から見るならば、そこには正当性のかけらもない。

　しかしながら、モスクワを司令部とする冷戦体制のもとで、あらゆる造反を封じ込める官僚主義システムが人々を抑圧していた諸矛盾を直視するならば、革命家＝夢想家毛沢東が「継続革命」を提唱したことによって現存する社会主義の欠陥や矛盾を剔抉した功績には否定しがたいものがある。

　すなわち「階級廃絶」や「人間解放」という目標から、はるかに隔たっていたスターリニズムの現実の社会主義のもとで、毛沢東が打ち出したスターリニズム批判は、世界中に共鳴者を見出した。

11　リーベルマン（1897〜1983年）は、ソ連の経済学者。社会主義においても利潤に応じてボーナスを支給し、企業の自主性を高めようとする「リーベルマン方式」を提唱した。

とはいえ、スターリニズムを批判した毛沢東がスターリニズムを克服できたかといえば、答はノーであろう。ソ連社会主義に見られた否定的な現実は、遺憾ながら毛沢東指導下の中国社会主義についてもあてはまる部分がきわめて多い。この現実を認識して毛沢東は、「官僚主義者階級が人民の頭上にあぐらをかいて、人民にクソ、ショウベンをふりかける」と罵倒した（1965年1月29日「陳正人同志への批示」『毛主席文選』34頁）。

帝国主義戦争への対抗の中で生まれた20世紀社会主義

「20世紀に現存する（現存した）」社会主義の総括を語るとき、そこから何を教訓として導くべきか、課題は論者に応じてさまざまであろう。社会主義は、何よりも帝国主義戦争の最中で、この戦争に反対する人々を動員する戦略戦術として提起され、「飢えからの自由と平和への呼びかけ」によって、帝国主義に対しては「辛くも勝利した」。しかしながら、そこで人々に約束した「社会主義の理想」と比べると社会主義体制下で現実に人々の獲得できたものが、約束された目標に到達したとは到底いえないことも明らかだ。

人類のおよそ3分の1を巻き込んだ「20世紀現存社会主義の試行錯誤」を「階級の廃絶」や「人類の解放」という壮大な目標に照らして点検するとき、そこには色濃く深く、帝国主義戦争の負の刻印が刻まれている現実に気づく。それゆえ、21世紀の人類の希望は、現存する（現存した）社会主義の止揚から始まるが、それは悪夢の覚めた後の希望にも似て、容易に把握しにくい。現代資本主義のもとでの新しい飢餓や貧困、失業のあり方は、20世紀のそれと比べてはるかに複雑であり、革命主体の形成は、はるかに大きな困難が予想される。それはもはや20世紀型の革命という手段ではなく、漸進的な政治改革に依拠する可能性がより強まったと見てよい。

毛沢東の矛盾──経済原則の無視と主観的観念的計画への堕落

著者は文革後期から紅衛兵資料を研究し、紅衛兵の編集した『毛沢東思想万歳』に収められたスターリンの『経済学教科書』から社会主義経済研

究をスタートし、これを批判した毛沢東『ソ連経済学教科書読書ノート』、『社会主義建設を語る』(いずれも現代評論社、1974～75年)を翻訳し、中国の社会主義経済を研究する立場から、毛沢東と劉少奇の経済政策における対立とその政策の帰結へと研究を進めた。その中で、劉少奇らの経済政策を支える理論が孫冶方や顧準にあることを知ったが、孫冶方はスターリニズムの経済政策の過ちの根本は「価値法則」を無視した点にあると分析し、「利潤の名誉回復」を主張し、これは康生によって「修正主義経済学者リーベルマンよりも、よりいっそうリーベルマン的」と攻撃され、前述のように、長らく投獄された経歴を持つ。

　毛沢東は「主観能動性」哲学を鼓吹した結果、経済活動を混乱させ、2000～3000万人の餓死者を生み出す悲劇を招いた。そこには農民の生活実態をまるで眼中に入れず、単に上級幹部の顔色を忖度し、自らの出世と保身をはかるだけの大小の官僚主義者がうごめいていた。毛沢東は当初、食糧増産の「虚報」(デタラメな過大報告)に対して再調査を命ずるなどの対応も試みたが、結局は「虚報」に騙されて、死屍累々、惨憺たる悲劇を招いた[12]。

　いわゆるスターリン論文『ソ連における経済的諸問題』が提起した「諸法則」の核心は、資本主義経済の根底にある価値法則だが、これを尊重しないで計画経済を行えば、主観主義・観念論に陥ることは明らかだ。毛沢東の人民公社運動や大躍進政策が失敗したのは、客観的経済原則を無視して、主観能動性の名において、現実から乖離した理念が暴走したことによる。

　価値法則とは「あらゆる経済社会の経済原則」であるとともに、「資本主義社会における特有の経済法則」として機能するものだ。社会主義経済に適用するのは、価値法則ではなく「経済原則」の側面である。

　しかしながら、両者の腑分けは理論的にも実践的にも容易ではない。「大躍進」ならびに文革期の理論的混乱の原因は、「経済原則を踏まえた計画経済」を樹立せよという主張が、「価値法則に基づいた計画経済」と表

12　矢吹晋『図説・中国力(チャイナ・パワー)』蒼蒼社、2010年、40頁所収のコラム「大躍進期の餓死者の推計」を参照。

現され、それはただちに「資本主義の復活」をはかるものと逆襲されたことにある。要するに、資本主義経済の価値法則を止揚した上で経済原則を重んじる「計画経済」という政策が、現実には、経済原則を無視した主観的観念的計画に堕落して、飢餓を蔓延させたのだ。

中国の場合、上海の名門簿記学校出身の顧準は、簿記会計学と経済活動の関係を学ぶことから出発したので、経済原則を踏まえた計画経済の意味を最も深く理解していた。そのような優れた経済学者・経済政策論者がその学説のゆえに二度にわたって右派分子とされた一方で、現実に行われた文革期の経済政策は、生産力を軽視し生産関係のみを突出させた。鄧小平の生産力論（白猫黒猫論[13]）は、生産関係一辺倒の間違いを是正する試みであり、これは商品経済・市場経済への転換への転轍機（軌道転換）となった。

自主管理の思想

生産手段の私有制改革以後に行われる社会主義的生産過程（労働過程）が、なぜ「支配、従属」関係に変化するのか。この問題について、さまざまの角度から議論が行われてきた[14]。一方では、ソ連型社会主義の批判としてユーロ・コミュニズムの潮流があり、他方で、文革の提起した生産関係についての新しい解釈が人々の関心を集めた。

このような試みは国の内外にいくつも存在したが、著者自身がコミットしたのは「労働者自主管理研究会」であった。この研究会の活動として大内力訪中団が訪中したのは1979年4月16〜30日である。大内以外のメンバーは、佐藤経明（横浜市立大学）、新田俊三（東洋大学）、海原峻（パ

---

[13] 1962年7月7日、鄧小平は共青団3期7中全会に出席した若手幹部に対して「黄猫であれ、黒猫であれ、ネズミを捉えるのがよい猫だ」と説いた。農民が飢えているときに社会主義の道か、資本主義の道かを問うことは馬鹿げている。農民が餓死しないようにあらゆる試みを模索せよ、これがリアリスト鄧小平の判断であった。「黄猫」はその後、「白猫」に変身して人口に膾炙した（矢吹『鄧小平』講談社学術文庫、2003年、77頁）。

[14] 自主管理を論じた初期の本として、たとえば岩田昌征『労働者自主管理』紀伊国屋新書、1974年。岩田弘、川上忠雄、矢吹晋編著『労働者管理と社会主義』社会評論社、1975年。岩田昌征『凡人たちの社会主義　ユーゴ・ポーランド・自主管理』筑摩書房、1985年、などがある。

リ第7大学)、斎藤稔（法政大学)、馬場宏二（東京大学)、中山弘正（明治学院大学)、そして矢吹が秘書長を務めた。

　ユーロ・コミュニズムの研究者からソ連東欧研究者まで、各分野の専門家を網羅したメンバーは、脱文革から改革開放期に到る中国経済の諸側面をヒアリングし、意見を交換した。論点は多岐にわたり、十分な総括には到らなかったが、文革で提起された生産管理の問題を「労働者自主管理」（autogéstion）というコンセプトで把握することの意味を探求するという問題意識をメンバーは共有していた。つまり文革は、過度に国家権力に依拠した**国権的社会主義**体制に対して、生産の現場から労働者の主体性を回復する試みではあったが、現場における「**自主管理**」の総和がどのような形になるかについての展望は不透明なままに残されたという認識である。

　この文革期の課題が、いまやコンピュータ管理、電脳社会主義によって展望が切り拓かれつつあるのだ。

第5節　市場経済への移行と天安門事件

鄧小平による総括と天安門事件

　毛沢東死去（1976年）から10年を経た1986年、華国鋒という「繋ぎのリーダー」は早くも忘れ去られ、復活した鄧小平による脱文革は「改革開放」という新しい旗幟のもとで、本格的に始動していた。

　文革遺制から脱却する政治的目的を秘めて、文革理念とはウラハラの否定的事実、負の現実が「これでもか」と言わんばかりに大量に暴露された。とりわけ各地の武闘という惨劇は、紅衛兵や造反労働者のほとんどがならず者であり、彼等による乱暴狼藉が文革の実質であると誇張して伝えられた。ここで、多少なりとも残っていた文革幻想は、完膚なく破壊されたのである。その極致には、「人食い」[15]騒ぎが含まれる。

　「建国以来の党の若干の歴史問題についての決議」が採択されたのは、

---

[15]　宋永毅「広西文革における大虐殺と性暴力」前掲、石井知章他編『文化大革命』、45〜108頁。

1981年6月27～29日の11期6中全会だが、そこで「文革10年」（1966～76年）が「挫折と損失」のみと評価され、以後、陸続と文革の「負の現実」が日本に伝えられるに及び、文革への幻想や思い入れは、ことごとく打ち砕かれ、1986年＝文革20年を迎えた。

著者はこのころ、「文革とは何であったか」について著者自身の認識を整理するために、講談社現代新書『文化大革命』（1989年）を書いた[16]。そこではまず文革の理念を文革派の問題意識に即して説明し、次いで文革の帰結を文革批判派＝実権派の立場に即して記述した。

改革開放の進展と共に、単に経済改革だけではなく政治改革を求める声が次第に大きくなり、1989年6月、天安門事件が起こった[17]。これは文革の造反有理を直接継承するものではなかったが、鄧小平はこのとき、文革の悪夢を想起して、学生の動きを「動乱」と認識して、解放軍に鎮圧を命じた。

鄧小平は「摸着石頭過河[18]」を繰り返す。その含意は、毛沢東の「主観能動性」批判である。両者は「対」である。毛沢東も鄧小平も「実事求是」を語るが、毛沢東の実事求是は「主観能動性」であり、鄧小平の実事求是は「摸着石頭過河」である。前者は「思想」との、後者は「経済」との親和性をもつ。

計画経済と市場経済の間で——旧ソ連・東欧とは異なる中国モデル

ロシア革命史研究の専門家・渓内謙が『現代の社会主義を考える』（岩波新書、1988年）を書いた前後から、「現実に存在する社会主義」の実態分析が試みられるようになった。そこから、社会主義像の理念から大きくかけ離れた現存社会主義のあり方が具体的に分析されるようになり、ユーロ・コミュニズムや「自主管理社会主義（ユーゴ型、等）」等々をスター

---

[16] 2017年、小著のハングル版がソウルで出版された

[17] 天安門事件に際して、著者は仲間と共に『チャイナ・クライシス重要文献』シリーズ（全5巻、蒼蒼社）を編集した。

[18] 河底の石を探りながら河を渡る、の意。河に流されないように、一歩一歩手探りで徒渉すること。日本語ならば、石橋をたたいて渡るに近い。

リン型「国権社会主義」に対置するかたちで社会主義論が活発化した。

著者は、中国の「社会主義市場経済」に対して「限りなく資本主義に近い社会主義」と名付け、その後「限りなく資本主義に近い中国経済（1989年）」「国家資本主義体制」と認識をより深化させた。より一般的には「ポスト社会主義」、「移行期経済」等の呼称が広く行われた。

市場社会主義（*Market Socialism*）への道をリードした東欧３カ国（ハンガリー、チェコ、ポーランド）は、ソ連の解体後に、EUに加盟して、市場社会主義がグローバル資本主義（*Global Capitalism*）体制に参加する上での「過渡的、移行期のシステム」にほかならないことを「事後的」に明らかにした。

すなわち市場社会主義「(*Market*) *Socialism*」の到達目標は、市場資本主義「(*Market*) *Capitalism*」にほかならず、ここで「*Socialism*」を付したのは、政治的マヌーバー（粉飾）にほかならないとする疑惑が生じていた。従来著者は、中国の「社会主義市場経済」は本質的に東欧の市場社会主義と同じものと見てきた。しかしながら、中国共産党はWTOやIMFに参加した後も、そして21世紀初頭に習近平体制が成立した後でも、政治面では「共産党の指導体制」を堅持している。これは、解体即「マフィア経済」に移行した旧ソ連や、解体即「EU加盟」に行きついた東欧とは著しく異なる。

今、中国共産党が掲げているのは、「中華民族の復興」である。民族の「復興自体」が問題なのではない。復興した民族のその後の行き先が「社会主義なのか、社会帝国主義なのか」が問われているのだ。

現代資本主義経済システムは、すでにさまざまの福祉政策をビルトイン（内蔵）しており、他方、中国の社会主義市場経済も経済発展の帰結として、今後は福祉政策に重点をおく条件や余裕が生まれている。こうして従来は、大きな溝が存在するとみられてきた「２つの体制」間のイデオロギー的差異がしだいに縮小し、グローバル経済下で融合度を増し、いわゆる *conversion theory*（両体制間の相互接近、融合）の要素が強まる反面、いまや宗教や民族主義の新しいナショナリズム対立が前面に飛び出し、政治対立に伴う極度の暴力が目立っている。

政治対立による暴力の象徴、劉暁波

　人々が抱いた、この種の暴力に対する危機感は一人の人物に体現され、象徴されている。ノーベル平和賞を得た劉暁波である。劉暁波は受賞で脚光を浴びたが、それだけなら一過性で終わる。むしろ中国当局が出国を許さず、「本人か家族限定」で手渡すルールの賞金を未だに入手できない不条理によっていっそう有名になったと見てよい。人々は、授賞式への出席すら許容できない彼の存在によって、中国政治の現実を改めて思い知らされた。

　受賞の直接的契機は2008年暮、劉暁波が仲間を募ってメールで呼びかけた『08憲章』である。受賞が決まった後に『憲章』を読んだ友人から「新しいことが何も書いていない、どこがノーベル賞級の発言なのか、教えてほしい」と問われたので、著者（矢吹）はこう答えた。「その通り。劉暁波はあまりにも当たり前のことを主張しているにすぎない。フランス革命など近代の欧米社会を中心に発展してきた人権尊重の価値観を中国でも、『人類の普遍的価値』として尊重しよう、と呼びかけただけである。とびきり独創的な思想や難解な哲学を語ったものではない」。

　「では、なぜそれが平和賞なのか」と重ねて問われたが、その答えは、中国当局が「普遍的価値」に背を向け、「人権よりも国権が必要だ」など時代錯誤の強圧政策を続けているからではないか。

　天安門事件が発生した1989年6月4日未明、劉暁波は、事件の数日前からハンガーストライキをしていた4人組（四君子）の仲間とともに、広場制圧を指揮する戒厳部隊の政治将校と交渉して学生の逃げ道を用意させ、広場撤退局面での流血を回避した。これは火中の栗を拾うきわめて勇気ある行動で、劉暁波の名はこのとき、人々の脳裏に刻み込まれ、「第一の劉暁波伝説」が生まれた。

　広場の制圧後、少なからぬ有名知識人や学生指導者たちが亡命したが、劉暁波は国内に留まり秦城監獄に投獄され、監獄で病死した。ここで「第二の劉暁波伝説」が生まれた。

「私には敵はいない」

　劉暁波が「広場ハンスト宣言」以来一貫して語りつづけているのは「私には敵はいない」という思想である。獄中で書かれたその文章を、授賞式ではノルウェーの女優リブ・ウルマンが代読した[19]。中国共産党は長いゲリラ闘争を経て「銃口から政権が生まれる」という暴力革命で政権を得た。その政治的暴力はさらなる暴力支配を生み、中国共産党の統治全体が血塗られ、今日に至る——という考え方である。

　劉暁波はこの「暴力の連鎖」を見据えて「非暴力の思想」を対置した。劉暁波の「非暴力の思想」がガンジーやキング牧師の非暴力と重なることは明らかだが、これは単なる模倣ではない。文化大革命期に中学・高校に進学する機会を奪われた紅衛兵世代（1955年生まれの劉暁波も紅衛兵世代にあたる）が、自らの痛切な体験を通じて獲得した思想と解してよい。

　こうして劉暁波は現代中国の政治的暴力を根源的に否定し、中国共産党の握る政権の支配の正統性に疑問を提起し続けた。彼の主張は「非暴力の思想」により「社会を変え、政権を変えよう」という穏健きわまるものだ。秘密結社を呼びかけ、政治テロを主張したものではない。にもかかわらず、彼は国家反逆罪の重刑を受けた。劉暁波は、建党90周年の前年（2010年）に中国共産党が行った裁判により服役し、2017年、錦州刑務所から瀋陽の中国医大附属病院に移送されたのち、7月13日に肝臓ガンにより61歳で死去した。

　いま中国は、劉暁波が行動（＝死）をもって提起した課題にどう答えるのか、回答を迫られている。

　2017年秋、習近平は第19回党大会政治報告で、社会主義への疑問に対して一つの方向を提起した。端的にいえば、劉暁波の思想を拒否するが、別の形で社会主義の理想を模索するスタンスである。キーワードは、胡錦濤講話でにわかに注目された「**社会管理**」の4文字である。「社会管理」というキーワードは、第12次5カ年計画（2012～2015年）要綱にも書かれている。中国の直面する重大な社会問題群に対する、何らかの「管

---

[19] 矢吹他編『劉暁波と中国民主化のゆくえ』花伝社、2017年、9頁。

理」の必要性は誰にも理解できよう。だが、「下からの政治体制改革」への動きに対して、「上からの社会管理」を押し付けるだけでは解決になるまい。

この模索のなかで、「デジタル中国（＝数字中国）」の構想が生まれることになる。ここで上部構造と下部構造の矛盾は、ビッグデータを誰がどのように扱うか、という一点に集約され始めた。まさに新しい生産力の基盤が、それに対応する生産関係を要求する段階に突入したのである。

第6節　中国版「ノーメンクラツーラ」

求められる中国官僚制分析──ノーメンクラツーラとは何か

開発独裁と呼ばれる政体のもとでひたすらIT革命（1995〜2010年）、ET革命（2010年〜）の道を邁進する中国の政体は、何を目指し、その結果はどうなるのか。それは単にロシアやアメリカの道を追いかけて、繰り返そうとしているだけなのか。

中国の場合、共産党という組織が開発独裁型の権力をビッグデータ、さらにはAIという人工知能に委ねようとしている点が特徴的だ。ビッグデータを解析し、政治経済社会の方向を決定するのは、あくまでも習近平をトップとする中国共産党である。しかし、今後のカギとなる、9000万人弱の中国共産党が**党内民主主義**をどのように発展させ、そこで得られた**民主化経験を全社会に拡大する**という政治プログラムがどのように施行されるかという課題に取り組むためには、時間のかかる民主制の代わりにコンピュータが徹底的に時間の節約を図ることになる。そのようにして得られた政策の実行とその帰結もまたコンピュータによって管理される。

そのようにして、「かつてのローマ帝国をはるかに上回る」などと形容句のつく「**スーパー帝国**」がいまや生まれようとしており、それを支える中国官僚制の分析が求められている。つまり、「中国版ノーメンクラツーラ制」の核心を分析し、理解しなければならない。

ノーメンクラツーラ（*номенклатура*）とは、リストを意味するラテン語起源のロシア語である。元来は、幹部ポストを列挙したリストを意味し

ていたが、そのポストに就任する幹部をも指し、転じて現存社会主義国の支配者集団をも指すようになった。この言葉は、旧ソ連の亡命史家ミハイル・S・ヴォレンスキーの書いた『ノーメンクラツーラ——ソヴィエトの特権階級』(佐久間穆訳、中央公論社、1981 年) がベスト・セラーになったのをきっかけとして当時の常用語の一つとなった。同じく 80 年代初頭には、ポーランド統一労働者党中央委員会政治局「党中央委員会、地方委員会、郡委員会のノーメンクラツーラに属するポストの一覧表」(1972 年 10 月付指令) とその解説が日本語で読めるようになった。

　この言葉自体は、旧ソ連の解体や東欧の民主化のなかで歴史用語化しつつあるが、現在も「旧ソ連ノーメンクラツーラ」の中国版は存在し、機能している。「中国版ノーメンクラツーラ」として挙げられるのは、一つに「中共中央の管理する幹部職務名称表」[20] であり、さらに「中央への報告を要する幹部職務名称表」(原文＝向中央「備案」的幹部職務名単。「備案」ポストと略称する) である。

2つのリスト

　これらは従来極秘とされてきたが、80 年代以降の情報公開のなかで、その一端が公開された書物の中に現れるようになった。例えば、50 年代に党中央組織部で働いた安子文 (1945 年中央組織部副部長、56 年組織部部長就任) の功績を記した伝記が資料の一つである。安子文の紹介に基づいて中央組織部が「幹部管理工作を強化することについての決定」を起草し、1953 年 11 月に正式決議として通達された。伝記によると、当時の幹部制度は 9 種類からなっていた。

1．軍隊幹部——軍事委員会の「総幹部部」(幹部問題を担当する部門)、総政治部および軍隊の各級「幹部部」、政治部が管理に責任を負う。

---

[20] 原文＝中共中央管理的幹部職務名称表。このリストに掲載されたポストに就く要員は「中央幹部」あるいは「国家幹部」と俗称されている。この職位を以下「任命ポスト」と略称する

2．文教工作幹部──党委員会の宣伝部が管理に責任を負う。
3．計画、工業工作幹部──党委員会の計画、工業部が管理に責任を負う。
4．財政、貿易工作幹部──党委員会の財政、貿易工作部が管理に責任を負う。
5．交通、運輸工作幹部──党委員会の交通、運輸部が管理に責任を負う。
6．農業、林業、水利工作幹部──党委員会の農村工作部が管理に責任を負う。
7．統一戦線工作に関わる幹部──党の統戦工作部が管理に責任を負う。
8．政法（「政法」とは政治法制の略だが、実際には司法治安系統を指す）工作幹部──党委員会の政法工作部が管理に責任を負う。
9．党群（党と大衆）工作幹部とその他の工作幹部──党委員会の組織部が管理に責任を負う。

さらに、各部門について、全国各方面に関わる「重要職務を担う幹部」は中央が管理し、「その他の幹部」は中央局、分局（中央局、分局とは中国全土を6大行政区に分けて、それぞれに派遣された中央を代表する出先機関を指す）および各級党委員会が管理するものとした。

この決定に基づいて、1954年までに中央組織部内に、①工業、②財政貿易、③交通運輸、④政法などの「幹部管理処」が設けられ、1955年1月には中共中央は「中央の管理する幹部職務名称表」を正式に公布するに至った。1955年9月には、各省、国務院各部門に対してそれぞれの「幹部職務名称表」を作るよう指示した。

もう一つの資料によると、1955年1月、党中央は「中共中央の管理する幹部職務名称表を出すことについての決定」を下達している。同年9月、党中央は「各省、国務院各部門がそれぞれの管理する幹部職務名称表」を迅速に制定するよう通知し督促している。こうした経緯を経て、中国流のノーメンクラツーラ制が成立した。

しかし、文化大革命期には多くの幹部が「資本主義の道を歩む実権派」として批判されたために、一時的に幹部制度はほとんどマヒした。しかし鄧小平時代になると、文化大革命以前の制度がそっくり復活した。転換点

図表 4-1　中国共産党の 3 段階組織構造

中共中央	政治局委員 25 名、中央委員 200 余名
地方組織	省級党委員会（31）と県級党委員会（2000 余）の二級からなる
基層組織	企業、農村、機関学校、科学研究機関、街道、人民解放軍の中隊レベルなど「基層組織」（基層とは末端の意）に基層委員会、総支部委員会、支部委員会等が設けられる。

は 1978 年 12 月の 11 期 3 中全会であった。会議から 1 年半後の 1980 年 5 月 20 日、党中央組織部は、いわゆる「27 号通知」を出し、改めてノーメンクラツーラ体制の再建を指示した。

最新リストによる基本構造の解明

入手できるリストのうち最新のものは「中共中央の管理する幹部職務名称表および中共中央に報告する幹部職務名称表（1990 年 5 月 10 日、中組発［1990］XX 号）」および『中共中央管理的幹部職務名称表』的通知（1998 年 8 月 13 日、中組発［1998］11 号）がある。

まず入手可能な最新リストの内容を一瞥してみよう。その基本構造は次の通りである。

図表 4-1 のように、中国共産党の組織は、基本的に中央組織、地方組織、基層組織の 3 段階に分けられる。このうち、中央組織は中央政治局と中央委員会である。地方組織は省級党委員会と県級党委員会の 2 級からなる。なお、地区級は省級機構の出先機関にすぎず、自治州などの例外を除き、独自の行政レベルを構成しているものではない。最後に企業、農村、機関学校、科学研究機関、街道、人民解放軍の中隊レベルなど「基層組織」（基層とは末端の意）に基層委員会（あるいは総支部委員会、支部委員会）が設けられている。

省級党委員会の書記、副書記、常務委員および紀律検査委員会書記のポストは、表向きは同級の党委員会の選挙で選ばれ、「上一級」（直属上級、すなわち中央委員会を代表する中央組織部）の「備案」（備案とは主管部門に報告して、そこの記録に載せること。主管部門が認めない報告は備案できない）を得るものと党規約では規定されている。

上級の「備案」が得られない人物を下級が選ぶことはできない。省級党

委員会の選挙はあらかじめ中央が采配した任命リストに基づいて行なわれるとみたほうが妥当であろう。

1998年リストに生じた違い

この1990年リストを、以下の1998年リスト（中組発〔1998〕11号）と比べると、20世紀末から21世紀初めにおける中国共産党の支配構造が一目瞭然となる。すなわち、

1．中央直属機構の領導幹部職務（33単位）、
2．中央紀律検査委員会幹部の職務（74単位）、
3．中華人民共和国、中央国家機関の領導幹部職務（120単位）、
4．中央管理社会団体の領導幹部職務（20単位）、
5．中央管理地方党政機関の領導幹部職務（10単位）、
6．中央管理国有重点企業の領導幹部職務（53単位）、
7．銀行株式公司委員会書記、副書記、委員、銀行株式公司董事長、副董事長、行長、副行長、監事会主席（22単位）、
8．中央管理の高等学校［大学を指す］領導幹部職務（31単位）、
9．中央管理のその他単位の領導幹部職務（9単位）

計372単位 90年リストでは「備案」リストに収められていた大学や国有企業の名が正規のリストに昇格している。

中諸階層——ルンペン・プロレタリアートからノーメンクラツーラまで

陸学芸らの実態調査報告およびその続編に基づいて中国の諸階級を描いたものが、この「10大階層」である。陸編著は「階級」と呼ぶことを避けて「階層」の2文字を用いたが、それでも「社会主義社会における階層を扱う」ことは「政治問題になる」と批判された由だ。農民については、李昌平などの本からその一端をとらえることができる。

廖亦武『中国低層訪談録』に寄せた劉燕子の「訳者あとがき」によると、廖亦武は1958年四川省塩貞県の農村に生まれた。天安門事件を告発した

長詩「大虐殺」やその姉妹編の映画詩「安魂」を制作し、反革命煽動罪で4年間投獄された。出獄後に職を得られず、獄中で僧侶から学んだ篪を吹く大道芸人として生活を立てながら、中国社会の最低層の人々の声を記録し続けてきた。

現代中国史を彩る激動のなかで、運命をもてあそばれ、数奇な人生を生きた、あるいは生き抜いている、ほとんど虫けらのような人々を探し出し、著者は誠実に丹念に、その人生の変転を聞き出す。そこから浮かび上がった31名の老若男女の生きざまは、中国社会の現実とその矛盾を実に鮮やかに抉りだす。

廖亦武の記述から「中国社会の諸階級」の底辺の諸断面を読み取ることができる。通常「ルンペン・プロレタリアート」の一語で概括されるような、すなわち「革命」にも役立たず、「社会の進歩」にもなんら貢献できないとされているような「はみだし者や虫けらのような」人生のなかにこそ、現代の神仏が宿るという真理を著者は、紡ぎだしたように感じられる（中国版ノーメンクラツーラについては巻末資料も参照のこと）。

補　グレーバーによる官僚制分析

社会主義対抗のための福祉政策で資本主義国の官僚制は増幅された。

2011年からウォール街で行われた「オキュパイ運動」では、「我々は99％だ」と富の寡占が批判された。このスローガンを考え出したのは、ロンドンスクール・オブ・エコノミクスの人類学教授であるデヴィッド・グレーバーである。ここでは彼の官僚制分析を見ていく。

グレーバーは2015年に刊行された『官僚制のユートピア』[21]で、わずか2枚のグラフを用いて、近代社会における官僚制の特質を分析した（図表4-2）。左は書類作成（paperwork）に費やされた時間ではなく、このキーワードが英語の書物で使用された頻度（近似値）を推計したもの、右は同じ方法で業績評価（performance review）というキーワードの頻度を推計し

---

[21] 邦訳は『官僚制のユートピア』酒井隆史訳、以文社、2017年12月。

図表 4-2　書類作成と業績評価というキーワードが示す現代社会の官僚制

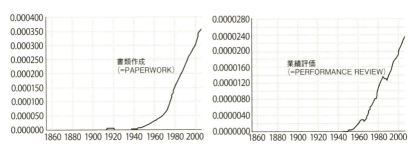

資料、グレーバー著『官僚制』酒井隆史訳、以文社、2017 年、6 ～ 7 頁。

たものである。

　「1960 年代の社会運動は官僚制（的心性）や戦後福祉国家のはらむ体制順応主義に反抗し、また国家社会主義的体制と国家社会主義的体制の双方に対して、あらゆる形態の社会的統制に対抗した」、「あらゆる社会問題に『市場による解決』を押し付ける右翼が反官僚主義的個人主義を語るにつれ、主流の左翼は防衛的対応で自らを萎縮させた」、「官僚制の最悪の要素と資本主義の最悪の要素の悪夢のごとき混合物はこうして生まれた」（邦訳 8 頁）。

　グレーバーが示した「書類作成」や「業績評価」に見られる官僚制の進展は、ロシア革命に衝撃を受けた資本主義陣営が福祉政策を大胆に導入し、社会主義化への対抗策としたことによって、増幅されたものである。

　グレーバーによれば、実はロシア革命の原点に近代的ドイツの郵便事業がモデルとして存在した。ロシア革命勃発の数カ月前にレーニンが書いた一節を引用しながら、ドイツの郵便事業が社会主義経営の原モデルとして示されていることをグレーバーは見事に指摘している。

　「『1870 年代のドイツの社会民主主義者は、郵便事業を社会主義経営の見本と呼んだが、その通りだ。今日では郵便は国家資本主義的独占

の型に則って組織された経営である。(中略) 前国民経済を郵便にならって組織すること、しかもその際に技術者、監督、簿記係がすべての公務員と同じく、武装したプロレタリアートの統制と指導のもとに、『労働者の賃金』以上の俸給を受けないように組織すること——これこそ、われわれの当面の目標である』。かくしてソ連の組織は、ドイツの郵便サービスの組織を直接にモデルにしている」(邦訳222頁)。
「郵便局から現れる潜在的な未来の楽園というこのビジョンは、ヨーロッパに限定されたものではなかった。ドイツ最大のライバルとして台頭する国アメリカも、この国の郵便事業の効率のよさがその証拠とみなされていた」(邦訳224頁)。
「これまでのストーリーを要約して見よう。①新しいコミュニケーション技術が軍隊から発達した。②それは急速に普及して日常生活を根本から変革した。③目もくらむような効率だという評判が高まった。④非市場原理で機能しているがゆえに、未来の非資本主義的経済システムの胎動として急進派がとびついた。⑤それは直ちに政府による監視、望まれないペーパーワークの果てしない新規格を拡散させる媒体と化した」(229頁)。

グレーバーは続ける。

「eメールとは、巨大な地球規模の、電子的で、超効率的な郵便局ではないのか。それは資本主義の外皮の内側から生まれ出てくるめざましく効率的な協働経済の感覚をもたらしたのではないか」、「何よりも重要なのは、郵便事業もインターネットもともに軍隊から登場しているが、軍事テクノロジーを本質的に反軍事的目的に転用しているとみなしうる」、「郵便事業もインターネットも、軍事システムに典型的なコミュニケーションのミニマムな諸形態をとりあげ、それとはかけ離れたものすべてを構築する土台へと転換させる方法である」(230〜231頁)。
「手段と目的との間、事実と価値との間に厳密な区別をつけることが

できるという発想そのものが、官僚制的心性の産物なのだ。官僚制とは、ことをなす手段を、それがなんのためになされたのか、ということから切り離されたものとして扱う唯一の社会制度である。このようにして官僚制は事実上長期にわたって、世界人口の大多数の日常意識に埋め込まれてきた」（234頁）。

こうしてロシア革命に始まる現代史は、ロシアがまずドイツから学び、次いで大恐慌以後に資本主義諸国がロシアに起因する社会主義運動への防波堤として福利政策を展開する形で、両者の対抗関係として展開され、結果として第２次大戦後の２つの陣営を生み出した。

民主政体下でより恣意的な権力が生まれる

ロシア官僚制の本質あるいはそのジレンマに即して考察を重ねたあとで、グレーバーは現代の先進国社会のあり方を批判して、次のように総括する。

「恣意的な権力からの自由の追求がより恣意的な権力を生み出し、その結果、（官僚主義的）規制が（人間）存在を締め上げてしまい、守衛や監視カメラがあらゆる場所に現れ、科学や創造性が抑制されるような状況、そして私たちの１日のうちに書類作成につぎ込む時間の割合がひたすら上昇する一方の状況である」と（292頁）。

ここにはいわゆる民主政体のもとで、結果的により恣意的な権力が生まれるパラドックスが見事に剔抉されている。

第5章　習近平思想——電脳社会主義の舵手

第1節　習近平思想の登場

トランプ大統領との蜜月関係

　2017年秋、習近平との会談を終えてトランプは、ベトナムの首都ハノイへの機中で「習近平は毛沢東以来、もっとも権力をもつ指導者だ」と持ち上げた。トランプが習近平を称賛したのは、これが初めてではない。

> 「私（トランプ）が思うに、米国は中国との間で両国関係に巨大な進歩を作り上げた」、「習近平主席と私自身との間に発展した関係は傑出したものだ。これからも幾度も対話が行われることを期待している」[1]

　上記のトランプ発言は、習近平一行が2017年4月6〜7日、米フロリダ州の「海湖庄園」で2回にわたる初めての公式会談を終えたときに、共同記者会見で語った挨拶の一部である。両首脳は要するにウマが合ったのだ。

　習近平は、2012年の党大会で総書記に選ばれた当時はトップセブン（政治局常務委員）の一人にすぎなかったが、以後5年余の反腐敗闘争で有力なライバルを次々に打倒して、訪米の時点では、いわゆる「一強体制」を磐石のものとして、トランプの投げるさまざまな曲球に対しても即席で相手を満足させるように応答したようだ。トランプは「習近平は話ができる男だ」と認識した。

1　矢吹『習近平の夢』1〜2頁参照。

その4月対話から半年後、習近平は10月の党大会で習近平2期体制を固めた直後にトランプを迎えた。習近平は故宮博物館を休館として、トランプを迎えるという「皇帝扱いもどき」の大芝居を演じた。トランプが満足したのも当然と思われる。

党規約改正で登場した「習近平」記述11カ所

習近平を毛沢東と並べる扱いに対して、日本のメディアは大部分があきれるやら、思い上がりをたしなめる論調が多かった。だが、著者はこの間の経緯を分析し、5年後を予測すると、まさにトランプが実感した通りの実力を習近平は獲得したと判断する。ここでは、その一端を習近平の党規約改正内容から読み取ってみたい。

社会主義認識の枠組みは「政治報告」よりも「党規約の改正」を読むと、より明確である。「2017年党規約」は約1.95万字である。これは約1.73万字の2012年党規約と比べて、1割強長い。これは主として「総綱」（規約前文）が修正されたことによる。習近平という3文字は、11カ所（うち前文8カ所）に書き込まれた。挿入箇所は以下の通りである。

1. 中国共産党はマルクス・レーニン主義、毛沢東思想、鄧小平理論、「3つの代表」という重要思想、科学的発展観、**習近平**の、新時代の、中国の特色をもつ社会主義の思想（原文＝習近平新時代中国特色社会主義思想）を自らの行動指南とする（「総綱」（前文）の冒頭）。
2. **習近平**同志を主な代表とする中国共産党員は……（前文）
3. **習近平**の、新時代の、中国の特色をもつ社会主義の思想を創立した（前文）。
4. **習近平**新時代の、中国の特色をもつ社会主義の思想はマルクス・レーニン主義、毛沢東思想、鄧小平理論、「3つの代表」という重要思想、科学的発展観を継承し発展させたもので、マルクス主義の中国化の最新成果である（前文）。
5. **習近平**の、新時代の、中国の特色をもつ社会主義思想の導きのもと、……中国の特色をもつ社会主義を推進する新時代に入った（前文）。

6．**習近平**の強軍思想を貫徹する（前文）。
7．全党は鄧小平理論、3つの代表という重要思想、科学的発展観、**習近平**新時代の中国の特色をもつ社会主義思想を……堅持していく（前文）。
8．**習近平**同志を核心とする党中央の権威と集中統一指導を擁護して……（前文）
9．（党員の義務として）マルクス・レーニン主義、毛沢東思想、鄧小平理論、「3つの代表」という重要思想、科学的発展観、**習近平**の、新時代の、中国の特色をもつ社会主義思想をまじめに学習すること（3条）。
10．（基層組織の義務として）党員を組織して、マルクス・レーニン主義、毛沢東思想、鄧小平理論、「3つの代表」という重要思想、科学的発展観、**習近平**の、新時代の、中国の特色をもつ社会主義思想をまじめに学習すること（32条）。
11．（各級指導幹部の条件として、職責に必要な）マルクス・レーニン主義、毛沢東思想、鄧小平理論、「3つの代表」という重要思想、科学的発展観の水準をもち、**習近平**の、新時代の、中国の特色をもつ社会主義思想を率先して実行し……（36条）。

以上から明らかなように、「総綱」に書かれた8カ所のほか、党員の義務を定めた3条、党の基層組織を定めた32条、各級指導幹部の義務を定めた36条、にそれぞれ1カ所ずつ書き込まれた。

中国共産党の行動指針

「総綱」（前文）冒頭の引用（上記1.）に見たように、今回の党規約の改正で、「中国共産党はマルクス・レーニン主義、毛沢東思想、鄧小平理論、「3つの代表」という重要思想、科学的発展観、**習近平**の、新時代の、中国の特色をもつ社会主義の思想（原文＝習近平新時代中国特色社会主義思想）を自らの行動指南とする」と書き込まれた。これは何を意味するであろうか（図表5-1）。

顧みると1956年の第8回党大会で党規約改正を報告したのは、鄧小平であった（政治報告は劉少奇）。当時、中国共産党の行動指針（原文＝行動指南）とされたのは、マルクス・レーニン主義だけであった。
　1969年第9回党大会で林彪が初めて、マルクス・レーニン主義と並べて「毛沢東思想」を書き添えた。
　1997年2月に鄧小平が死去し、これを踏まえて江沢民が初めて「鄧小平理論」を行動指南に加えた。江沢民はさらに2002年に「3つの代表」という重要思想を書き加えた。
　2012年胡錦濤は自らの見解を「科学的発展観」と呼び、これを挿入した。
　こうした経緯を経て2017年の習近平政治報告は、①マルクス・レーニン主義、②毛沢東思想、③鄧小平理論、④「3つの代表」という重要思想、⑤科学的発展観、⑥習近平新時代の中国的特色をもつ社会主義思想を行動指針として挿入した。
　これはいかにも長たらしい。2022年に習近平が「2期10年」をもって引退する時には、この長たらしい定義は、次のようにまとめられるのではないか。すなわち、①マルクス・レーニン主義、②毛沢東の革命思想、③鄧小平の発展理論、④習近平の新時代社会主義思想、である。中間に挟まる「3つの代表」という重要思想（江沢民）、科学的発展観（胡錦濤）は消える可能性がある。今回の党規約における各名前の出現頻度を数えると、「毛沢東」13回、「鄧小平」12回、「習近平」11回であるのに対して、「江沢民」、「胡錦濤」の登場は各1回にすぎない。これは「3つの代表という重要思想」と「科学的発展観」というキーワードが5年後に消える運命を示唆しているように著者には感じられる。
　この2つの消滅によって、毛沢東の革命思想と鄧小平の発展理論を止揚したものが、習近平の名を冠した社会主義思想となるのではないか。これはおそらく習近平に対する「個人崇拝のため」ではない。現在の中国の抱える課題を「習近平思想の名でまとめた今後の綱領」なのだ、と著者は読む。

図表 5-1　中国共産党の行動指針（1956〜2022年党大会）

年	報告者	キーワード「共産党の行動指針」（指針）
2022（予）	習近平	中国共産党は①マルクス・レーニン主義、②毛沢東思想、③鄧小平理論、④習近平の社会主義思想を行動指針とする。
2017	習近平	中国共産党は①マルクス・レーニン主義、②毛沢東思想、③鄧小平理論、④「三つの代表」重要思想、⑤科学的発展観、⑥習近平新時代の中国的特色をもつ社会主義思想を行動指針とする。
2012	胡錦濤	中国共産党は①マルクス・レーニン主義、②毛沢東思想、③鄧小平理論、④「三つの代表」という重要思想と科学的発展観を行動指針とする。
2007	胡錦濤	中国共産党は①マルクス・レーニン主義、②毛沢東思想、③鄧小平理論④「三つの代表」という重要思想を行動指針とする。
2002	江沢民	中国共産党は①マルクス・レーニン主義、②毛沢東思想、③鄧小平理論④「三つの代表」という重要思想を行動指針とする。
1997	江沢民	中国共産党は①マルクス・レーニン主義、②毛沢東思想、③鄧小平理論を行動指針とする。
1992	江沢民	中国共産党は①マルクス・レーニン主義、②毛沢東思想を行動指針とする。
1987	趙紫陽	（1982と同じ、修正なし）中国共産党は①マルクス・レーニン主義、②毛沢東思想を行動指針とする。
1982	胡耀邦	中国共産党は①マルクス・レーニン主義、②毛沢東思想を行動指針とする。
1977	華国鋒	中国共産党の指導思想と理論基礎は①マルクス主義、②レーニン主義、③毛沢東思想である。
1973	周恩来	中国共産党は①マルクス主義、②レーニン主義、③毛沢東思想を指導思想の理論的基礎とする。
1969	林彪	中国共産党は①マルクス主義、②レーニン主義、③毛沢東思想を指導思想の理論的基礎とする。毛沢東思想は帝国主義が全面的に崩壊し、社会主義が全世界で勝利に向かう時代のマルクス・レーニン主義である。
1956	鄧小平	中国共産党は①マルクス・レーニン主義を行動指針とする。

第2節　政治報告の核心

キーワード①　新時代の到来──中国の経済社会の変化

　中国共産党の第19回大会（2017年10月18〜24日）では、大会初日に習近平が「小康社会の全面的完成の決戦に勝利し、新時代の中国の特色ある社会主義の偉大な勝利をかちとろう」と題して政治報告を行った。これを読み上げるに際して習近平が用いた時間は3時間20分、話し手にとっても聞き手にとっても長い時間だが、中身の新鮮さからして、意外に短く感じられた可能性がある。全文約3.2万字の長文なので、核心をつか

むにはキーワードを調べるのが便利だ。2つのキーワードは「**新時代**」と「**強国**」である。

報告がまず強調するのは「新時代」である。新時代の呼び方は、本文タイトルを含めて（以下同じ）この文書に37回登場する。このキーワードから分かるように、習近平が強調したのは、中国はもはや江沢民時代、胡錦濤時代のような「ポスト鄧小平」期の過渡的段階を経て、「**新時代に変わった**」とする認識である。それゆえ中国を導くには「新理念、新思想、新戦略」が必要だと認識して、それを政治報告に盛り込んだ。

中国は1989年の天安門事件によって大きな挫折を体験し、その後遺症はいまも随所に残る。しかしながら、中国は鄧小平の南巡講話を契機として「政治改革封印、経済改革加速」路線で、ひたすら経済成長の道を疾走して、GDP（購買力平価ベース）でドイツを超え、日本を超え、米国を超え（2014年）、遂に「チャイナ・アズ・ナンバーワン」の地位を内外から認められ、大きな自信をつけた。むろんこれは量的評価にとどまる。半ば外交辞令であり、中国の数々の弱点は誰もが知っていることだ。さはさりながら、日清戦争、日中戦争以来、頭の上がらなかった日本の経済力を、実力で圧倒しつつある現実、米国市場を席捲するメイドインチャイナの実力が、長らく劣等感に悩まされてきた中国の人々に感じさせた優越感のヒトコマである。

中国のGDPが米国を超え、ついに世界一になったのは、まさに習近平が2012年秋に総書記に就任して2年後2014年であった。これに先立ち2008年のリーマン・ショック事件に際して、中国は4兆元の財政出動によって世界経済の救援活動に貢献したことで、中国の経済力は広く知られ、中国自身も大きな自信をもつに至った。その自信と実力を象徴するイベントが、2016年6月に北京で開かれた、アジアインフラ投資銀行（AIIB）の設立総会にほかならない。アジア開発銀行（ADB）や世界銀行（WB）の融資活動が発展途上国の増大する資金需要を満たしきれないという不満は、巷に満ちていた。中国は途上国だからこそ途上国の悩みが理解できる、と語りかけた。中国内外のこの変化は、天安門事件以後の対中制裁からなんとか脱却して世界経済の軌道に乗り入れたいと念願していた当時の姿と

は明らかに様変わりしている。2桁の高度経済成長によって生まれた中国の経済社会の変化は、まことに大きなものであり、これを指して「**新時代**」と呼ぶのは、名実を備えたネーミングであろう。

キーワード②　大国から強国へ──習近平は強国を目指す

　ここで習近平が掲げた新時代の目標は、今世紀半ば（2049年）に「富強、民主、文明、和諧（調和のとれた）、美麗な社会主義現代化強国」を打ち立てる目標であり、習近平流「中国の夢」「百年の大計（1949～2049年）」の実現である。従来は「富強、民主、文明、和諧（調和）」の「社会主義現代化国家」の実現を目指すとされていたキーフレーズが、一部書きかえられた。「美麗」（8回）と「強国」（23回）が付加された。「強国」と並ぶ「強軍」は16回登場する。「大国」が7回登場するのに対して、「強国」はその2倍であり、習近平の大きな目標は「中国を強国にする」ことだと分かる。

　なぜ強国なのか。習近平は中国近代史を回顧して、①毛沢東の呼びかけで立ち上がり（站起来）、②鄧小平の呼びかけで豊かになった（富起来）中国が、これから目指す目標は③強くなる（強起来）ことだ、と述べている。

　①毛沢東が天安門広場に集まった民衆を前にして、「中国人民は立ち上がった」と建国宣言したことは、記録映画でしばしば繰り返される。

　②鄧小平時代の合い言葉「向前看」（前を見よ）は、「前」と「銭」が同音であるところから、中国の前には銭ありと「向銭看（カネを見よ）」とすり替えられ、歓迎された。

　③「豊かになった」中国人民に対して、習近平が呼びかけたスローガンこそ、「強くなれ、強くなる」である。

　中国人民はこうして、毛沢東時代に「立ち上がり」、鄧小平時代に「豊かになり」、そして習近平の新時代に「強くなる」。これが中国現代史を概括する最も平易な3句である。

　このように読むと、習近平が2022年「政治報告」に書き込む内容が予想できよう。

第3節　政治報告の構成

13章の構成

今回の報告は、以下の13章からなる。

第1章　過去5年の活動と歴史的変革
第2章　新時代の中国共産党の歴史的使命
第3章　「新時代の中国の特色ある社会主義」思想と基本方針
第4章　小康社会の全面的完成の決戦に勝利し社会主義現代化国家の全面的建設に向けた新たな征途につく
第5章　新たな発展理念を貫き、現代化経済体系を構築する
第6章　人民主体関連の制度体系を十全化し、社会主義民主政治を発展させる
第7章　文化に対する自信を固め、社会主義文化を繁栄・興隆させる
第8章　民生保障・改善のレベルを高め、社会統治の強化・革新を進める
第9章　生態文明体制改革を加速し、美しい中国を建設する
第10章　中国の特色ある軍隊強化の道を歩み、国防・軍隊の現代化を全面的に推し進める
第11章　「1国2制度」を堅持し、祖国統一を推し進める
第12章　平和的発展の道を堅持し、人類運命共同体の構築を促
第13章　全面的な厳しい党内統治を揺るぎなく推し進め、党の執政能力と指導力を不断に高める

第1章において習近平は、中国社会の主要矛盾を3回論じている。
①中国の特色ある社会主義の新時代に入り、わが国社会の主要矛盾は、人民の日増しに増大する美しい生活への需要と不均衡不十分な発展との矛盾に転化している。十数億の人々の飢えの問題は解決し、小康生活を実現した。まもなく小康社会を全面的に実現できよう。しかし民主・法治・公平・正義・安全・環境等の需要も日増しに増えている。わが国社会の生産

能力は多くの分野で世界の前列に入ったが、発展の不均衡が人民のニーズを満たせない主な制約要素となっている。

②わが国社会の主要矛盾の変化は全局の歴史的変化に関わり、党と国家の工作に多くの新しい要求を提出していることを認識しなければならない。

③わが国社会の主要矛盾の変化は、わが国社会主義の置かれた歴史的段階の判断を変えるものではない。わが国が長期にわたって社会主義初級段階にある基本的国情は変化していない。わが国が世界最大の途上国である国際的地位に変わりはない。

第3章「新時代の社会主義思想」では主要矛盾をこう説いている。

新時代のわが国社会の主要矛盾は、日増しに増大する生活へのニーズと不均衡・不十分な発展との矛盾である。中国の特色ある社会主義事業の総体配置は「五位一体」（経済建設、政治建設、文化建設、社会建設、生態文明建設の5つを一体化すること）であり、戦略配置は「4つの全面」（①小康社会の全面建設、②改革の全面深化、③法に依拠した治国を全面的に行う、④厳格な共産党の管理を全面的に行う）である。

第4章では、2020年までに小康社会の全面建設への決戦を行う時期だとして、その実現のために、主要矛盾の変化を認識しつつ、経済建設、政治建設、文化建設、社会建設、生態文明建設の5つ分野における建設を一体化するとしている。2020～2035年の第1段階は、社会主義現代化を基本的に実現する。2030～2050年の第2段階は、社会主義現代化強国を実現する。この強国とは、富強・民主・文明・和解・美麗の5つの形容句のつく強国である。そこでは物質文明、政治文明、精神文明・社会文明・生態文明が全面的に高められ、国家のガバナンスが現代化され、総合国力と国際的影響力に優れた国家であり、共同富裕が実現され、中華民族は世界民族のなかで屹立することになるであろう。これが中国の夢、習近平の夢が実現した世界である。

第6章では中国の国体について「労働者階級の領導する労農同盟を基礎とする人民民主独裁の社会主義国」あり、国家の一切の権力は人民に属すると指摘している。これは中国人民が近代において長期に奮闘してきたことに起因する歴史の論理、理論の論理、実践の論理から生まれた必然の結

図表 5-2　趙紫陽政治報告から習近平政治報告まで 30 年の試行錯誤

年次	党大会	報告者	文字数	主要矛盾	初級段階
1987 年	第 13 回	趙紫陽	3.2 万字	8	26
1992 年	第 14 回	江沢民	2.6 万字	2	4
1997 年	第 15 回	江沢民	2.8 万字	3	29
2002 年	第 16 回	江沢民	2.8 万字	1	3
2007 年	第 17 回	胡錦濤	2.8 万字	1	7
2012 年	第 18 回	胡錦濤	2.9 万字	1	6
2017 年	第 19 回	習近平	3.2 万字	5	3

果であり、それゆえに党の本質的属性であり、堅持すべき根本だと強調する。世界には中国と同じ政治モデルはない。政治制度は特定の社会的政治的条件、歴史的文化的伝統から離れて扱うことは許されない。外国の政治モデルをそのまま導入することもしてはならない。わが国の社会主義民主政治は不断に発展させ、政治体制改革を積極的安定的に推進し、社会主義民主政治の制度化、規範化、秩序化を進め、安定団結の政治局面をつくるべきだ。

「民主」の 2 文字は 61 回登場する。曰く、民主選挙、民主協商、民主決策、民主管理、民主監督、などである。「依法治国」は 19 回、「従厳治党」は 7 回である。「反腐敗」も 7 回である。

7 つの政治報告に表れた「主要矛盾」（1987 〜 2017 年）

著者が今回の政治報告の文体に力がこもっていると感じたのは、特に第 1 章に書かれた主要矛盾のとらえ方である。

図表 5-2 は第 13 回党大会（1987 年）から今回の第 19 回党大会（2017 年）まで、30 年、7 つの政治報告を「社会主義の初級段階」と「初級段階の主要矛盾」という 2 つのキーワードについて、その出現頻度を調べたものである。いうまでもなく社会主義の発展にはいくつかの段階がある。中国は生産力の発展の遅れた状況下で革命を行ったので、なによりも生産力の発展に努めなければならない。生産手段の私有制に対する社会主義改造を経て、中国はすでに社会主義国になったが、人々の生活の需要を十分

に満たすことはできない状況にある。それゆえ、中国は社会主義の初級段階に位置しており、この初級段階における主要矛盾とは、日々増加する人民の需要と生産力の発展の立ち遅れとの矛盾である。——これが「主要矛盾」だ。

　第13回党大会（1987年）で行われた趙紫陽報告は、初級段階を26回語り、主要矛盾を8回語ることによって、「生産力発展の立ち遅れ」という矛盾が解決された暁に、初級段階から次の段階に移行する展望を提起した。

　しかしながら趙紫陽の失脚後、総書記のポストに就任した江沢民と胡錦濤は、ソ連解体に象徴される「ポスト冷戦期」という国際情勢の大変化もあり、中国の行方について明解な展望を打ち出すことができず、初級段階からどこへ移行するのかを打ち出せなかった。その結果、社会主義の初級段階とは、即資本主義への初級段階だと理解する向きも少なくなかった。特に東欧の場合、市場経済への移行とは事実上EU加盟への中間ステップに終わった。

　江沢民は1992年、1997年、2002年の3つの党大会で初級段階を語り、その主要矛盾を説いたが、その説き方はいよいよ「社会主義から遁走する」自信喪失の過程であった。主要矛盾の解決へ議論を進めるのではなく、2002年には「3つの代表という重要思想」なる曖昧路線が提起された。すなわち、①先進的な生産力の発展の要求、②先進的文化への要求、③広範な人民の利益、これら3つの需要を満たすために活動するのだと社会主義の目標を曖昧化したのである。これが江沢民長期政権の政治路線だが、それは趙紫陽政治報告で提起された初級段階を経て政治改革へという展望を事実上否定する効果しかもたらさなかった。その帰結が汚職腐敗の蔓延であることは周知の事実であろう。

　胡錦濤執政の「2期10年」（2002〜12年）には「科学的発展観」という方法論についての提起は行われたが、具体的には地球環境の制約条件のもとで経済成長を構想すべきだとする「生態文明構想」を提起しただけであり、調和社会の建設というスローガンは、口先だけに終わり、政策として実現されることはなかった。

要するに、江沢民は「過渡期の指導者」にすぎなかったが、これを無理に延命させた結果、その桎梏(しっこく)のもとで「胡錦濤の10年」が失われ、結局中国は30年にわたる回り道を余儀なくされた。この彷徨に対して、社会主義初級段階の終焉という明確な展望を与えたのが習近平政治報告の核心ではないか。率直に評すれば、習近平の2017年政治報告でようやく趙紫陽の政治報告に直結する社会主義認識・初級段階認識を回復したことになる。すなわち、生産手段の社会主義改造を終えたあとの主要矛盾は、遅れた生産力の状況である。これは古典的命題への復帰である。この文脈で、中国共産党は30年の試行錯誤を経てようやく「生産関係と生産力の矛盾」に即して初級段階の主要矛盾を再認識したことになるが、それは同時に「初級段階の終焉」の展望を再設定したことをも意味する。電脳社会作りにおいて先端を疾走する中国が、いつまでも初級段階に留まることは許されない。

鄧小平時代と異なる「新時代の社会主義」

　ここで一つ課題は、鄧小平時代に提起された「中国的特色をもつ社会主義」と「習近平新時代の（中国的特色をもつ）社会主義」との異同である。鄧小平時代には前革命期（国民党治下の旧中国）にやり残した資本主義による生産力の発展の「補講」（補課）として、なによりも「生産力の発展」を強調し、その課題が克服されるまでを「社会主義初級段階」と規定した。しかしながら、改革・開放の加速を促した鄧小平の「南巡講話」（1992年）以後約30年の高度成長を経て、人口1人当たりでも、すでにその消費生活は日本等先進諸国に追いつく勢いである。中国はもはや**途上国ではない**。「脱途上国・中国」がいつまでも社会主義初級段階に留まることは、ありえない。

　では、社会主義の初級段階の終焉を迎えた中国はどこへ向かうのか。ビッグデータに依拠して14億の民衆を管理する**ジョージ・オーウェル的監視社会に向かうのだろうか**──？　いまや人々の日常の消費生活は、いつ何をどこで食べ、いくら支払ったかまで、すべて掌握されている。「国慶節10月連休」でレジャーを楽しめば、行く先々で、どのように代金を

払い、誰とどのように楽しんだかまですべて電子情報が記録される。何びともこのような管理・監視の「天眼」から逃れることは不可能だ。「天眼」というコトバは、人々に「天網恢恢、疎而不漏」(『老子』) を想起させる (これも古代の思想が現代科学によって実現される一例である)。

　ここで、そのようなデータを根拠に誰が誰をどのように支配し、管理するのか——それが決定的な課題となる。一握りの超エリートが管理するのか。それとも、この管理のデータやツールを民主的に、人民大衆のために奪い返すことが可能なのか——人工知能 (AI ロボット) による人民の管理か、それとも社会を治理する AI ロボットに対する民衆の管理なのか。AI の発展がどこまでも深まる過程で、旧来の社会主義像は大きな再検討を迫られている。テンセント、百度、アリババ、京東商城が「家庭内の AI 化のソフト」を共同で開発する資金作りは 2017 年内に完了したと報じられている (*Venture Pulse,* Q3, 2017, p.85)。

　中国の主要都市では、ホテルにおける顔認証 (*facial recognition*, 中国語＝刷臉、人臉識別システム) が普及しており、コンビニやスーパーにおけるキャッシュレス化を経て、「レジスターなし風景」も実用段階に入った。生産力の発展水準からいえば、すでに十分に社会主義への物質的条件を備えるに至ったことは明らかだ。それゆえ、どのような生産関係を構築して生産力を管理するか——これが喫緊の課題である。このような消費生活の行方にどのような社会を想定するのか。それは人々の疲れた表情を読み取り、不気味に微笑するロボットたちによって人間が支配される地獄絵図なのか。

第4節　「初級段階の主要矛盾」の再措定

毛沢東政権下、第8回党大会 (1956年) との相違

　2017 年に改正された党規約では、「社会主義の初級段階」について次のように解説している。

　「わが国はいま、そしてこれからも長期に社会主義初級段階にある。

これは経済的文化的に遅れた中国で社会主義現代化を行ううえで飛び越え不可能な歴史段階であり、百年にもわたる時間を要する。わが国の社会主義建設は国情から出発して、中国の特徴を持つ社会主義の道を歩まなければならない。現段階では、わが国社会の主要矛盾は、人民の日増しに増大する生活の必要と不均衡発展、不十分な発展との矛盾である。国内的要素と国際的影響のために、階級闘争は一定の範囲内で長期に存在する。ある種の条件下では、激化することもありうるが、すでに主要矛盾ではなくなった。わが国社会主義建設の根本任務は生産力をよりいっそう解放し、生産力を発展させることである。社会主義現代化を逐次実現し、これによって生産関係と上部構造が生産力の発展に適応していない側面と環節とを改革することである」(総綱)。

人民の生活手段への需要と、これを保障する生産力の不均衡発展、不十分な発展との矛盾という認識は、第8回党大会(1956年、主席:毛沢東)で規定したものと基本的に同じだ。1956年当時の中国共産党の認識では、新しい矛盾は、人民の需要」に「生産力が追いつかない」ゆえに生ずるとされていた。

階級闘争は一定の範囲内で残存し、時には激化することもありうるが、すでに「主要矛盾ではない」とするのも、第8回党大会当時と同じ認識である。1960年代前半(いわゆる社会主義教育運動の過程)に、毛沢東は第8回党大会の認識に大きな修正を加えて、「依然として階級闘争は中国の主要矛盾だ」とする認識を提起し、実践のために文化大革命を発動した。2017年の党大会では、文化大革命の終了宣言から40年を経て、ふたたび「増大する人民の需要と遅れた生産力の発展」を主要矛盾とする認識に戻したわけだ。そもそも、半世紀以上を経て、生産手段の資本家的所有を社会主義的改造によって改革したあとでは、階級闘争はすでに主要矛盾ではなくなっている現実が存在する。

発展の不均衡／不十分

　この間の中国の経済発展はめざましいものがあり、生産力の面ではドイツを追い越し、日本を追い越し、ついに米国をも追い越した。この文脈では、もはや「遅れた生産力」を指摘するだけでは済まない。その部分は「不均衡な発展、不十分な発展」と表現を改めている。要するに、人民の増大する要求を満たすには、「不十分」な側面と「不均衡」とが残るという認識だ。

　他方で、中国の経済成長は地球環境の制約にぶつかり、生態文明の建設が大きな社会問題と化してきた。PM2.5が中国の大空を覆い、健康被害も現実の脅威となり、対策を迫られている。こうして現在の中国では、一方で生産力の発展の需要に迫られ、他方で、その生産力の発展の生み出す地球環境の壁にぶつかり、「生態文明」「緑色文明」を強調せざるをえない局面と段階に逢着している。これが生産力の側面から見た中国の矛盾である。

　生産手段の社会化という点でも、やはり深刻な矛盾が生まれている。社会主義市場経済体制のもとで株式会社が容認され、証券取引所が容認され、膨大な株式所有者の階層が誕生した。こうした市場経済導入の結果として、中国経済に占める「非公有制経済」の比重は、毛沢東時代とは比較にならないほど大きな存在となった。これは「労働に応ずる分配」のみを配分基準とする社会主義の教義と明らかに矛盾する。すなわち初級段階なるがゆえに認められるとした資本に対する配分、株式配当をいつまで容認するのかという問題が出てくる。

　さらに、階級闘争の面でも懸念が存在する。都市と農村の発展・所得分配の格差を、2016年の一人当たり可処分所得が都市部では3.3万元だったのに対し、農村部では1.2万元であり、約3倍の開きがある。この都市・農村格差は30年来ほとんど変化していない。これは「先に豊かになる」政策を優先し、所得再分配政策を後回しした結果にほかならない。いまや先送りした課題に取り組む条件が成熟してきたし、その解決なくして未来図を描けない段階にさしかかっている。

3段階の発展戦略

習近平報告における「新時代の主要矛盾」の解説は次のごとくである。

> 「中国の特色ある社会主義が新時代に入り、わが国の主要な社会矛盾はすでに人民の日増しに増大する素晴らしい生活への需要と発展の不均衡・不十分との矛盾へと変化している。人民の素晴らしい生活への需要が日増しに多様化し、物質文化生活への要求がより高いものになってきただけでなく、民主・法治・公平・正義・安全・環境などの面での要求も日増しに増大している。わが国は、多くの分野で世界の上位に入るほどまで社会的生産能力が全般的に著しくその水準を高めている。そのため、発展の不均衡・不十分という問題がいっそう際立ってきており、すでに人民の日増しに増大する素晴らしい生活への需要を満たす上での主要な制約要因となっている。」[2]

これを1956年の第8回党大会の定義――「国内の主要矛盾は、人民の経済と文化の迅速な発展に対する必要と、当面の経済と文化が人民の必要を満たせない状況の間の矛盾である」と比較して見ると、2017年の定義は、2020年までに生活水準に即して全面的小康社会を実現させることを提起しつつ、現状では中国は経済発展をしたものの、まだ発展は不均衡・不十分であると、改革開放30余年の成果を評価している。

とはいえ、現在の経済成長が続けば、脱途上国は時間の問題である。たとえば著名な国情分析家・胡鞍鋼（清華大学国情研究院）は、2035年目標時の一人当たりGDPを3.6～4.1万ドル、2050年目標時の一人当たりGDPを6～7.7万ドルと試算している（図表5－3）。

ここでキーワードとなるのは、社会主義「初級段階」である。「社会主義の初級段階」については、冷溶（中央文献研究室主任）が次のように解

---

[2] 謝春涛・中央党校校委員会委員（教務部主任）の発言。人民網日本語版、2017年10月23日「『中国の特色ある社会主義が新時代に入った』中央党校教授が解説」

図表5-3　中国2020年と2035年の目標

	GDP（兆元）	一人当たりGDP（万米ドル）	GDP成長率の仮定	国家目標の設定	R&Dの対GDP比
2016年現状	74兆元	8100ドル			
2020年目標	90兆元	1万ドル	2016-2020年率6.4%と仮定	①全面小康②脱途上国	2.50%
2035年目標	290兆元＝（43兆ドル）	3.6～4.1万ドル	2020-2035年率5.0%と仮定	①現代化を基本的に達成②先進国入り③社会主義初級段階の終り	2.80%
2050年鄧小平目標	鄧小平目標を15年繰り上げ	6.0～7.7万ドル（世界の29～37%シェア）		現代化強国	

注：① R&Dの対GDP比は、2016年5月19日、中共中央、国務院《国家創新駆動発展戦略綱要》による。② 2035年と2050年のGDP試算は胡鞍鋼（清華大学国情研究院）による。2017年10月27日「全面建成社会主義現代化強国」『中国社会科学報』。

説している[3]。

>「わが国の社会主義が位置する歴史的段階についてのわれわれの判断は変えていない。これからも長期にわたって社会主義の初級段階にあるという基本的国情は変わっておらず、世界最大の発展途上国としてのわが国の国際的地位は変わっていない。」

　中国はいまも社会主義の初級段階にあり、これは100年続く。言いかえれば1949年から数えて2049年までは「初級段階」である。この時期には、公有制セクターを補完する私有制セクター、資本家的所有も、生産力の発展の需要からみて容認される。これが社会主義市場経済論（1992年政治報告で採択）の骨子である。こうして2018年から49年までの31年間には、一方では、不均衡発展と不十分な発展とを生産力の面で重視すると共に、公有制と私有制の調整も新たな課題として浮上している。外資企業にも、「共産党員が3名いれば党細胞（党組）を組織する」新通達が出された。この動きはどこまで展開されるか、注目を要する。単なるお飾

---

[3] 冷溶による解説。『人民日報』（2017年11月27日）

りになるか、それとも外資企業のあり方を企業内部から監視する役割を果たすのだろうか――？

第5節　低姿勢外交から「運命共同体」作りへ

「協調路線」と並行する、「米軍並み戦力」への強軍路線

　ソ連解体に際して民主化への国際的圧力に低姿勢で対応した鄧小平の「韜光養晦(とうこうようかい)」の4文字が党規約から消えたことは、「新時代」の特徴の一つとみてよい。代わって、地球温暖化対策を決めたパリ協定の擁護を語り、APEC会議（ベトナム・ダナン）で国際協力の強化を呼びかけたことにより、「生態環境を重視する中国」へとイメージが一変しつつある。地球環境の制約を認識しつつ経済発展を図る新外交は、ガソリン車の生産中止＝EV車への全面的転換という国内産業政策を裏づけとしていることによって世界の注目を浴びている。

　世界の舞台で「話語権」（発言力、主導権）を求める「強国外交」を展開していく姿勢も明確だ。一方で「運命共同体」としての人類を意識しつつ、次のように述べた箇所は特に注目すべきである。曰く、「中国は他国の利益を犠牲にして自国の発展を図ることは決してしないが、自国の正当な権益を放棄することも決してしない」（12章）と。

　ここで「他国」を「朝鮮」と置き換えて見ると、文意はより鮮明になる。すなわち中国は「朝鮮の利益を犠牲にして問題の解決を図る」ことはしないが、他方で「中国の正当な権益を放棄する」こともしないということであり、つまり、「国益（国家主権、国家の安全、発展の利益）は断固として守る」と宣言している。

　かつて1950年代の朝鮮戦争に際し、中国は北朝鮮側に志願軍を派遣したが、その人的・物的犠牲は莫大であり、しかも長きにわたって米国による封じ込めの対象とされたことは、きわめて大きな損失であった。その反省の上に立って新方針が打ち出されたことに注目すべきである。

　党大会直後の2017年10月末、韓国との高高度ミサイル防衛（THAAD）をめぐる3項目の合意が成立し、文在寅大統領の訪中（12月13〜16日）

へとつながった。この事態は、「新外交」の具体的な動きの一つであり、また南シナ海問題についても、軌道修正が行われ、関係諸国との「協調姿勢」が目立つようになっている。

　以上のような「新外交」路線の中で、習近平は大軍拡も対外拡張もしないと否定しつつ、一方では2050年までには米軍に並ぶ戦力への意欲を語っている。すなわち、

> 「新時代の党の軍隊強化思想と新たな情勢下における軍事戦略方針を全面的に貫徹し、強大な現代化陸軍・海軍・空軍・ロケット軍・戦略支援部隊を建設し、強固で高効率の戦区統合作戦指揮機構を整備し、中国の特色ある現代的作戦体系を構築し、党と人民から与えられた新時代の使命と任務を担う。2020年までに機械化を基本的に実現し、情報化建設を大きく進展させ、戦略能力を大きく向上させる。国の現代化のプロセスと歩調を合わせて、軍事理論の現代化、軍隊の組織形態の現代化、軍事要員の現代化、武器装備の現代化を全面的に推進する。2035年までに国防・軍隊の現代化を基本的に実現し、今世紀中葉までに人民軍隊を世界一流の軍隊に全面的に築き上げる」

――等々である。

　香港と台湾についても、「政治報告」では香港の独立騒動に触れず、それを深刻に受け止めていない姿勢を示し、台湾に関しても現段階では統一ではなく、分離・独立の阻止に重点を置いたごとくである。

　台湾経済はいまや大陸経済と日に日に一体化しつつあり、「独立への経済的基礎」はすでに失われた。とはいえ、直ちに統一を語れるほどに種々の条件が整ったわけでもない。それゆえ、「独立でもなく、統一でもない」現状維持が続くことになろう

「一帯一路」構想におけるET技術の位置づけ

　習近平報告には「中国の特色ある社会主義の道、理論、制度、文化が絶えず発展を遂げ、発展途上国の現代化への道を切り開き、発展の加速だけ

でなく自らの独立性の維持も望む国々と民族に全く新しい選択肢を提供し、人類の問題の解決のために中国の知恵、中国の案を出していることを意味する」とも書き込まれた。

　この箇所について、中国モデルの「対外輸出か」と解する批判も見られたが、『環球時報』社説[4]は「同じ発展段階の開発独裁の国々への参考」と弁解しつつ、返す刀で、西側は「多くの途上国にカラー革命などのイデオロギー輸出を試みながら、中国を批判するのは、顧みて他をいう類の愚行ではないかと反論した。

　「一帯一路」構想は BRI（=The Belt and Road Initiative）と改訳され（本書「はじめに」参照)、「拡張」主義という中国に対する悪いイメージを改めようとしている。BRIは習近平新時代の思想の一つとして、新党規約にも盛り込まれ、国家戦略に昇格した形だ。世界政党ハイレベルフォーラム[5]では習近平は「一帯一路イニシアチブ（BRI）は人類運命共同体の理念を実践する一環である」とまで語っている。「一帯一路」構想は、国内の西部開発戦略の延長に位置している。それを示唆するのが、新しい地図に描かれた国家群である（図表5-4）。

　「陸のベルト」は西安を出てモスクワ経由でオランダのロッテルダムに至る。その道筋で描かれたのは途上国を経て、次の途上国へと続く物流ルートである。「海のシルクロード」に描かれたのは、南海、インド洋を経て地中海に至る航路である。この港湾・海上ルートも中国と途上国を結ぶ物流ルートであり、中国国内の西部発展戦略のグローバル化構想の匂いがする（図表5-5）。

　中国は、途上国支援によって人類の運命共同体が一つに結ばれる夢を語っている。とはいえ、途上国発展のカギになる技術として活用されるのは、人工衛星システム北斗である（本書第3章第3節参照）。

---

[4] 「指責中国"輸出模式"的西媒也好意思」『環球時報』2017年11月28日　http://opinion.huanqiu.com/editorial/2017-10/11340530.html

[5] 「習近平在中国共産党与世界政党高層対話会上的講話」『新華網』2017年12月01日　http://news.xinhuanet.com/world/2017-12/01/c_1122045658.htm

第5章　習近平思想

図表5-4　一帯一路の説明図

①新ユーラシア大陸ブリッジ（中国・モンゴル・ロシア経済協力回廊）、
②中国・中央アジア・西アジア経済協力回廊、
③中国・パキスタン、バングラデシュ・中国・インド・ミャンマーという二つの経済回廊は一帯一路建設と緊密に連関する。
④中国・中南半島の経済協力回廊、
⑤海上は重要港湾をポイントとして安全かつ効率的な運輸ルートを共に建設する。

出所：一図看懂"一帯一路"框架思路、2016-09-20 新華網

図表5-5　シルクロードと海のシルクロード

シルクロード（丝绸之路经济带）と海のシルクロード（海上丝绸之路经济带）の65カ国地域：
東アジアはモンゴルを含むアセアン10カ国：シンガポール、マレーシア、インドネシア、ミャンマー、タイ、ラオス、カンボジア、ベトナム、ブルネイ、フィリピン
西アジア18国：イラン、イラク、トルコ、シリア、ヨルダン、レバノン、イスラエル、パパスチナ、サウジアラビア、イェメン、オマン、アラブ首長国連邦、カタール、クエート、バーレン、ギリシア、キプロス、エジプトシナイ半島
南アジア8国：インド、パキスタン、バングラデシュ、アスガニスタン、スリランカ、モルデブ、ネパール、ブータン
中央アジア5国：カザフスタン、ウズベキスタン、トルクメニスタン、タジキスタン、キルギスタン
ロシア連邦7国：ロシア、ウクライナ、ベロロシア、グルジア、アゼニバイジャン、アルメニア、モルドバ
中東欧16国：ポーランド、リトアニア、エストニア、ラトビア、チェコ、フロバキア、ハンガリー、スロベニア、クロアチア、ボスニアヘルツェゴビナ、モンテネグロ、セルビア、アルバニア、ルーマニア、ブルガリア、マケドニア

出所：https://zhidao.baidu.com/question/1047862205438208179.html

習近平は国連ジュネーブ本部における講話（2017年1月18日）やダボス会議等で「運命共同体」作りを繰り返し呼びかけている（前掲『習近平治国理政』537～548頁）。陸路であれ、海路であれ、デジタル経済によって世界が結ばれる意味も大きい。そこでは、ET技術を活用した物流ルートの構築がより大きな注目を集めることになるだろう。中国国内で大規模に展開中のET革命の衝撃波が、人類の運命共同体作りを促すことは疑いない。

第6章　一帯一路が導く全方位外交

第1節　安倍晋三・習近平の握手

2017年11月日中首脳会談

　安倍晋三首相と習近平国家主席の2017年11月会談は、ロイター電によれば、以下のごとくである。

> 「(11月) 11日、ベトナムのダナンで首脳会談を行い、日中関係について改善を進めていくことで一致した。また、北朝鮮問題についても日中両国間の連携を深めていくことで合意した。両首脳はアジア太平洋経済協力会議 (APEC) 首脳会議に出席するためベトナムを訪問していた。
> 　安倍首相は会談後、記者団に『会談の締めくくりに習主席からは、今回の会談は日中関係の新たなスタートとなる会談であるとの発言があった。私もまったく同感だ』と語った。首相は適切な時期に自身の訪中と習主席の来日を提案したことも明らかにした。さらに、北朝鮮問題での協力を深め、日中韓首脳会談をできる限り早い時期に開催することでも合意した。
> 　安倍首相は『北朝鮮情勢が重要な局面を迎える中、中国の果たすべき役割は非常に大きい』と強調した。両首脳は、防衛当局間の『海空連絡メカニズム』の早期運用開始に向け、協議を加速していくことでも一致した。経済については、第三国で日中が協力してビジネスを展開していくことを安倍首相が提案。首相は、認識を一致できたと思う

と述べた」[1]。

　安倍も習近平も現職への就任は2012年であるから、この時点で就任5年目を迎えている。それまで、マルチの国際会議場では固い表情で握手したことはあるが、両国の国旗を背景ににこやかに握手したのは、初めてだ。
　しかし、隣国同士でありながら、相互に相手国を訪問し合う形ではなく、「第三国で会う」形は、両国関係のねじれ、あるいはゆがみを端的に物語る。

安倍首相の「中国封じ込め」論
　当時、「中国崩壊本の崩壊カウントダウン」(『ニューズウィーク』2017年10月27日号) という記事が話題になっていた。同記事はいくつかの書影を載せているが、その中には、中国から帰化して「新日本人となった石平」3部作の画像が含まれる。彼が崩壊論の旗手の1人であることはこのことから明らかだ。「中国崩壊本」は、次のような論点を煽り続けた。
　――中国は人口大国ではあるが、資源小国だ。1人当たりで見ると、資源の小さなことは誰の目にもわかる。これから経済成長を続けていくためには、資源の確保がきわめて重要だ。そのためには、軍事力の拡大が不可欠である。
　中国は天安門事件以来、軍事予算を毎年2桁のスピードで増やしてきた。いまや中国は軍事国家であり、その軍事力を活用して、世界中の資源を「爆食」している。このような中国の行動を容認することは、ヒトラーの膨張主義に寛容であったチェンバレンの宥和政策の愚行を繰り返すことになる。
　この種の軍事大国の崩壊はソ連の先例に照らしても明らかだ。現代史における対ナチス宥和政策の失敗の教訓に学び、日本は中国の活動を「封じ込める」ために、米国と共に努力すべきである、云々。
　こうした「中国封じ込め」論の元締めがほかならぬ安倍首相である。

1　2017年11月11日、ロイター通信。

図表6-1　アジアの安全保障ダイヤモンド

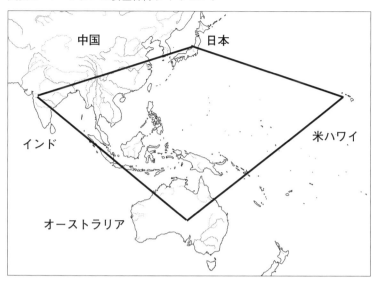

「中国封じ込め」の原形が、安倍による論文「*Asia's Democratic Security Diamond*」である（以下、このタイトルを仮に「戦略ダイヤモンド」と略称する、図表6-1）。

この論文は2012年11月中旬、総選挙の直前に執筆され、「*Project Syndicate*」というチェコに本部を置く国際NPOのウェブサイトに発表された。

インド、オーストラリア、ハワイと安全保障のダイヤモンドを結ぶという主張を含んだ「戦略ダイヤモンド」は、ほとぼりの冷めるのを待って1年後に日本語で発表された。安倍流の戦略ダイヤモンド構想に共感する人々が、当初から習近平構想を色眼鏡で見たのは当然の成り行きであろう。「戦略ダイヤモンド」構想と「一帯一路」戦略が、ほとんど同時期に日中双方から提起されたこともあって、両者共に色眼鏡で見られ、日中対決論が疑心暗鬼の様相を呈した。

結果はどうか。真のダイヤモンドは、その固さで知られるが、安倍流の戦略ダイヤモンドは、「真珠の首飾り」よりも柔らかであったように見え

る。

　習近平の一帯一路構想についての演説や、「運命共同体」への呼びかけを一瞥すれば、身近の台湾海峡の平和的統一からアジアからヨーロッパに繋がる物流ルートの平和と繁栄を狙うものであることは容易に理解できよう。一帯一路で繋がる諸国を「すべて中国が囲い込む」といった途方もない逆宣伝が日本では横行したが、そのような帝国主義的囲い込みとは無縁の構想と見るべきである[2]。

「一帯一路」におけるデジタル化要素

　現在のグローバル経済体制下では、差し当たりは現行の物流ルートの拡大発展を当面の目標としているが、最近特に目立つのは、この物流ルートのデジタル化構想だ。北斗衛星システムについては、特にEV車の自動運転に必須の条件として言及したが、ここで改めて指摘しておきたいのは、この物流ルートを支える情報システムの整備状況である。中国から出ていく産品も中国に向かう産品も、いま何処を輸送中か、その輸送ルートの混雑状況はどの程度か、一部の路線ではそこまでAIが監視し始めた。この文脈では、一帯一路建設において、「デジタル化」の要素こそが未来を切り開くカギになると予想される。すなわち中国の**電脳社会主義が、一帯一路を経由してグローバル経済体制と直結する**仕組みなのだ。

　次の図表6-3は、国家級新区の一覧表である。鄧小平による南巡講話を契機として上海市の浦東新区が誕生して以来、今日までに19都市に国家級新区が誕生した。これら19の新区は、いずれもそれぞれの特徴を備えているが、著者が本書の主題「デジタル化中国」との関わりで最も注目しているのは、貴安新区である。

　この貴安新区に設けられた世界最大のビッグデータ収集用アンテナは、この新区を象徴する設備であるとともに、一帯一路政策がグローバル視点から見た「西部開発」の延長政策である真相を示唆している。上海市浦東

---

[2] 5篇の「シルクロードの夢」演説、12篇の「運命共同体」講話は、『習近平の夢』3章に収録した。

第6章　一帯一路が導く全方位外交

図表6-2　貴州省貴安新区の巨大アンテナ。軍民両用に用いられる。

図表6-3　中国国家級新区一覧表（東部沿海から西部内陸へ）

	新区名称	国務院許可	主体都市	面積 (km²)
1	浦東新区	1992年10月11日	上海	1210
2	浜海新区	2006年5月26日	天津	2270
3	両江新区	2010年5月5日	重慶	1200
4	舟山群島新区	2011年6月30日	浙江舟山	陸地 1440 海域 20800
5	蘭州新区	2012年8月20日	甘粛蘭州	1700
6	南沙新区	2012年9月6日	広東広州	803
7	西咸新区	2014年1月6日	陝西西安、咸陽	882
8	貴安新区	2014年1月6日	貴州貴陽、安順	1795
9	西海岸新区	2014年6月3日	山東青島	陸地 2096 海域 5000
10	金普新区	2014年6月23日	遼寧大連	2299
11	天府新区	2014年10月2日	四川成都、眉山	1578
12	湘江新区	2015年4月8日	湖南長沙	490
13	江北新区	2015年6月27日	江蘇南京	2451
14	福州新区	2015年8月30日	福建福州	1892
15	滇中新区	2015年9月7日	雲南昆明	482
16	ハルピン新区	2015年12月16日	黒龍江ハルピン	493
17	長春新区	2016年2月3日	吉林長春	499
18	贛江新区	2016年6月14日	江西南昌、九江	465
19	雄安新区	2017年4月1日	河北保定	2000

出所：百度
https://baike.baidu.com/item/%E5%9B%BD%E5%AE%B6%E7%BA%A7%E6%96%B0%E5%8C%BA/6919267?fr=aladdin"

新区に始まる改革開放政策は、いまや一帯一路を経由して、グローバル経済に直結しつつあり、その象徴が貴安新区に備えられたこの巨大アンテナなのだ。

第2節　トランプ大統領のアジア訪問

拉致問題を解決できない日米同盟

　トランプ大統領は、2017年11月4〜13日、ハワイ州でリメンバー・パールハーバーの記念艦アリゾナ号訪問を皮切りに、アジア5カ国を訪問した。出発に先立ち、トランプはホワイトハウスで「経済と安全保障面での米国の優先課題を前進させるための訪問」と語った（10月31日）。つまり、経済第一、安全保障第二の旅である。しかし、北朝鮮からの「国難」を煽る安倍政権のもとで、日本ではこの順番が安全保障第一、経済第二と逆転していた。

　トランプ大統領は、11月5日に横田基地へ到着し、そこからヘリコプターで埼玉県のゴルフ場へ向かった。米国の大統領が日本国の玄関を通らずに、いわば米軍基地という裏口から日本に入国したのは、厚木空港にコーンパイプをくわえて降り立った占領軍司令官マッカーサー以来のことで、「脱戦後体制」を繰り返し唱える安倍首相が、実は対米従属をより強めている現実の姿を浮かび上がらせる象徴的な構図を示した。

　安倍は北朝鮮の脅威を強調する目的のために、あえて拉致被害者家族にそれぞれの顔写真を持たせて大統領と面会する場を用意した。そして、北朝鮮の核・ミサイル問題に加え「拉致問題にも日米両国で一致して取り組む姿勢」を強調した。

　しかしながら、これが単なるパフォーマンスにすぎないことを最もよく認識していたのは、当の被害者家族自身ではなかったか。安倍政権のもとで拉致問題はまるで停滞しておよそ10年が経過しており、これからも楽観できないことを彼ら自身が知っていたと思われる。

　安倍もトランプも、「日米同盟が地域安定の礎」と異口同音に語ったが、この同盟は拉致問題一つ解決できていない。いな、解決を無期延期するた

めの同盟と呼ぶほうが適切かもしれない。この問題が解決されない限り、彼らは「北の脅威」を煽り、国難を選挙スローガンに仕立てあげることができるからだ。

中国での国賓待遇

　日本訪問後、トランプ大統領は11月7日から韓国を訪れた。トランプは韓国国会で演説し、北朝鮮の脅威に国際社会が団結して対峙し、「圧力を最大化」する必要性を呼びかけた。トランプは前線視察のために、ヘリコプターで板門店に向かい、「天候不順のために引き返した」と発表されたが、これは事実とは異なるものであった。事後には、トランプは「引き返したのではなく」、そもそもヘリコプターに乗らなかった、とした解説が見られた。

　中国には11月8日に入り、習近平は紫禁城を臨時閉鎖し、そこに京劇の舞台（暢音閣）を復活させ、宴席をもうけた。トランプをして「皇帝気分」にさせる習近平流のもてなしは、巨額の土産と共に、トランプを大いに満足させ、「ゴルフ外交とハンバーグ」でもてなした安倍流の歓迎方式は、数日も経ずして記憶の外に押しやられた感が深い。

　トランプは習近平との首脳会談を通じて、一方では対北朝鮮での制裁協力を求めつつ、他方で経済問題における対中貿易赤字縮小等を提起した。米中貿易は毎年約1000億ドルの入超であるなかで、習近平が買付を約束した2500億ドルは対中入超2.5カ年分の赤字額に相当し、この土産にトランプは大喜びしたはずである。

　こうして頬が緩んだトランプの口から、「人権外交」や「民主主義」、「法治」という言葉が出ることはなかった。習近平が巨額の土産でトランプの口を封じたことは明らかだ。ただし、北朝鮮核問題について、両者が何を語り合ったのかは秘密である。トランプの軍事圧力に、習近平が経済封鎖で呼応したことは前後の脈絡から容易に推測できるが、肝心なのは、ポスト金正恩政権についてどこまで話を進めたかであろう。

トランプ大統領アジア歴訪の成果

　ベトナムへは11月10日、中部の都市ダナンを訪れ、APEC＝アジア太平洋経済協力会議首脳会議に出席した。通例ならば、APEC首脳会議では米国が自由貿易体制を主導するスピーチが普通だが、トランプはTTP脱退・二国間レベルでの貿易協定で赤字縮小を押し付けるスタンスなので、各国は様変わりした米国のスタンスに戸惑うのみであった。米国の豹変のもとで、習近平が「かつての米国」の代役のように振る舞い、自由貿易体制の意義を強調したことが注目されている。

　その後、トランプはハノイでベトナム共産党本部にトラン書記長を訪問して会談したあと、フィリピンへ向かった。フィリピンには11月12日に到着し、ドゥテルテ大統領と会談するとともに、東南アジア諸国連合（ASEAN）50周年（2017年）の首脳会議に出席した。同時に31回目を迎えた米国・ASEAN首脳会議にも出席したが、従来繰り返されてきた「中国の南シナ海進出」批判には言及せず、中国土産の巨額契約の威力をまざまざと示す結果となった（図表6-4）。

　トランプはアジアの旅を次のように自画自賛したのであった。

①中国で2500億ドルに達する貿易と投資を発表したが、これは米国の労働者のために雇用を創出し、中国向けの輸出品を増やし、米国社会への投資を刺激するであろう。

②韓国の会社は今後4年間で、新規プロジェクト64項目を発表し、170億ドルを米国に投資する。同時に580億ドルの商品とサービスを買ってもらう。この中には、エネルギー230億ドルが含まれる。

③米国とベトナムは120億ドルの通商協定を結んだ。そこには100億ドルの米国産品が含まれる。以上のように、トランプはアジアの旅の土産話として、中国の2500億ドル買付、韓国の580億ドル買付、170億ドル投資、ベトナムの100億ドル買付契約を自慢したが、安倍政権の約束した35億ドルは単位が1桁、あるいは2桁小さかった。この金額こそ、**日本の不景気を象徴するもの**であり、アベノミクスの失敗を雄弁に物語る数字ではあるまいか。

図表6-4　トランプへの土産2,535億ドル、中国からの買付けリスト

品目	分野	買い手あるいは資金協力	売り手あるいは計画プロジェクト	金額(億ドル)
液化天然ガス	エネルギー	中国石油化学集団公司が契約（中国投資有限責任公司および中国銀行が資金供与）	アラスカ 天然ガスプロジェクト（長期供給向け液化天然ガス）	430
シェールガス・電力・化学	エネルギー	中国石油天然気集団公司、中国能源建設集団有限公司	テキサスを拠点とするシェニーレ・エナジー Cheniere Energy がウェストバージニア州で開発するプロジェクト	840
大豆1200万トン	農業		2017年および2018年の輸出額合計	50
エンジン売却とその修理	航空	上海吉祥航空股份有限公司	ゼネラル・エレクトリック General Electric	35
ボーイング機のエンジンリース	航空	中国工商銀行	ゼネラル・エレクトリック General Electric	14
ガスタービン売却	航空	中国大唐集団公司	ゼネラル・エレクトリック General Electric	11
737型航空機300機	航空	中国航空器材集団公司	ボーイング Boeing	370
在中の米系企業支援基金を中国投資有限責任公司とゴールドマンサックスの出資により設立	金融	中国投資有限責任公司（国策投資基金）	ゴールドマン・サックス Goldman Sachs	50
ベルトアンドロード・イニシャチブ	金融	一帯一路基金	ゼネラル・エレクトリック General Electric	?
スマホ用チップ	テレコム	スマホ用チップ「小米」(Xiaomi)、「欧珀」(OPPO)、「維沃」(Vivo)の買付	モバイルチップメーカー クアルコム US mobile chip maker Qualcomm	120
小計				1895
不詳のもの				640
総額				2535

出所：The main deals signed between Chinese and US firms during US President Donald Trump's visit, 09 November, 2017, SCMP.

第3節　中国は非核統一朝鮮を望む

親・北朝鮮から韓国へのシフト

　1950年代の朝鮮戦争休戦からソ連解体までの約40年間における中国と北朝鮮との要人往来は、図表6-5のごとくである。北朝鮮からは金日成が例年のように訪中し、中国からは周恩来、劉少奇らが答礼訪問を繰り返した。

　この過程で特筆しなければならないのは、1982～83年の事件である。1982年9月16日から25日まで、鄧小平は金日成を四川省に招いた。10日間の金日成訪中は「国事訪問（State Visit）」であったが、この間、鄧小平がほとんどフルアテンドしたことで大きな話題になった。四川省は、鄧小平の郷里である。といっても鄧小平は生涯一度も故郷に錦を飾ることをしなかった男であり、この場合も出生地の牌坊村には寄らなかった。鄧小平は、毛沢東時代の苦い経験、すなわち「国防三線」建設の惨憺たる結果を紹介し、毛沢東時代の「負の遺産」を直に説明することによって金日成に鎖国政策の過ちを説き、改革開放のモデル・深圳経済特区の意義を説明した。これに対して金日成は、「私は老いた。後事を金正日に委ねる。彼に深圳を訪問させる」と答えた。

　1983年6月2日～12日、鄧小平の勧めに応じて、金正日が「非正式訪問」の形で深圳経済特区を訪問した。ところが帰国した金正日は、なんと「中国は米帝国主義に屈伏し、修正主義に堕落した。中国からもはや学ぶべきものなし」と冷笑した（と中国に伝えられた）。

　この深圳特区批判はまもなく鄧小平の耳にも届いた。善意の忠告を無視された鄧小平は激怒した。金日成は翌84年11月26～28日、「非正式訪問」の形で訪中し、「息子の不祥事を鄧小平に詫びた」と伝えられたが、実は経済特区を修正主義と批判したのは金日成本人の見解であった（と後日、中国で流布された）。「友情あふれる説得」にアダで返す北朝鮮にアイソをつかした鄧小平の選んだ道は、韓国との国交正常化にほかならない。

中朝関係の中断（1991～1999年）

　国交正常化の手始めは「スポーツ外交」、つまりソウル五輪への参加表明であった。ゴルバチョフ訪中は1989年5月であり、当時の中ソ関係はまだ回復には至らなかったが、五輪参加の意向では中ソは歩調を合わせた。これに対して、北朝鮮は大韓航空機爆破事件というテロ行為で応じた。当時著者は北京で「韓国は治安の不安定な国だから、五輪参加はやめたほうがよいという間違った警告だ」という解説を聞いて、潮流の変化を理解した。中国も旧ソ連も金正日のこのテロ作戦を見破っていたから、五輪参加を躊躇することはなかった。著者はソウル五輪の1988年にLG社から、翌1989年サムソン社から相次いで講演を依頼され2度訪韓し、この間の事情を詳細に理解した。

　やがて韓国の金大中大統領（当時）による太陽政策のもとで南北対話が始まり、北朝鮮も遅ればせながら、「脱鎖国、改革開放」に転じる気配をみせた。中国国境の新義州に開発区構想を打ち出し、中国人楊斌(ヤン・ビン)を開発区の初代長官に指名したものの、中国当局はこの男を脱税容疑で逮捕した。蔓延する飢餓に対する対策が一向にとられず、政権維持に汲々する金正日政権を中国が信頼しないことが表出したヒトコマであった。

　前述の通り中朝関係の分岐点は、明らかに1982～83年であった。これは92年9月の中韓国交樹立に発展し、中朝断絶が明らかになった金日成による「正式友好訪問」（1991年10月4日～13日）以来、およそ8年間にわたって要人の往来は断絶した。金永南が「正式友好訪問」を行い、両国間の要人の往来が復活したのは1999年6月3日～7日のことである。

　しかしながら、日本ではこの動向を正確に認識できず、中朝の「血の友誼」なる神話が繰り返された。中朝関係を「血盟」「兄弟」「同志」と評してきたのが日本のメディアであり、コリア・ウォッチャーたちである。

韓国との比較と、中朝関係のバランス

　中朝および中韓の「要人往来」について中国外交部が上記の資料を掲げたのは、この認識を是正するためであったが、鈍感な人々は、この資料の意味を的確に読み取ることができなかった。中朝関係を半世紀前の朝鮮戦

争から語るのは出発点としてまったくの間違いであり、1992年8月24日の中韓国交を起点としなければならない。この日を重要なメルクマールとして、以後約10年間に、韓国要人は19名が訪中した。「礼は往来を尊ぶ」のが古来の作法である。中国からは13名の要人が、これに応えて韓国を訪問している。

　念のために中韓国交以後の時期における中朝関係を見ると、北朝鮮から中国を訪問した要人はわずか6名にすぎない。韓国から来た19名の3分の1の数である。では、中国から北朝鮮を訪問したのは何人か？——わずか7名である。これは、中国から韓国を訪問した要人13名の約半分にすぎない。往来した要人数を合計すると、中韓は32名、中朝は13名である。こうして中国からみて南北朝鮮との交流は、「韓国7割、北朝鮮3割」であった。

　貿易関係はどうか。2002年の場合、中国の北朝鮮への往復で7.39億ドル（中国輸出4.68億ドル、中国輸入2.71億ドル）であった。同じ年の中韓貿易は往復で440.71億ドル（中国輸出は154.97億ドル、中国輸入は285.74億ドル）であった。南北比率は1対60である。ジェトロの『グローバル・トレイドアトラス』によると、中朝貿易のピークは2013年の約65億ドルがピークで、2016年は制裁もあり55億ドルに減少した。これに対して中韓貿易は順調に伸びて、2016年現在約2500億ドルである。

　中国と南北朝鮮との貿易比は約40倍の開きがある。韓国統計庁の資料によると、2015年時点で韓国の国民所得1565.8兆ウォンに対して、北朝鮮のそれは34.5兆ウォンであり、約45倍である。人口は北朝鮮2478万人に対して、韓国は5102万人なので2.1倍である（図表6-6）。

図表6-5　中国と南北朝鮮との要人往来

1　北朝鮮要人の訪中			
1	金日成	首相	正式訪問	1953.11.10-27
2	金日成	首相	友好訪問	1954.09.28-10.05
3	金日成	首相	友好訪問	1958.11.21-28
4	金日成	首相		1959.09.25-10.03
5	金日成	首相	友好訪問	1961.07.10-15
6	崔庸健	委員長	正式訪問	1969.09.30-10.03
7	許錟	外交部長	正式訪問	1973.02.09-14
8	金日成	主席	友好訪問	1975.04.18-26
9	李鐘玉	総理	正式訪問	1981.01.10-14
10	金日成	主席	国事訪問	1982.09.16-25
11	金正日	書記	非正式訪問	1983.06.02-12
12	金永南	副総理・外交部長	正式訪問	1984.02.07-14
13	姜成山	総理		1984.08.05-10
14	金日成	主席	非正式訪問	1984.11.26-28
15	金日成	主席	正式友好訪問	1987.05.21-25
16	李根模	総理	正式友好訪問	1987.11.09-14
17	金永南	副給理・外交部長	正式訪問	1988.11.03-07
18	金日成	総書記	非正式訪問	1989.11.05-07
19	延亨黙	総理	正式訪問	1990.11.23-28
20	金日成	主席	正式友好訪問	1991.10.04-13
[1993.08.24 中韓国交正常化]			
21	金永南	委員長	正式友好訪問	1999.06.03-07
22	白南舜	外交部長	正式友好訪問	2000.03.18-22
23	金正日	総書記	非正式訪問	2000.05.29-31

2　中国要人の訪朝			
1	周恩来	総理	友好訪問	1958.02.14-21
2	劉少奇	主席	友好訪問	1963.09.15-27
3	周恩来	総理	正式友好訪問	1970.04.05-07
4	姫鵬飛	外交部長	友好訪問	1972.12.22-25
5	華国鋒	党主席・総理	正式友好訪問	1978.05.05-10
6	鄧小平	党副主席・副総理	友好訪問	1978.09.08-13
7	趙紫陽	総理	正式訪問	1981.12.20-24
8	胡耀邦	党主席	非正式訪問	n.a.
9	鄧小平	党副主席	正式訪問	1982.04.26-30
10	呉学謙	外交部長	正式友好訪問	1983.05.20-25
11	胡耀邦	総書記	非正式訪問	1981.05.04-11
12	胡耀邦	総書記	友好訪問	1985.05.04-06
13	李先念	主席	友好訪問	1986.01.03-06
14	楊尚昆	主席	友好訪問	1988.09.07-11
15	趙紫陽	総書記	正式友好訪問	1989.04.24-29
16	江沢民	総書記	正式友好訪問	1990.03.14-16
17	李鵬	総理	正式友好訪問	1991.05-06
18	銭其琛	国務委員・外交部長	正式友好訪問	1991.06.07-20
19	楊尚昆	主席	正式訪問	1992.04.12-17
[1993.08.24 中韓国交正常化]			
20	胡錦涛	政治局常委書記処書記	中国党政代表団	1993.07.26-29
21	羅幹	国務委員・国務院秘書長	中国党政代表団友好訪問	1996.07.10-13
22	唐家璇	外交部長		1999.01.05-09

24	金正日	総書記	非正式訪問	2001.01.15 - 20
25	金潤赫	最高人民会議秘書長	友好訪問	2001.07.10 - 14
26	楊亨燮	最高人民会議常任委員会副委員長	国家代表団	2002.10.15 - 19

23	遅浩田	軍委副主席・国防部長	中国高級軍事代表団	2000.10.22 - 26
24	姜春雲	全国人大副委員長	中国友好代表団	2001.07.09 - 13
25	江沢民	主席	正式友好訪問	2001.09.03 - 05
26	賈慶林	政治局委・北京市委書記	中共党代表団	2002.05.06 - 10

中国~韓国 往来

3 韓国要人の訪中			
1 李相玉	外交部長	工作訪問	1992.08.24
2 盧泰愚	総統	正式訪問	1992.09.27 - 30
3 韓升洲	外交部長	正式訪問	1993.10.27 - 31
4 李万燮	議長	正式訪問	1994.01.06 - 12
5 金泳三	総統	正式訪問	1994.03.26 - 30
6 韓升洲	外交部長	正式訪問	1994.06.08 - 09
7 李洪九	総理	正式訪問	1995.05.09 - 15
8 黄珞周	議長	正式訪問	1995.01.20 - 26
9 孔魯明	外交部長	正式訪問	1996.03.20 - 24
10 金守漢	議長	正式訪問	1997.01.28 - 02.01
11 柳宗夏	外交部長	正式訪問	1997.05.18 - 20
12 朴定洙	外交部長	正式訪問	1998.07.11 - 14
13 金大中	総統	工作訪問	1998.11.11 - 15
14 李廷彬	外交部長	正式訪問	2000.04.27 - 29
15 李漢東	総理	正式訪問	2001.06.19 - 22
16 李万燮	議長	工作訪問	2002.01.09 - 11
17 崔成泓	外交部長	正式訪問	2002.03.28 - 29
18 李海瓚	総統特使	工作訪問	2003.02.10 - 12
19 尹永寛	外交部長	正式訪問	2003.04.10 - 12

4 中国要人の訪韓			
1 銭其琛	副総理兼外交部長	正式訪問	1993.05.26 - 29
2 李嵐清	副総理	友好訪問	1993.09.27 - 10.03
3 李鵬	総理	正式訪問	1994.10.31 - 11.04
4 喬石	全国人大委員長	正式訪問	1995.04.17 - 22
5 江沢民	国家主席	国事訪問	1995.11.13 - 17
6 尉健行	全国総工会主席	友好訪問	1996.04
7 胡錦涛	国家副主席	正式訪問	1998.04.26 - 30
8 李瑞環	全国政協主席	正式訪問	1999.05.09 - 15
9 唐家璇	外交部長	正式訪問	1999.12.10 - 12
10 朱鎔基	総理	正式訪問	2000.10.17 - 22
11 李鵬	委員長	正式訪問	2001.05.23 - 27
12 唐家璇	外交部長	正式訪問	2002.08.02 - 03
13 銭其琛	副総理・中国政府特使	友好訪問	2003.02.24 - 26

資料:中国外交部ホームページ

図表6-6　韓国と北朝鮮の主要経済指標比（2015年基準）

部門	項目	単位	韓国	北朝鮮	韓国／北朝鮮（倍）
人口（注1）		万人	5,102	2,478	2.1
経済総量（注2）	名目GNI	億ウォン	15,658,160	345,120	45.4
	一人当たりGNI	万ウォン	3,094	139	22.3
経済取引（注3）	貿易総額	億ドル	9,633	63	154.1
	うち輸出	億ドル	5,268	27	195.1
	うち輸入	億ドル	4,365	36	122.6
鉱工業	粗鋼生産量	万トン	6,967	108	64.6
	セメント生産量	万トン	5,204	670	7.8
エネルギー	発電設備容量	万キロワット	9,765	743	13.2
農水産業	コメ（注4）	万トン	433	202	2.2
	水産物	万トン	334	93	3.6
社会間接資本	道路総延長	キロメートル	107,527	26,183	4.1
	船舶保有トン数（注5）	万トン	1,339	100	13.4

注1. 韓国は2016年12月に作成した「将来人口推計」、北朝鮮は2010年11月に作成した北朝鮮人口推計による。
注2 韓国の価格、付加価値率、為替レートなどにより推定したものであるため、他の国と直接比較することは望ましくない。韓国の名目GNIおよび一人当たりGNIは暫定値。
注3. 貿易総額、輸出額、輸入額には、南北交易額は含まれていない。
注4. コメ生産量は精穀基準。
注5. 韓国は登録船基準。
出所：中国北アジア課「韓国統計庁が北朝鮮の主要統計指標を発表」『日刊通商弘報』日本貿易振興機構、2017年1月16日

沈志華教授の中朝関係論

　沈志華教授（華東師範大学周辺国家研究院冷戦国際史研究中心）は、神話に束縛されていた中朝関係史を史料に基づいて初めて実証的に描いた大著『最後の「天朝」——毛沢東・金日成時代の中国と朝鮮』[3]の著者として有名だが、2017年3月19日、大連外国語大学で「中朝関係」について講演を行った。これは、「中朝関係史からTHAAD問題を見る」というタイトルで沈教授のホームページ（華東師範大学）に掲げられている。たいへん示唆に富む内容なので、骨子を紹介したい。

3　朱建榮訳、上下巻、2017年、岩波書店。中国では全文は刊行されていない。

——朝鮮半島の統一について中国はいかなる立場をとるべきであろうか。私［沈］の考えは、やはり「平和的統一」である。これが50年代に毛沢東が語り、その後鄧小平も語り、中国政府の一貫した立場である。北朝鮮は金日成時代から金正日時代まで「平和的統一」というスローガンを掲げながら、密かに武装準備を行い、武力統一の準備を進めてきた。基本は南朝鮮の革命運動、学生運動を激励することであった。70年代の光州事件までは「武力統一の可能性」もあったが、現在はどうか。今回韓国で100万人の蝋燭デモを目撃したが、かくも紀律正しく、かくも静かな、デモコースや時間を法治のシステムのもとで行う姿に沈志華は感銘を受けた。**韓国社会は変化した**［強調は矢吹による。以下同様］。

　北朝鮮が主導して半島を統一する可能性は、**もはやなくなった**。これは、半島で「戦争の起こる可能性が消えた」ことを意味する。他方、米国が自ら戦争を始めることも不可能だ。軍事演習さえ中国の動向を気にかけながらやっていることからして、「米国が主導的に戦争をやる」可能性はもはやない。米国は事前に中国に挨拶し、中国とロシアの態度を確認することなしに戦争を起こす可能性はもはやない。北朝鮮が**主導的に戦争を起こす可能性**は大きくない。発動即「自らが滅亡する日を選ぶ」ことになる。それゆえ「戦争の可能性は小さい」、「平和統一、それも韓国主導の平和統一」にならざるをえない。これこそが中国として支持すべき立場なのだ。

　では「統一朝鮮」は、中国に有利か、不利か。これまでは統一朝鮮は中国にとって脅威になるので、「統一阻止」が望ましいとする見方が行われてきたが、これは誤った見解である。第一に、隣の民族が統一を欲するとき、これを許さないとは、どういうことか。「中国に不利だから」というが、これは民族自決の課題ではないのか。「中国の立場に立って語るべき問題ではない」はずだ。自国の事柄［たとえば台湾問題——筆者矢吹注。以下同様］については統一を語りながら、**朝鮮統一反対**では自家撞着だ。朝鮮半島の統一が中国に不利をもたらすことはありえないことを見極めよ。

　第二に、難民発生の問題があるが、これは技術的に解決できよう。9.18満洲事変から第2次大戦まで、日本が東北を占領し、敗れて東北を明け渡した経緯がある。朝鮮戦争前後から1958年の大躍進までは、中朝間で移

民が国境を越えて行き来する事例は、しばしば見られた。難民問題は杞憂にすぎない。

　問題の核心は、「韓国を主体として統一を実現する」ことが、中国にとって脅威になるか否かである。私［沈］が思うに「統一朝鮮」は中国にプラスである。最大の受益者は東北人民だ。統一すれば、港湾が動き、交通物流が動きだす。もう一つ、悩ましいのは対米関係である。天安門事件以後、中国に対する米国の信頼が失われたとき、中国は対韓国交を樹立して活路を切り開いた経験がある。今回も韓国を突破口として、米国の封鎖を打破する第２ラウンドとすることができよう。

　私［沈志華］は歴史家として、「ヤルタ精神への回帰」を考えている。ヤルタ会議では、チャーチル、ルーズベルト、スターリンが世界を４分して管理しようとした。①米国が北米を、②中国がアジアを、③ソ連が東欧を、④英仏が西欧を担う形の分担である。

　こうして国連では、これら５つの常任理事国が「大国一致の原則」を目指して、拒否権事項を規約に定めた。このシステムは必ずしも**公平とは言えない**が、国際情勢に鑑みて、**現実的な分担**であることも確かなことだ。冷戦が起こったために、ヤルタ構想は壊れた。加えて1945年当時の中国は、「アジアに責任をもつ能力」を欠いていた。が、いまならヤルタで想定された範囲について責任をもって管理することができよう――。

　沈志華の説く中朝関係論は意味深長だ。特に北朝鮮の「核保有への動きがポスト冷戦期に始まる」という分析、そして北朝鮮が「中国にとって潜在的敵人である」とする透徹した分析は、これまで中国の論者には、まず見られなかった。特に優れている点は、統一朝鮮こそが朝鮮半島の核問題の根本的解決の道であり、それが**中国の国益に合致する**と断言した点であろう。

　著者［矢吹］はかねてそのような展望を踏まえて日本は北朝鮮との国交正常化を急ぐべきだと主張してきた。中国にこのような主張が現れたことを著者は大いに歓迎する。

周永康訪朝事件

なお、沈志華は語っていない余談だが、今回の中朝破局の直接的契機と見られる周永康訪朝事件に触れておきたい。これは『習近平の夢』262頁でも書いたが、繰り返しておく。

2010年10月9～11日、周永康(当時、政治局常務委員)は中共代表団を率いて、朝鮮労働党建党65周年の慶祝活動に参加した。周永康は平壌滞在中の「3日間に4回」金正日と会見し、話題になった。

2人は何を語り合ったのか。金正日はこのとき自らの病を意識しつつ、後継者問題を熟考していた。90年代の北京遊学を終えて労働党組織部の仕事に従事する長男金正男は、最有力候補であった。金正日は周永康との会話から、中国当局が密かに金正男後継を支持していることを知るや、2011年12月の臨終に際して、「金正恩を後継者とする」よう遺言を書き換えた。金正男政権が北京の傀儡政権になることを恐れたのだ。

金正恩政権の樹立後、金正男がクアラルンプールで暗殺され(2017年2月)、これに先立ち中国とのパイプ役張成沢が粛清される(2013年12月)など一連の中国派粛清劇は、このようにして起こり、中朝関係は極度に悪化した。

第4節　北朝鮮の「核」をどう見るか

「あらゆるオプション」の実際

2017年9月3日、北朝鮮は6回目の核実験(水爆実験)を行い、さらに11月29日、米本土に到達可能な新型ICBM火星15号に成功したと公表し、「国家核戦力の完成」を宣言した。「核戦力の完成」とは、北朝鮮がもはや米本土さえ攻撃できる核戦力を保有したからには、「核保有国」としての地位を認めるべきであり、その資格で対外交渉を行う、と宣言したわけだ。

これに対してトランプ大統領は「レッドライン」(すなわち「我慢の限界」)に言及し、「あらゆる選択肢がテーブルの上にある」と軍事力行使を含むオプションを示唆してきた。しかしながら、軍事専門家によると、オ

プションは限られており、いずれも大きなリスクを伴う。空軍戦闘力の専門家、英国王立防衛安全保障研究所（RUSI）の研究員ジャスティン・ブロンクは、英BBCに対して、次のようにコメントしている[4]。

・オプション①「封じ込め強化」
　——最もリスクが少ないが、最も効果が少ない。これまで北朝鮮の弾道ミサイル・核兵器開発の抑止にほとんど成功してこなかった。米国は韓国に地上部隊を増派することができる。批判の多い高高度ミサイル防衛迎撃システム（THAAD）など、地上ミサイル防衛システムや重火器、装甲車も含めて韓国に増派し、言葉による要求を武力で裏打ちする用意があると主張しているが、韓国は北朝鮮を不用意に挑発する懸念から、在韓米軍の地上部隊増加には強く反対してきた。実際に米国がそのような動きをとれば、北朝鮮はほぼ間違いなく、地上からの進攻作戦の前段階だと受け止める。現に毎年恒例の米韓合同軍事演習にも、北朝鮮は強く反発してきた。

　中国とロシアも、強く抗議するのは必至だ。さらに中ロ両国は、東欧や南シナ海、東シナ海など他の地域で米国を困らせることができる。米海軍は弾道ミサイルを撃墜できる巡洋艦や駆逐艦を増派したり、第2の空母打撃群を派遣したりと、朝鮮半島周辺でのプレゼンスを拡大することもできる。海軍の他、米空軍はグアム、韓国、日本の基地で戦闘攻撃飛行隊や補給タンカー、哨戒機や重爆撃機を増やし、前方配備型の空軍力を強化することも可能だ。

　世界中に展開している米国の海軍と空軍はただでさえ大きい負担を抱えている。イラクやアフガニスタンなどでの戦闘支援が10年以上、途切れることなく高レベルで続いていることも、海空両軍の負担を大きくしている。北朝鮮の領空外を飛ぶ弾度ミサイルは撃破すると公約するには、半島周辺の米海軍配備を大幅に拡大しなくてはならない。北朝鮮が多数の弾道ミサイルを保有しているのに対して、米国の迎撃ミサイルは非常に高価で、

---

[4] Justin Bronk: North Korea: What are the military options?（2017年9月3日）http://www.bbc.com/news/world-asia-41095772

艦ごとに限られた数しか搭載していない。

　ゆえに、北朝鮮は米海軍に迎撃ミサイルを使い切らせ、防衛力を奪うことができる。そうなれば米艦艇は基地に戻るしかなくなる。つまりこのオプションは非常に高価で、かつおそらく持続不可能で、その上、直接的な軍事対決に事態を悪化させる危険性をもつ。

・オプション②「ピンポイント空爆」
　——米空軍と海軍は、世界最先端の局所空爆、ピンポイント空爆の能力をもつ。北朝鮮の主要核施設や弾道ミサイル拠点に対し、北朝鮮沖の潜水艦からトマホーク・ミサイルを次々と発射し、Ｂ２ステルス戦略爆撃機で空爆を実施するという案は、一見魅力的だ。重要標的に大損害を与えられる。地下深い強化施設は、３万ポンド級の大型貫通爆弾で攻撃できる。攻撃直後の米軍機がどのような被害を受けるかは、複数の要因による。北朝鮮がどれほど事前情報を得ているか、爆撃飛行の回数、レーダー探知を受けないステルス型ではない戦闘機がどれだけ参加するかなどである。しかし北朝鮮の防空力は、非常に把握しにくい。もし敵の攻撃や事故で米軍機が墜落したら、米国は**乗務員の救出**を試みるか、あるいは世間の目前で悲惨な目に遭うのを放置するか、選択を迫られる**悪夢のシナリオ**に直面する。核・ミサイル施設への空爆が成功したとしても、軍司令部が反撃を命令する。核・ミサイル拠点が破壊されても、朝鮮人民軍はただちに韓国に報復攻撃する能力を残すだろう。米国の主要同盟国・韓国は、大打撃をこうむる。朝鮮人民軍には、正規兵が100万人以上いる。そして予備役と準軍事部隊は推定600万人超と言われる。軍事境界線沿いの非武装地帯を中心に配備されている、大量の通常兵器やロケット砲の多くは、韓国の首都ソウルを射程圏に収めている。ソウルの人口は約1000万人だ。使用可能な核兵器をもたず、積極的に韓国を侵攻しなかったとしても、金体制は壊滅的な打撃をもたらすことができる。これまでのような米韓相互防衛同盟はおそらく終わりとなろう。

・オプション③「全面侵攻」
——朝鮮人民軍の規模と火力と密度の高い防空力に加え、韓国は米国の軍事行動を支持したがらない。それゆえ米軍による北朝鮮全面侵攻というオプションは、きわめてありそうにない。双方で何十万人もの人命が失われるからだ。重火器による爆撃に加え、朝鮮人民軍はかねてから特殊奇襲部隊による大がかりな韓国潜入作戦の訓練を重ねている。レーダー探知されにくい速度の遅い、低空飛行の複葉機や小型艇、小型潜水艦などを使う作戦だ。大規模な軍事紛争となれば、この潜入部隊によって混乱に拍車がかかり、人命はさらに失われる。技術的にははるかに高度でも人数の少ない米軍や韓国軍は、その対応に四苦八苦する。米軍主導の北朝鮮侵攻が成功したとしても、破壊された国の再建は米国の責任になる。こうして北朝鮮に対して米国が使える軍事的オプションはいずれも、高コストと高リスクである。

　以上のコメントから明らかなように、すでに水爆をもつ者を相手として軍事作戦を展開することはあまりにもリスクが大きい。中国やロシアの穏健な主張こそが採るべき選択ではないかと思われる。

賈慶国 vs. 朱志華の場合

　北京大学国際関係学院院長の賈慶国教授が「北朝鮮の最悪の事態に備えるべき時」と題した呼びかけをオーストラリアの英文サイトに発表した。彼は年来の見解を、サイト側の要請に応じて発表した。発表時期は2017年9月11日、北朝鮮による大型水爆実験の直後であった。
　トランプが北朝鮮に対する軍事作戦に言及して、「あらゆる選択肢を検討している」と繰り返しているのは周知の通りであるが、この軍事作戦に中国はどのように対応するのか——。賈慶国の答は単純明快、「中国はトランプ作戦を全面的に支持せよ」というものである。すなわち米国の軍事作戦に協調する行動を中国は採用すべきだとする主張である。
　半世紀昔の朝鮮戦争においては、中国は中ソ軍事同盟に依拠して米帝国主義と戦ったが、今回は米中が協力して、北朝鮮のハードクラッシュに対

処せよ、という提案だ。

　賈慶国が所属する北京大学国際関係学院を創設した初代院長は王緝思である。彼は中国社会科学院米国研究所所長の地位から、母校の北京大学に戻り、米中関係について『Foreign Affairs』等に積極的な提案を行ってきたことで知られる。

　こうした経緯からして、北京大学国際関係学院の政策提言者としての権威性は明らかだ。しかもこの賈慶国提案に対してブッキングズ研究所のジェフリー・ベーダー（前ハワイトハウス・アジア部長）がこれに呼応したコメントを同研究所のホームページに発表し、中米両国のシンクタンク間の阿吽の呼吸を示唆している。

　ところで、この賈慶国提案に猛然とかみついたのが朱志華・浙江省国際関係学会副会長である。朱志華は賈慶国を「虎（米国）のために、手先となるものだ」と猛烈にこきおろしている（「賈慶国の朝鮮核危機問題における戯言を評する」）。

　これに対して賈慶国は「沈志華先生の私に対する攻撃に答える、声高に語れば道理がある、というものではない」と沈志華の見解に反論し（新浪博客「千鈞棒」）、以後この新浪サイトがもうけたブログ「千鈞棒」で賛否両論が闘わされた。ちなみにブログ名「千鈞棒」とは『西遊記』の孫悟空がもつ如意棒のことである。

米中韓の不穏な動き

　中国でなぜこのような論争が起こっているのかについて、日本のメディアは不感症に陥っている。それは一方で、日本国内の支離滅裂な対北朝鮮無策が改められないことを反映している。

　北朝鮮の核が米国西海岸に届くほどにミサイルや核弾頭の小型化を進めるには、一定の時間を要することは明らかだ（図表6-7）。しかしながら、その核が狙うのは米国とは限らない。沖縄や東京は当然射程内にあるし、いつそこに照準が向けられても不思議ではない。

　日本の安倍首相が平昌五輪における南北合同チームなど緊張緩和ムード

のなかで、「ほほえみ外交」を批判し、米軍の「斬首作戦」[5]を含む米韓軍事演習を中止や延期するのでなく、その断固たる実行を呼びかけている事実は、北朝鮮から見ると、とんでもない戦争挑発と受け取られていることは明らかだ。この態度は北朝鮮を著しく刺激し、硬化させている。

　従来は在日米軍基地のみが北朝鮮の核による攻撃対象とされていたが、いまや標的は基地にとどまらない。朝鮮中央通信（2017年10月29日）は半年前に「安倍とその一味はいま島国の前途と自国民の運命を賭けて危険千万なバクチをしている。日本列島がまるごと海の真ん中で水葬されかねないことを肝に銘じなければならない」と恫喝したが、この対日強硬スタンスは平昌五輪以後、ますます固まりつつあるように見える。

　中朝関係の現状からすれば、北朝鮮の核が北京を標的とすることもありうる。張成沢や金正男の暗殺は、それに備える予防措置の一環と解すべきであろう。──これが中朝関係の一つの断面だ。中朝間はここまで冷えきっており、敵対関係はいつ爆発してもおかしくはない。このような大問題が焦眉の急ならば、習近平が「5年後」を予定する前に、当面の5年に全力を集中しなければならないのは、火を見るよりも明らかではないか。

　日本では北朝鮮に由来する「国難」を利用して、衆院選挙に勝ち、これを自慢げに副首相麻生が語る。Jアラートなるもので危機を煽りつつ、日本海に面して林立する原子炉の危険性は口をつぐんで再稼働を急ぐ。

　習近平2期体制は対米、対北朝鮮という喫緊の課題に直面している。2016年初以来、対北朝鮮防衛のために韓国がTHAADを導入したことに対して中国が反発し、中韓は対立してきたが、1年余の折衝を経て、THAADの運用のあり方の点で和解した。韓国の康京和外相が訪中し、2017年11月22日王毅外相との会談で確認した。この外相会談によって、文在寅大統領の訪中の段取り（12月13〜16日）が決定し、12月14日、文在寅・習近平会談が行われた。これによって米中韓の足並みがひとまず揃った。

5　金正恩の「斬首」計画を含む米軍の「作戦計画5015」（略称OPLAN 5015）を指す。詳しくは『習近平の夢』250〜259頁を参照。

2017年11〜12月にかけて、鴨緑江と図們江で隔てられる中朝国境線周辺では、解放軍第78集団軍による「厳寒-2017作戦」の訓練が行われたと伝えられ、作戦の中には北朝鮮領内に「難民キャンプ」を作る計画も含まれるなど、きな臭い情報もリークされている。

　『吉林日報』（12月6日付）は「核兵器の常識とその防護策」と題したマンガ入りの対策を紹介、この記事は他紙にも転載された。

　11月30日、中央軍事委員会副参謀長邵元明少将が訪米し、米統合参謀本部参謀長リチャード・クラーク（*Richard Clark*）中将と、米中統合参謀部対話メカニズムのもとで初の対話を行った。一連の動きはすべて、金正恩政権の崩壊を必至とする展望のなかで、米中がどのような合作を行うかについてすり合わせが始まったことを示唆していると解すべきであろう。

図表6-7 北朝鮮核開発関連年表（1983年～2017年）

北朝鮮核開発関連年表（1983年～2017年）	
1983年	6月2～12日、金正日が訪中し、深圳特区を視察し、帰国後に修正主義と批判、鄧小平が怒る。
1987年	11月29日、北朝鮮工作員が大韓航空機を爆破。
1988年	9月17～10月6日、ソウル・オリンピックに中国ソ連が参加、北朝鮮孤立。
1991年	12月26日、ソ連邦解体。
1992年	8月、中韓国交正常化。北朝鮮の孤立化が進み、核武装化を急ぐ。
1993年	1月、クリントン政権が寧辺原子炉に対する空爆を検討。この大要塞地帯を制圧するには大規模な地上戦が必要で、在韓米軍による損害見積もりは、「最初の90日間の死傷者は米軍5万2000、韓国軍49万、民間人の死者100万以上」。空爆では解決不能なことが判明、クリントンは攻撃を諦め、カーターを派遣し、核兵器開発を凍結し、見返りに米国は軍用の高純度プルトニウムが抽出しにくい軽水炉供与、など合意。
	5月29日、北朝鮮がノドン1号ミサイル実験。
1994年	7月8日、金日成死去。金正日後継。
	1994年10月、北朝鮮はクリントンとの枠組み合意（October 1994 Agreed Framework）により、核兵器開発の凍結を約束した。この見返りとして、米国は①北朝鮮に韓国標準型の軽水炉2基を供与する、②軽水炉が完成するまでの間、毎年50万トンの重油を供与する、と約束した。この合意により、1995年3月に日本、韓国、米国が共同で朝鮮半島エネルギー開発機構（KEDO）が発足した。しかし、アメリカの調査によりウラン濃縮による核開発を続行していることが明るみに出ると、北朝鮮はIAEAを脱退した。
1998年	8月31日、北朝鮮がテポドン（光明星）1号ミサイル実験。
2002年	1月29日、ブッシュ大統領が一般教書演説で北朝鮮、イラン、イラクを「悪の枢軸 axis of evil」とレッテル。
2003年	8月27～29日、北朝鮮の核問題をめぐり初の6ヵ国協議。
2004年	2月25～28日、北朝鮮の核問題をめぐり第2回6ヵ国協議。
	6月23～25日、北朝鮮の核問題をめぐり第3回6ヵ国協議。
2005年	9月19日、北朝鮮の核問題をめぐり6ヵ国共同声明（4回会議後）。
	9月21日ゼーリック国務副長官が対中政策演説で、国際社会システムにおける『責任あるステークホルダー』となるよう促すと言及［「責任ある」とは、米国債の安定的な買主になること］。
2006年	2月13日、北朝鮮の核問題をめぐり6ヵ国共同文書（5回会議後）。
	7月5日、北朝鮮がスカッド、ノドン、テポドン2号の実験。
	10月9日、北朝鮮が地下核実験❶（豊渓里）。
2007年	3月19～21日、北朝鮮の核問題をめぐり第6回6ヵ国協議。22日休会。
2009年	4月5日、北朝鮮が光明星2号弾道ミサイルの実験。
	4月14日、北朝鮮が国連安全保障理事会議長声明に反発し、六カ国会合離脱を表明。
	5月25日、北朝鮮が二度目の核実験❷（豊渓里）。
	9月24日、スタインバーグ国務副長官「戦略的確約保証Strategic Reassurance」を呼びかけ。
2010年	3月26日、韓国哨戒艦天安号が黄海で沈没。
	7月25～28日、黄海で米韓合同軍事演習。
	8月16日、中国が日本を抜いて世界第2の経済大国。
	10月9～11日、周永康が労働党65周年大会に出席し、金正日と「2日間に3回会談」した。周永康は中国当局と金正男との関係を語り、金正日は金正男後継を断念し、金正恩に決定（金正恩は、その後張成沢、金正男を暗殺）。
	11月23日、北朝鮮による延坪島砲撃事件が発生。
2011年	5月2日、米特殊部隊がパキスタンで、オサマ・ビン・ラディン暗殺。後、米空母カール・ヴィンソンが遺体を水葬して香港に寄港。2015年5月10日、シーモア・ハーシュ記者が「暗殺作戦は茶番」とするルポを発表。
	12月19日、金正日死去、金正恩後継。

2012 年	4月13日、北朝鮮が憲法を改正し、「核保有国」と明記した。光明星3号の打ち上げに失敗。
2013 年	2月12日、北朝鮮が地下核実験❸
	12月、金正恩が張成沢（中国とのパイプ役、叔父に当たる）を粛清し、中朝関係悪化。
2016 年	1月6日、北朝鮮が地下核実験❹（豊渓里）
	2月7日、北朝鮮が光明星4号の打ち上げ実験。
	2月23日、北朝鮮の重大声明、斬首作戦批判。
	5月、北朝鮮労働党規約に「核開発と経済改革」を同時に進める「並進路線」を書き込み、核とミサイルの実戦配備を宣言。
	9月9日、北朝鮮が地下核実験❺（豊渓里）
2017 年	2月12日、固体燃料エンジンを使用した新型中長距離弾道ミサイル「北極星2型」の発射実験に成功（12日）。核弾頭の搭載が可能で、北朝鮮西岸から発射され日本海に落下。高度550キロに達し、約50キロ飛行（朝鮮中央通信社 KCNA）。
	2月13日、金正男（異母兄、金正日長男）がVXガスで暗殺（VXガスは化学兵器禁止条約で使用、生産、保有が禁止。韓国国防白書によると、北朝鮮の化学兵器保有量は米国、ロシアについで世界第3位、25種類2500〜5000トン保有。VXのほかサリンなど神経系に作用する6種類の猛毒物質を保有。
	3月6日、4発の弾道ミサイルを日本海に向けて発射、うち3発は日本の排他的経済水域（EEZ）に着弾（3月1日から4月末まで行われる米韓合同演習を牽制する狙い）。
	4月6〜7日、習近平がフロリダ州マール・ア・ラーゴのトランプ別荘で米中会談。
	4月8日、米原潜カール・ヴィンソンが北朝鮮情勢を警戒して西太平洋に向かうと発表したが、連絡ミスや艦載機の事故で、北上が2週間遅れて宮古海峡を通過。
	4月12日、習近平とトランプが電話で北朝鮮政策を語る。
	4月15日、平壌で軍事パレードを行い、ICBMを含む新型ミサイルおよび特殊部隊を示威。
	4月16日、国務委員楊潔篪がティラーソン国務長官と電話会談。北京では王毅外相が朝鮮大使館朴明浩公使を呼び（池在龍大使は帰国中）、最後通牒の性質をもつ覚書を手渡す（①核実験を行った場合に、中国は国連安保理事会の制裁を支持する。②即日即時、石油と石油燃料の供給を停止。③即日一切の経済貿易協定を停止。④平壌に派遣している大使帰国。⑤両国国境を結ぶ水路陸路を封鎖し、戒厳等の措置。
	4月21日、北朝鮮の弾道ミサイル発射を受けて国連安全保障理事会は、北朝鮮非難声明を全会一致採択。中国もロシアも拒否権を行使せず。
	4月25日、米原潜ミシガンが釜山入港。対シリアのトマホーク爆撃に参加後北上。
	4月28日、国連安保理事会で対北朝鮮制裁決議を採択。
	5月7日、北朝鮮外務省崔善姫局長が米国と秘密協議のためノルウェーに向かう。
	5月10日、文在寅大統領就任、平壌との対話に意欲。
	7月7日、国連で核兵器禁止条約を採択、日本は参加せず、署名せず。
	9月3日、地下核実験（水爆❻）
	10月6日、核兵器廃絶国際キャンペーン ICAN にノーベル平和賞決定。
	11月9日、北京で習近平トランプ会談。
	11月16-20日、習近平が特使派遣、金正恩は会見拒否。
	11月21日、テロ支援国家指定。
	11月29日、新型 ICBM を発射。
	12月14日、北京で習近平・文在寅会談を行う。

補論1　チャイナセブンをめぐる大誤報

第1節　日本メディアの憶測した人事

　習近平は2012年秋、第18回党大会で総書記に就任するや直ちに虎退治に取り組み2014年7月には徐才厚（前軍副主席）および周永康（前政治局常務委員）を処分して、権力を固めた。当時著者は習近平を過小評価する日本メディアをこう批判した。

> 「習近平の指導力に対して、『共産党史上、最も弱い指導者』のレッテルを貼る半可通の解説が特に日本では横行している。折からの嫌中、反中ムードが蔓延するなかで、これは妥当な見方と受け取られているようだが、これは大誤解である。いま現実にどのような権力闘争が行われ、どのような段階にあるかを直視することが必要だ」[1]。

　虎退治の最中にもこの動きにきわめて鈍感であり、習近平を「史上最弱」と見くびっていた日本のメディアは、習近平の政敵側の情報操作に騙されていたのだ。このように騙されやすい日本メディアのチャイナ・ウォッチャーたちが、2017年党大会の半年ほど前から権力闘争論に熱中し始め、それは取材に基づく報道とは無縁の憶測オンパレードとなった。
　著者は権力闘争という指摘を批判したいのではない。習近平が何を大義として反腐敗闘争を展開しつつあるかについて洞察を欠いている点を批判している。習近平の大義が何であるかについての考察を欠くならば、単に

1　矢吹、高橋博共著『中共政権の爛熟・腐敗』蒼蒼社、2014年11月、112頁。

図表 7-1　習近平 2 期体制のトップセブン

第 19 期政治局常務委員（2017 〜 2022）			
氏名	地位	2022 年年齢	2022 年常委昇格可能性
習近平	常委	69 歳、引退	
李克強	常委	67 歳、引退	
栗戦書	常委	72 歳、引退	
汪洋	常委	67 歳	再任
王滬寧	常委	67 歳	再任
趙楽際	常委	65 歳	再任
韓正	常委	68 歳、引退	

「権力闘争のための権力闘争論」に陥り、権力闘争に勝利した習近平が何を目指すのかを理解できない。中国と日本がどのように交流すべきかの示唆を得られないではないか、と批判しているのだ。

一例を挙げよう。2017 年 3 月 13 日、日経編集委員中沢克二記者はこう書いた。

「（長老宋平の発言を引用しつつ）それらが長老らの共通認識なら王岐山残留は問題ない（矢吹注：明らかにこの観測は誤りであった）。習近平の長期政権にも道が開かれる（『日経』2017 年 3 月 13 日）」。

これは出所不明の「宋平発言」を「長老らの共通認識」まで拡大したもので、ウワサを憶測で膨らませている。同じ日経の永井央紀記者は「習氏党主席復活提案へ、長期政権へ布石」を書いた（『日経』2017 年 7 月 30 日）。これは「8 月上旬の北戴河会議」なる幽霊会議を創作した憶測記事の典型だ。かつていわゆる北戴河会議でトップ人事の根回しが行われた史実はあるが、習近平時代に入ってからは、これを「長老政治＝腐敗政治の元凶」扱いして、この種のウラ人事工作を厳しく退けていることをまるで知らないようだ。

『朝日新聞』延与光貞北京特派員は、2017 年 8 月 11 〜 14 日、「核心の

中国」と題した連載記事で、紀律検査[2]委書記として反腐敗の摘発を進める王岐山の活動を報じた。

> 「69歳になった王岐山は、秋の党大会で引退するかどうかが注目されている。共産党には最高指導部の政治局常務委員の引退年齢をめぐって**七上八下と呼ばれる慣例**がある［強調は矢吹、以下同じ］。党大会の年に67歳以下ならば上（入る）だが、68歳以上では下（退く）しかないとの意味である。王を片腕として重用してきた習は、慣例を破って王を最高指導部に残そうとしている[(a)]とみられていた。しかし、郭文貴の暴露で党内の王への視線は厳しくなった。これで、王が指導部に残る目は消えた[(b)]。当時、北京の外交筋らの間でそんな見方が広がった」（『朝日』8月11日）。

第19回党大会のチャイナセブン（7人の政治局常務委員、図表7−1）をめぐる憶測のオンパレードは、この辺りから始まったようだ。

（a）にいう習近平が王岐山を留任させるという話は、単なる憶測にすぎない。習近平が「慣例を破って留任させる」ことは100％といってよいほどありえない想定なのだ（定年ルールについては後述）。

そもそもこの記者は、「慣例」がどのような意味をもつか、慣例の前提となる「中弁発2006年19号[3]第6条」の存在すら知らない。第6条は、「党政領導幹部は同一のポストで2期10年に達した場合、推薦・指名・任命されない」と定めている。延与はしたり顔で「七上八下」の解説をし

---

[2] 邦字紙は紀律をすべて規律と置き換えているが、これはまずい。「規律」は中国語では「法則、ルール」の意であり、「紀律」は服務紀律の「紀」（ディシプリン）である。それゆえ、本書では、紀律検査委等、中国語の紀律はすべて規律ではなく、紀律と表記したい。

[3] 中弁発〔2006〕19号「党政領導幹部職務任期暫行規定」。全15条からなる暫行規定には、「3選禁止」が明記されている。関連規定として中華人民共和国公務員法（2006年1月施行）もある。その第16条は公務員の領導職務として「国家級正職、国家級副職、省部級正職、省部級副職、庁局級正職、庁局級副職、県処級正職、県処級副職、郷科級正職、郷科級副職」を特定し、その任期制を定めている。

ているが、この年齢基準の前提として「2期10年を限度とする」、もう一つの規定があることへの言及がない。

延与記者はこうも書いている。

> 「中国人実業家、郭文貴から親族らを巡る疑惑を告発された王岐山は、5月13日に訪中した外国要人と会談したのを最後に、メディアから姿を消した」、「郭の暴露した内容について、王は釈明を求められているのではないか。いや、水面下で次の大きな腐敗調査を進めているに違いない」、「党内の反発を受け、王はいったん秋の党大会での引退を決意した。だが、金融や経済にも精通する王を2期目も指導部に残したいと考えている習が、王に自分が守ると説得して思いとどまらせた」（8月12日）。
> 「7月10日、沈黙していた中国国営メディアが一斉に、米ニューヨーク在住の中国人実業家、郭文貴に対する批判キャンペーンを始めた」、「北京の党関係者らは、習や王らの意向に基づく郭への反撃が始まったと受け止めた」（8月13日）。
> 「なかでも注目は、党総書記、習近平の政治的な盟友といわれる中央紀律検査委員会書記の王岐山が引退するかどうか」、「王を守りきらなければ、その政治的なダメージは習指導部2期目の政権運営にも影を落とす」、「王が残留できても、家族への疑惑は消えない。海外訪問の機会が多い首相などのポストは難しいのではないか」（8月14日）。

公務員「領導幹部職」の「任期制」およびその規定の不備を補う「潜規律」（七上八下）からして、もともとありえない王岐山留任説を妄想し、王岐山留任後のポストとして、「李克強に代わる総理ポスト」を憶測する──。

これは王岐山に対する見方の間違いだけでなく、李克強の地位についても誤解している。

「2期10年」ルールを知らない日本メディア

　王岐山3選は、習近平3選への布石なのだ、と「仮定に仮定を重ねた」推測はありえない。しかしながら、これらの諸ルールに無知な記者たちにとっては、実現可能な目論見に見えたようだ。多分彼らは、安倍長期政権の政権居座りと同じ視線で中南海[4]を見ているのだ。「法治も民主化も欠如しているはずの中南海」だから、「永田町以上に何でもあり」と錯覚したのではないか。

　この記事から1カ月余、9月21日付『朝日』（西村大輔、延与光貞記者）はこう書いた。

> 「王岐山氏が10月の党大会で党中央紀律検査委員会書記を退任することが決まった。同委関係筋が明らかにした。複数の党関係者によると、王氏は最高指導部からも退くことが濃厚だ。習氏は反腐敗闘争の陣頭指揮にあたってきた王氏を留任させる意向だったとされるが、党内の抵抗を受け人事構想が崩れた形だ」。「政治局常務委員は68歳定年の慣例があり、69歳の王氏の退任は規定路線。だが、習氏は、王氏が進めた反腐敗闘争で庶民の支持を得て党内の権力掌握も進めただけに、王氏の留任を望んでいたとされる」。「しかし、慣例を破ってまで王氏を留任させることに反感をもつ党内勢力の巻き返しで、習氏が思惑通りの人事ができなくなったとの見方が出ている」（9月21日『朝日』）。

　繰り返すが、習近平（あるいは政治局常務委員会）が「王岐山留任＝3選を構想する」ことはありえない想定だ。それゆえ王岐山はルール通り退任した。「反対派の抵抗で3選を断念した」と見る解釈は間違いである。他紙も同じで、「七上八下」程度の知識はあるが、党政領導幹部の任期を

---

[4] 北京故宮博物院の隣に故宮庭園の一部をなす中海、南海があり、その周辺に中国共産党本部や国務院総理弁公室があることから、「中南海」は政権中枢の代名詞として用いられる。

「2期10年に限る」という中国公務員法およびその補足ルールに気づいていない。

『読売新聞』は2017年8月24日朝刊で「中国次期指導部リスト判明、王岐山氏名前なし、退任有力視」と報じた。これは主要紙が「王岐山退任」という**本筋を報じた嚆矢**である。記事の冒頭に曰く、

> 「中国の習近平政権が今年秋の第19回共産党大会で発足させる2期目指導部の人事で、最高指導部・政治局常務委員7人の最新の候補者リストに、処遇が最大の焦点となっていた王岐山中央紀律検査委員会書記（69歳）が含まれていないことが、複数の関係筋の情報でわかった」。

「王氏の処遇を巡っては、党内でも賛否両論が存在しているといい」、「党大会まで駆け引きが続くものとみられている」とする解説や、「**党主席制**」復活を検討するなど、といった憶測も書かれており、ここで報じたとはいえ、いまだ「退任有力視」に留まり、留任憶測を完全否定した記事ではない。

『読売』が同日掲げたリストは、習近平、李克強、汪洋、胡春華、韓正、栗戦書、陳敏爾の7名である。実際には、胡春華、陳敏爾の昇格はなく、代わりに王滬寧と趙楽際が昇格した。打率7割である。

『毎日新聞』は8月28日朝刊で、「ポスト習近平に陳敏爾氏内定、常務委入り、次世代筆頭」というタイトルの記事を掲げた。

> 「秋の中国共産党第19回党大会で、習近平国家主席（64歳）の最側近として知られる陳敏爾重慶市党委書記（56歳）が党中央委員（約200人）から2段跳びで最高指導部の政治局常務委員会入りし、5年後に任期を終える習氏の後継者に内定する人事が固まった。複数の中国筋が［矢吹注：8月］27日明らかにした。陳氏は習氏ら第5世代に続く中国の第6世代指導者の一人。最側近の陳氏を後継ポストに据えられれば、習氏には一線から退いた後も「長期院政」を続ける道が

開かれる。陳氏は2002年から07年まで、中国沿海部の浙江省の党委書記だった習氏の下で党宣伝部長を務めた。中国筋によると、当時、習氏が地元党機関紙で自らの政治思想を連載したコラムの編集を通じて習氏から信頼されるようになった。陳氏は12年に浙江省から内陸部の貴州省に転出し、党中央委員に昇格。

　2017年7月に同省トップの党委書記から政治局員ポストの重慶市党委書記に登用された。習指導部は前任の孫政才氏（53歳）を失脚させ、党大会直前に最高指導部入りをうかがう重要ポストが空いた経緯がある。中国共産党の最高指導者になるには、重要な地方都市でトップ経験を積むことが不可欠とされている。習氏も2007年3月に浙江省から政治局員ポストの上海市党委書記に登用され、半年後の党大会で、中央委員から2段跳びで政治局常務委員に昇格し、次期指導者としての地位を固めた。一方、陳氏と同じ第6世代のホープで習氏後継の「本命」と目されていた胡春華・広東省党委書記（54歳）は、党序列で陳氏の下位に位置付けられるという。しかし、胡氏は、胡錦濤前国家主席からの信頼が厚く、将来の首相候補として政治局員から常務委員に昇格する見通しだ。［北京・浦松丈二電］」

　この『毎日』記事は『読売』と違って次世代リーダーとして「陳敏爾＝総書記、胡春華＝総理」の地位を予想した点に特徴がある。しかも習近平と陳敏爾の親密関係が「連載コラムの編集」（2002～07年）に始まり、貴州省書記（2012～16年）抜擢と続くことを的確に紹介している。

　しかしながら貴州省書記時代に陳敏爾が挙げた業績こそ「貴安新区」[5]の大躍進である事実はまるで紹介されていない。

　『日本経済新聞』8月29日付は北京・永井央紀特派員電で「習氏、3期目可能に、秋の党大会で定年ルール変更、毛沢東以来の党主席検討」と

5　貴安新区については、図表6-2を参照。国家ビッグデータ戦略（＝国家大数拠戦略）については随所で触れるが、「学習中国"数谷"是貴陽这座発展相対落后的西部山城的新名片」（新華社電 2015年11月12日）は、分かりやすい紹介である。

題して、こう伝えた。

> 「中国共産党は今秋に開く5年に一度の党大会で、68歳以上の幹部は引退するという現行の定年ルールを見直す。今回の党大会で2期目に入る習近平総書記は69歳で迎える2022年の次回党大会でも最高指導者に留まり、3期目が可能になる。年齢制限の歯止めがなくなれば、習氏への権力集中が一段と加速する。強力な権限を持つ党主席の復活も検討している」

王岐山3選から習近平3選への「布石論」の代わりに、いきなり①定年ルール見直しの方針があたかも決められたかのごとく書いており、②これにより習近平3選が可能になり、③党主席の復活もありうるという「憶測」を、何の根拠も示さず、断定的に書いている。

第2節　公務員任期制と定年ルール

公務員法と暫行規定による任期規定

ここで「定年ルール」を調べておこう。

①現行の中華人民共和国公務員法は2006年1月から施行されているが、その第38〜39条は選挙によって選ばれる「指導的国家幹部」（この概念には、次のa. 国家級正職［総理級］、b. 国家級副職［副総理級］、c. 省部級正職［閣僚級］、d. 省部級副職［次官級］、e. 庁局級正職［局長級］、f. 庁局級副職［局次長級］、g. 県処級正職［課長級］、h. 県処級副職［課長補佐級］、i. 郷科級正職［係長級］、j. 郷科級副職［係長代理級］、10階級［括弧内は対応する日本官僚制の級別］のポストが含まれる）の任期制を定めている。

②2006年8月から施行されている「党政領導幹部職務任期暫行規定」の第10条は、「選挙によって選ばれる党政領導幹部は新期の指導陣が選ばれるに伴い、任務は自然解消とする」と決められている。さらに第6条では、党政領導メンバーは「同一の職務を2つの任期（10年）務めた場

合に、同一の職務にもはや任命されない」と定めている。これこそが「2期10年に限る」規定だ。

①は中国公務員法であるのに対して、②は「党政領導幹部」、すなわち国家の行政幹部のほかに「党務を行う幹部」も含む規定である。両者は対象範囲が異なるが、党の側に対応する規定がない場合は「国家の規定が準用される」ことが定められている。ここから「党の規定＝国家の規定」となり、国家の規定が党側人事にも援用される。これが党＝国家の現代社会主義国の基本構造にほかならない。国務院総理に対する「任期は5年」、「再任を含めて2期10年のルール」があり、党幹部である政治局委員の任期も「2期10年」で終わる。常務委員に昇格すれば「同一の職務」ではなく「1階級上の職務」であるから退任を免れるが、それ以外は退任する規則になっている。

王岐山はすでに常務委員を2期10年務めたので、3選は公務員法からしても、党政領導幹部の「任期暫行規定」からしても、ありえない。

これが鄧小平時代に確立され、江沢民時代、胡錦濤時代を通じて継承されてきたルールである。現行の国家級正職と国家級副職および省級・部級正職について、級ごとの号俸を見ておけば、図表7-2a, b, cのごとくである。

中国のトップセブンあるいはヒラの政治局委員を含めてトップ25名の人事と国家級正職および副職、省部級人事の正職および副職等以下のヒエラルキー・ピラミッドの体系は、一見無縁に見えるかもしれない。しかしながらトップ25名の陣容が何を母体として選ばれてくるかを知るためには、その選出母体をも含めて考察する必要がある。この点については本章注8で引用する新華社記者たちによる「新期中央領導機構誕生の紀実」が最も重要な情報である。

メディアの北京特派員たちおよびその受け手たる外信・外報・国際部記者たちは、まことにあきれるほかないが、中国公務員法の規定も幹部職務任期についての「暫行規定」も知らないようだ。これらの規定を知るならば、規定を変更することなしに、常務委員3選を語ることはできないはずだが、いとも手軽に「定年ルールの見直し」とか「3選」、そして「党主

図表 7 - 2a　国家級正職の号俸

国家級正職	1号	2号	3号	4号	5号	6号
習近平・李克強・栗戦書・汪洋・王滬寧・趙楽際・韓正の7名が国家級正職である							
1級基本給	6,495	6,967	7,438	7,909	8,380	8,851
1級職務手当	7,835	7,835	7,835	7,835	7,835	7,835
1級月給総額	14,331	14,802	15,273	15,744	16,215	16,686

図表 7 - 2b　国家級副職の号俸

国家級副職 2-4級	1号	2号	3号	4号	5号	6号	7号	8号	9号
副総理4名・国務委員5名・政治局委員18名・全人代副委員長13名・政協副主席22名・最高法院長1名・最高検察院長1名、計64名が国家級副職である										
2級基本給	5,984	6,390	7,202	6,796	7,603	8,017	8,420		
2級職務手当	6,090	6,090	6,090	6,090	6,090	6,090	6,090		
2級月給総額	12,074	12,480	13,292	12,886	13,693	14,107	14,510		
3級基本給	5,517	5,882	6,615	6,249	6,981	7,347	7,713	8,079	
3級職務手当	6,090	6,090	6,090	6,090	6,090	6,090	6,090	6,090	
3級月給総額	11,607	11,972	12,705	12,339	13,071	13,437	13,803	14,169	
4級基本給	5,077	5,412	6,082	5,747	6,417	6,752	7,087	7,422	7,757
4級職務手当	6,090	6,090	6,090	6,090	6,090	6,090	6,090	6,090	6,090
4級月給総額	11,167	11,502	12,172	11,837	12,507	12,842	13,177	13,512	13,847

図表 7 - 2c　省級・部級正職の号俸

省部級正職 (4〜8級)	1号	2号	3号	4号	5号	6号	7号	8号	9号	10号	11号
国務院各部長25名・省書記31名・省長31名ほか												
4級基本給	5,077	5,412	5,747	6,082	6,417	6,752	7,087	7,422	7,757		
4級職務手当	4,765	4,765	4,765	4,765	4,765	4,765	4,765	4,765			
4級月給総額	9,842	10,177	10,512	10,847	11,182	11,517	11,852	12,187	12,522		
5級	4,673	4,988	5,303	5,618	5,933	6,248	6,563	6,878	7,193	7,508	
5級	4,765	4,765	4,765	4,765	4,765	4,765	4,765	4,765	4,765		
5級月給総額	9,438	9,753	10,068	10,383	10,698	11,013	11,328	11,643	11,958	12,273	
6級	4,765	4,765	4,765	4,765	4,765	4,765	4,765	4,765	7,244	4,765	
6級	3,685	3,685	3,685	3,685	3,685	3,685	3,685	3,685	3,685	3,685	
6級月給総額	8,450	8,450	8,450	8,450	8,450	8,450	8,450	8,450	10,929	8,450	
7級	3,977	4,251	4,525	4,799	5,073	5,347	5,621	5,895	6,169	6,717	6,443
7級	4,765	4,765	4,765	4,765	4,765	4,765	4,765	4,765	4,765	4,765	
7級月給総額	8,742	9,016	9,290	9,564	9,838	10,112	10,386	10,660	10,934		
8級	3,690	3,945	4,200	4,455	4,710	4,965	5,220	5,475	5,730	6,240	5,985
8級	4,765	4,765	4,765	4,765	4,765	4,765	4,765	4,765	4,765	4,765	4,765
8級月給総額	8,455	8,710	8,965	9,220	9,475	9,730	9,985	10,240	10,495	11,005	10,750
省部級副職 省略											

出所「公務員職務級別工資標准表」2016年7月起執行
https://wenku.baidu.com/view/a4efa40ae3bd960590c69ec3d5bbfd0a7956d57a.html

席制」などを根拠なしに語る。

NHKのトップセブン予想

　テレビ界も事情は同じで、活字よりももっと甚だしい誤報がくりかえされている。その一例を挙げよう。党大会は10月18日に開会した。当日夜の「NHKニュース9」は「王岐山留任か、陳敏爾昇格か」と予想した（図表7-3）。

　王岐山は「留任か」と疑問符をつけて、その去就が争点と解説された。留任か退任か、未だ不明という理解だ。陳敏爾（重慶市書記）については「2階級特進」して常務委員昇格が実現するかどうかが見どころと解説した。

　25日に出た結果から明らかなように、両者共にNHKの見込みは外れた。党大会が開催された時点で、トップセブンはいうまでもなく、25名の政治局委員および200余名の中央委員の9割以上について、誰が当選するか、その根回しは完璧に済んでいるのが通例だ。前掲の新華社「紀実」はそれを示している。万一政治局委員以上の人事について大方の了解が得られないならば、大会開催を延期せざるをえない。大会途中での人事の番狂わせは、少なくとも過去30年、例を見ない。

　今回のケースについていえば、8月段階までに、大会準備を行う中共中央組織部と大会出席の代表を選ぶ選出母体（各省レベル党組織や全人代、全国政協などの系列単位）との間で、複数回のやりとりが行われ、8月下旬にはトップセブンたたき台への打診も行われたはずである。『読売』や『毎日』がスクープとして報じたのは、その、たたき台、打診案であったと考えられる。それに対する反応（下馬評）を集約して、大会準備事務局が確定案を作成し、大会にはかる段取りだ。こうした手続きは、寸分の狂いもなく、大会準備事務局（責任者は趙楽際組織部長）によって進められ、すべての人事案件は9月末には確定し、あとは投票で確認するのみであった。

　このような周到な段取りをもって大会が開かれることからして、大会初日には、25名の政治局委員リスト、7名の常務委員リストは事実上確定

図表7−3　党大会開会日（2017年10月18日）夜「NHKニュース9」は王岐山留任か、陳敏爾昇格かと予想した。
25日に出た結果を見ると、両者共に大外れ。NHK以下日本メディアは取材能力の欠如を暴露した。

しており、あとは信任投票だけが残されている。それゆえ大会初日夜の解説で、王岐山に留任か、陳敏爾が2階級特進か、とあたかもこれから検討すべき事項であるかのごとく扱うのは、報道機関としては欠陥があると言わざるをえない。

たった一度の例外＝江沢民3選

　NHKに限らず、日本の主流メディアは、人事予想の核心として、「王岐山の留任＝3選」問題を話題の中心に据え、大会初日になっても自縛されていた。否、王岐山退任が正式に決定された後も、なぜ留任が叶わなかったかという見当違いの解説を続けた。これは異様な、異常な姿と評すべきだ。人事決定の**決め方に関する前例**を何も学習していない。

　いわゆる「七上八下」の潜規律が、1992年以来今日まで5期25年にわたって実行され、いまでは固い慣行と化している事実は、以下の表4−4を一瞥しただけでも、その経験則を理解できるはずだ。

　図表7−4の常務委員リストを点検すれば明らかなように、1997年11月の第15回党大会において、当時70歳の江沢民が留任したケースが唯一の例外である。第15回党大会において、江沢民によって「七上八下」が破られたのは、同年2月に元老鄧小平が死去したこと、ポスト鄧小平期

の政治の安定に誰もが不安を感じていたことを奇貨として、江沢民が「居座り」を画策して成功したものだ。

　江沢民は1989年6月から1992年秋まで、趙紫陽失脚の後を襲い、趙紫陽の任期の後半を務めているので、これを含めれば、正確には「3選」したことになる。それゆえ、97年における「江沢民留任」には強い異論が党内に存在した。その異論を踏まえて、まず70歳引退論が議論され、そこから68歳未満に限る「七上八下」の言い方が次第に定着し、のちに「潜規律」の俗語で呼ばれるようになった。江沢民を除けば5回にわたる党大会において68歳に達した者が選出された例は皆無だ。

　それだけではなく、江沢民は2002年に引退する際に常務委員枠を2名増員して9名とし、常務委員会で5対4の多数派を形成する態勢を整えて引退し、引退後は彼ら代理人を通じて「院政」を実行した。こうして江沢民は「2期10年」に加えて、後継の胡錦濤の「2期10年」を含め、都合20年にわたって、中共指導部に君臨した。

　それが何をもたらしたかは、すでに明らかだ。薄熙来、周永康、徐才厚、郭伯雄に続いて、図表7-5にリストアップされた中央委員級の高級幹部が、今回の党大会の人事では相次いで「落馬」した。習近平が、盟友王岐山の力を借りて、「虎退治、蠅叩き、狐狩り」を断行したとき、すべての腐敗の根源が江沢民に帰着する事実を冷静に認識していたはずだ。とはいえ、すでに引退した江沢民まで責任を追及することはしない。これが大局の安定を重んずる習近平らの政治的知恵だ。

トップセブンの予測は正確だった共同通信

　香港の『サウスチャイナ・モーニングポスト（SCMP）』紙は、党大会中の10月20～21日に、「胡春華、陳敏爾の昇格なし、王滬寧は昇格」と報じた。共同通信はこのニュースを「中国筋に確認」したのだろう。次のように伝えた。

【習氏、後継指名せず、最高指導部7人固まる、『一強、長期政権へ』】
「中国共産党の習近平指導部が、次期最高指導部に胡春華・広東省党

図表 7-4　政治局委員（1992〜2002年、2002〜2012年、2012〜2022年）

		氏名	1992年齢（就任時68未満の入り口制限）	1997.09（予）	生年
江沢民1期	14期 政治局常務委員 （1992〜1997）	江沢民	65歳11月就任	70歳再任	1926.08
		李鵬	63歳9月就任	68歳再任	1928.10.
		喬石	67歳7月就任	67超えて引退	1924.12
		李瑞環	57歳10月就任	62再任	1934.09
		朱鎔基	63歳9月就任	68再任	1928.10.
		劉華清	75歳9月	引退	1916.10.
		胡錦濤	49歳7月就任	54再任	1942.12
		氏名	1997年齢	2002.11（予）	生年
江沢民2期	15期 政治局常務委員 （1997〜2002）	江沢民	70歳11月再任	75歳引退（2期10年）	1926.08
		李鵬	68歳9月再任	73引退	1928.10.
		朱鎔基	68歳9月再任	73引退	1928.10.
		李瑞環	62歳10月再任	67引退	1934.09
		胡錦濤	54歳7月再任	59再任	1942.12
		尉健行	66歳6月就任	71引退	1931.01
		李嵐清	65歳2月就任	70引退	1932.05
		氏名	2002年齢	2007.10（予）	生年
胡錦濤1期	16期 政治局常務委員 （2002〜2007）	胡錦濤	59歳7月主席就任	64再任	1942.12
		呉邦国	61歳0月就任	66再任	1941.07
		温家宝	59歳10月就任	64再任	1942.09
		賈慶林	62歳4月就任	67再任	1940.03
		曾慶紅	63歳0月就任	68引退	1939.07
		黄菊	63歳10月就任	68引退	1938.09
		呉官正	63歳11月就任	68引退	1938.08
		李長春	58歳5月就任	63再任	1944.02
		羅幹	67歳0月就任	72引退	1935.07
		氏名	2007年齢	2012.11（予）	生年
胡錦濤2期	17期 政治局常務委員 （2007〜2012）	胡錦濤	64歳7月主席再任	69引退（2期10年）	1942.12
		呉邦国	66歳0月再任	71引退	1941.07
		温家宝	64歳10月再任	69引退	1942.09
		賈慶林	67歳4月再任	72引退	1940.03
		李長春	63歳5月再任	68引退	1944.02
		習近平	54歳1月就任	59歳再任	1953.06
		李克強	52歳0月就任	57歳再任	1955.07
		賀国強	63歳9月	68歳引退	1943.10.
		周永康	64歳7月	69歳引退	1942.12

補論 1　チャイナセブンをめぐる大誤報

習近平 1 期	18 期 政治局常務委員 （2012 〜 2017）		2012 年齢	2017.10（予）	生年
		習近平	59 歳就任	64 再任	1953.06
		李克強	57 歳就任	62 再任	1955.07
		張徳江	66 歳就任	71 引退	1946.11
		兪正声	67 歳就任	72 引退	1945.04
		劉雲山	65 歳就任	70 引退	1947.07
		張高麗	66 歳就任	71 引退	1946.11
		王岐山	64 歳就任	69 引退	1948.07
習近平 2 期	19 期 政治局常務委員 （2017 〜 2022）		2017 年齢	2022.10（予）	生年
		習近平	64 再任	69 引退必至 （2 期 10 年）	1953.06
		李克強	62 再任	72 引退	1955.07
		栗戦書	67 就任	67 再任可能	1950.08
		汪洋	62 就任	67 再任可能	1955.03
		王滬寧	62 就任	67 再任可能	1955.10
		趙楽際	60 就任	65 再任可能	1957.03
		韓正	63 就任	68 引退	1954.04

出所　各期公報等に基づき著者が作成。

図表 7-5　中央委員級失脚幹部一覧

中央委員級失脚幹部一覧			
氏名	元職務	処分	摘発時期
蒋潔敏	国務院国資委主任、党委副書記	厳重紀律違反	2013.9.1
李東生	公安部副部長、党委副書記	厳重紀律違反	2013.12.20
楊金山	成都軍区副司令員	厳重紀律違反	2014.10.23
令計画	全国政協副主席、中共中央統一戦線部長	厳重紀律違反	2014.12.22
周本順	河北省委書記、省人代主任	厳重紀律違反	2015.7.24
楊棟梁	国家安全生産監督管理総局党組書記、局長	厳重紀律違反	2015.8.18
蘇樹林	福建省委書記、省長	厳重紀律違反	2015.10.7
王珉	全人代教育科学文化衛生委副主任	厳重紀律違反	2016.3.4
田修思	空軍政治委員	厳重紀律違反	2016.7.9
黄興国	天津市委代理書記、市長	厳重紀律違反	2016.9.10
王建平	中央軍事委聯合参謀部副参謀長、武警部隊司令員	賄賂を受けた	2016.12.29
李立国	民政部党組書記、部長	重大な職務違反	2017.2.8

注＊党中央紀律検査委が 2017 年 10 月 7 日、公式サイトで公表した資料によると、2012 年 11 月から 2017 年 6 月まで、汚職腐敗で処分を下した「郷科級およびそれ以下の党員幹部」が 134.3 万人で、「農村部党員幹部」は 64.8 万人。また、この 5 年間に、当局は党中央組織部が直接管理する高級幹部「中管幹部」280 人、庁局級幹部 8600 人と県処級幹部 6.6 万人を処分した。当局が処罰した各レベルの党幹部の数は 206.6 万人余となった。幹部らが私腹を肥やした金額も巨額である。2012 年 11 月以降反腐敗運動で失脚した高級幹部の中に、収賄金額が 1 億元（約 17 億円）に上った省部級の幹部は 12 人いた。中国当局最高指導部の中央政治局常務委員だった周永康と軍制服組元トップの郭伯雄は、収賄横領で不正蓄財した金額はそれぞれ 1000 億元（約 1.7 兆円）以上と言われるが、当局は具体的な金額を発表していない。

委員会書記（54歳）と陳敏爾・重慶市党委書記（57歳）を昇格させない方針を固めたことが10月23日、分かった。複数の中国筋が明らかにした。2人は習総書記（国家主席、64歳）を継ぐ最高指導者候補と目されてきた。習氏は後継候補指名を見送ることで権力分散を防ぎ、自身の「一強体制」の長期安定化を図る狙いだ。同筋によると、最高指導部を政治局常務委員7人で構成する体制は維持される」。「7人は習氏、李克強首相（62歳）が留任。他に栗戦書・党中央弁公庁主任（67歳）、汪洋副首相（62歳）、韓正・上海市党委書記（63歳）、趙楽際・党中央組織部長（60歳）、王滬寧・党中央政策研究室主任（62歳）の5人の政治局員が昇格するもようだ」。「同筋によると、胡春華氏は政治局員にとどまり、陳氏は政治局員には昇格するが、常務委員にはならないとみられる。胡錦濤前指導部は2期目に、習氏と李氏を後継候補として最高指導部に昇格させ、経験を積ませた。習氏は2022年に2期目を終えた後も実権を握り、長期政権を築く布石との見方が強い。24日に党幹部である中央委員約200人を新たに選出。形式的手続きとして、党大会直後に開かれる第19期中央委員会第1回総会で、指導部を構成する政治局員を選び、その中から常務委員を選出する。党大会は24日、習氏が提唱した『新時代の中国の特色ある社会主義思想』の新理念を、指導思想に盛り込んだ党規約改正案を採択して閉幕する。新理念には習氏の名前が冠され、毛沢東思想や鄧小平理論に並ぶ位置付けとなる可能性も高い［北京共同＝渡辺靖仁］」（共同通信、2017年10月23日）。

　この共同電は、19期常務委員7名の名前は正確だが、7名の序列、すなわち2018年3月に就任する予定のポストまでは把握していない。

　実は、この7名は、翌18年3月の全人代、全政協の就任ポストを予定して選ばれているのであり、この段階でもまだ十分な取材ができていないことが分かる。陳敏爾と胡春華の「昇格お預け」としたことについては、「権力分散を防ぎ」まではよいとして、「一強体制の長期安定化を図る狙い」とする解釈はいただけない。

「王岐山留任」がないとの同様、「習近平3選」もまずありえない。要するに共同電は、香港メディアに追随して、正式決定の前々日から前日までに7名のリストを正しく報じたとはいえ、やはり取材不足の感を否めない。前述のように、人事は少なくとも9月末時点ですべて確定していた。選挙は事実上、信任投票にすぎないからである。

第3節　北京発大誤報

①王岐山留任論

　記者や、これを論評する「識者」たちには、「七上八下」の潜規律および「2期10年任期」規定（3選禁止）が理解できていないだけではない。加えて、中国の定年は女性50歳、幹部女性55歳である。この女性定年規定は1953年に施行された「中国労働保険条例」以来、変わっていない。しかし女性の50歳定年を毎年に「3カ月ずつ延ばし、4年後には定年を1年延長する」「漸次延長案」は、すでに始まっている。

　ちなみに男性公務員、国有企業労働者の定年は60歳、閣僚級（中国でいう「省級・部級幹部」）は65歳であり、これは厳守されている。この男女定年制度を基礎として、例外として68歳未満の者を政治局委員および全人代、政協の幹部に選ぶ「潜規律」が鄧小平時代以来、「七上八下」（67歳は昇格可、68歳は昇格不可）が潜規律になっている。

　日本のチャイナ・ウォッチャーは、この「潜規律」や定年ルール、そして習近平のリーダーシップ強化（党の核心）の意味を理解できていない。単に中央委員会あるいは政治局の決議によってあっさり変更できると誤解している。

　多分、日本の与党内閣が多数決をたのみ恣意的に任期を決めているのを見て、中国は「日本以上に独裁的であろう」と誤解している。すなわち習近平がいわゆる「独裁権力」を獲得したからには、それを実行しないはずはない、と誤解している。

　いわゆる習近平一強とは、「集団指導制の枠内」での「リーダーシップ強化」という話であり、習近平の権力には限度のあることを認識すべき

だ。2012年に習近平が総書記に就任した当時、日本では「中国共産党史上、最も弱い総書記の誕生」と揶揄する書物が出たことを忘れる間もなく、一転して前言を翻して、「習近平独裁、習近平一強」を語り始めた。

「最弱」から「一強」へ、独裁体制ができたからには、その狙いは「3選にあり」——こうして習近平3選論が現れた。ヘリクツはヘリクツを呼ぶ。みずからの3選のためには、そのテストケースが必要だ。すなわち「王岐山3選」という先例だ。こうして王岐山留任論が日本のほとんどすべてのメディアを席捲した。この憶測に自ら緊縛された日本メディア界は、10月18日大会初日夜のNHKニュースウォッチまで——否、大会を経て王岐山引退が確認されてからも、謬論を改めていない。

王岐山が退任した後の「事後解説」者たちの中でも、興梠一郎教授（神田外語大学）は、習近平は、「最後まで王岐山留任を画策したが、成功しなかった」と発言した（10月25日夜、テレビ朝日・報道ステーション）。それは「在米の郭文貴が王岐山の不正を暴露したためだ」とする。つまり、郭文貴が王岐山の不正を告発したことによってダメージを受け、留任が不可能になったというのだ。日本メディアが「留任説」を書き立て、退任という事実によって留任論が覆された後、もともとありえないのにもかかわらず、「留任が実現しなかった理由、背景」が解説されている。おまけにNHKは「郭文貴」という固有名詞に触れずに「在米の富豪」とぼかした一方で、テレビ朝日は、郭文貴の肉声録画を長々と流して王岐山の不正を印象づけた。

興梠教授はAIIB問題においても、「参加せず、模様を眺めよ」とNHKで語った過去をもつ（2015年4月20日、NHKニュース「おはよう日本」）。これに対して著者は、日本政府のAIIB無視政策を批判して、「AIIB不参加で世界の孤児となる日本」（『中国情報ハンドブック2015』蒼蒼社、2015年）を記したが、事態はその通りとなった。しかしながら、世論はAIIBへの参加見送りの方向へミスリードされ続けている。今回も日本メディアでは同様に、もともとありえない「王岐山留任」を語り続け、その過ちが現実の事態によって暴露されても、依然改めない事態となった。

ここで著者は、記者や「識者」の無知に、寒心に堪えない。その裏に断

絶と誇張できるほどの日中関係の悪化を垣間見るからだ。中国を敵国扱いし、その封じ込めを図る日本政府の走狗の役割しか演じない記者たちを中国側担当者が敬遠するのは当然ではないか。かくて取材ソースを断たれた記者たちは、臆面もなく憶測を繰り返す。記者たちが伝えなければならない真実とは、憶測に憶測を重ねた虚偽報道ではあるまい。不幸な政治関係のもとで、交流がとだえがちになり、経済関係でさえもその土台が揺らいでいる現実ではないのか。悪環境のもとで、ニュースソースにアクセスさえできていないという報道現場の真実を正しく国民に訴えることではないのか。それを怠り、逆に政権に迎合するマスコミ幹部の顔色を伺い、それに迎合する社内向け、社内報的記事の垂れ流しを続けている。そのようなスタンスが露呈されただけのことだ。病は重い。

「国境なき記者団（*Reporters Without Borders* = RSF）によると、2017年の世界報道の自由度ランキング調査で、日本の順位は世界180カ国中72位であり、安倍内閣のもとで年々順位が低下している。[6]

②習近平「3選論」「3選準備論」の間違い

「2期10年に限る」国家公務員規則は、党幹部について、一政党の事柄として細則を欠いている部分がある。しかしながら、国家公務員規則では漏れなく細則があり、「党側の規則が特に規定されていない場合」は、「国家公務員規則を準用すること」が定められているのは前述の通りである。たとえば閣僚や副総理、総理級のポストは「1期を5年とし、2期10年を限度とする」ことが明記されている（本章第2節参照）。

「党が国務院を指導する」という建前とは一見矛盾するような事態だが、党幹部制度は裏から見ると、国家幹部制度と表裏一体であり、ここでは「国家幹部の制度が党幹部にも準用される」のだ。これが中国の政治体制の骨幹をなす党＝国家構造の中核なのだ。

しかしながら、この事実を明記した政治研究者の書物は見当たらない。現代中国政治研究の世界も劣化が進んでいる。

6　Reporters Without Borders (RSF), for freedom of information https://rsf.org/en/ranking

③**習近平「党主席」復活論のまちがい。**

　国家主席毛沢東と党主席劉少奇という2つの国家主席ポストが二重権力化した失敗に鑑みて、中国は国家レベルの「主席ポスト」と党レベルの「総書記」ポストを一身に兼ねる形態を選んだ。この歴史を顧みるとき、「党主席」ポストの復活はありえない。

注）その後、2017年11月6日、北京共同渡辺靖仁記者は「党主席制の議論なし」と次のような解説を報じた。
　「先月開かれた中国共産党大会の代表の謝春濤・中央党学校教務部主任が6日、北京で記者会見し、絶大な権力を持つ『党主席』制度を導入し、習近平総書記が就くのではないかとの観測について『（党規約改正の過程で）関係の情報は全く目にしていない』と述べ、今回の党大会で議論はなかったと明らかにした。党主席はかつて毛沢東らが就いたが、個人崇拝を招くとして1982年に廃止された。謝氏は今後、党主席制が導入されるかどうかは仮定の問題だとして回答を避けた。その上で一強体制を強固にした習氏が終身体制を敷く可能性については『あり得ない』と否定した。習氏への個人崇拝の動きが懸念されていることについて、毛への個人崇拝が招いた大規模政治運動『文化大革命』（1966〜76年）を念頭に『（党は）教訓をくみ取っている』と主張。個人崇拝を認めない党の立場や、集団指導体制は今後も維持されると強調した。」

④**常務委員5名削減説のまちがい**

　「江沢民が2名増員」して自派を増やし、「胡錦濤が7名に戻した」前例から見て、習近平は胡錦濤に倣って5名に削減するかもしれない——とする報道が日本メディアに見られる。
　常務委員数を増やし、あるいは削減することによって多数派工作を行うとは、確かに過去に行われた事実はあるが、それがいかなる腐敗の温床となったかを反省して習近平の反腐敗闘争が展開されているのであって、このことの意味を感じていない者がこの種の思いつきにとりつかれている。

⑤**李克強の地位について**

　習近平が党の核心として自らを突出させたとき、李克強の地位が危うい、失脚ではないかとの観測が広範に広まった。著者は当時、これは「習近平

の地位が上がった」のであり、「李克強の地位には変化がなし」と分析した。すなわち中国史の伝統では、「皇帝と宰相」の関係になる。「皇帝」毛沢東と「宰相」周恩来の関係を踏まえた「党高政低」構造の明確化である、と論じた（「党高政低というパターン」、矢吹『習近平の夢』223頁）。

第4節　トップセブン選出の裏事情

王滬寧、韓正──常務委昇格の理由

　王滬寧は1955年10月生まれ。2018年現在62歳なので、2022年は66歳であり、2期が可能な年齢である。

　王滬寧の原籍は山東省莱州だが、本人は上海生まれで名門復旦大学で国際政治を教えていた。「政策提案に巧み、かつ政治的野心なし」を買われて、江沢民時代の「3つの代表」論や胡錦濤時代の「科学的発展観」などの理論づけを行い、それぞれの党大会における政治報告起草の重要な指南役を果たした。その役割は習近平時代も続き、2012年には政治局委員に抜擢され、中共中央政策研究室主任になった。2017年4月の習近平訪米には、汪洋、栗戦書、楊潔篪、房峰輝（その後、失脚）らとともに随行した（「米中海湖荘園の会談2017年4月」『習近平の夢』1頁）。これに限らず、習近平の主な外遊には、すべて随行している。

　モノカキ、文書作成のプロがなぜおもてに登場したのか。現代中国は21世紀に入るや一気にグローバル経済下の中国経済に変身する大発展を遂げて、文字通り世界経済の中の中国経済に転化した。この経済力をベースとして、政治面でも軍事面でも中国は一気に世界に躍り出た。過去の政策との整合性を保ちつつ、21世紀の国際政治経済・安全保障問題に取り組むのは容易なことではない。舞台裏でポリシーを練り上げ、それを舞台上の習近平に届ける形では、しばしば対応に遅れが生ずる。かくなる上は、習近平の影武者のように、いつも身近なところからアドバイスを行う知恵袋が不可欠だ。

　このようなニーズに応えるために、そしてそのアドバイスに権威性を付すためには、裏舞台の政策プランナーの地位から表舞台の政治家の地位を

与えておくほうが、対外折衝も含めて便利だ。中国が直面する複雑多岐にわたる問題に即座に対応する必要上、本来ならば舞台裏で活躍すべき役割の人物を表舞台に押し出し、権威付けを与えたのではないかと著者は解している。

上海市書記としての経験をもつ韓正が、常務副総理として李克強総理を支えるポストに就くのは、穏当な人事とみてよい。

陳敏爾が常務委員に昇格しなかった理由

前項で、21世紀に中国が直面する国際問題に言及したが、具体的な内容はズバリ、対トランプ対策およびその系としての対北朝鮮対策である。これが中国から見ていかに深刻かつ重大な問題であるかについて、日本の認識は極度に浅いと言えよう。

党大会で選ばれた19期中央委員による選挙で選ばれたトップセブンの顔触れとその職務分担は、①習近平＝総書記、②李克強＝国務院総理、③栗戦書＝全人代委員長、④汪洋＝全国政協主席、⑤王滬寧＝イデオロギーと宣伝担当、⑥趙楽際＝紀律検査委書記、⑦韓正＝国務院常務副総理、である。職務分担は、常務委員としての序列から著者が判断したものだが、2018年3月の全人代および全国政協会議を経て、正式に決定することになる。

一方、大会に先立つ2017年8月末に、著者が予想した陣容と職務分担は以下のものであった。①習近平＝総書記、②李克強＝国務院総理、③栗戦書＝全人代委員長、④汪洋＝全国政協主席、⑤趙楽際＝紀律検査委書記、⑥**陳敏爾**＝宣伝担当、⑦**胡春華**＝国務院常務副総理、である。

一見して明らかなように、著者が予想した陳敏爾と胡春華の常務委員昇格はならず、代わりに王滬寧と韓正が昇格した。7名のポストのうち予測が当たったのは5名だから7割が当たったこととなる（分担ポストから打率を見ると、同じくイデオロギー宣伝担当（王滬寧）と国務院常務副総理（韓正）の人選を間違えたので、勝率はやはり7割になる）。

さてここで、著者の予想が外れたことの意味を考えてみたい。その理由は2つと見ている。一つは、ポスト習近平の本命である陳敏爾を今回2階

級特進させて常務委員に昇格させる人事にはムリのあることだ。現時点では、中央委員の資格しか持たない陳敏爾と比べて、すでに政治局委員を1期務めた胡春華の経歴は、事実上「2階級」上と扱われる。これだけの階級差を無視して、陳敏爾＝総書記、胡春華＝総理を5年後に予定することにはムリがあり、党内の納得を得られまい。そこで今回は昇格を断念して、2022年に「複数候補による差額選挙」を行い、その投票結果によってポスト習近平の候補を決定する方式を選んだものと著者は解している。つまり、習近平自身による「上からの抜擢」ではなく、党大会で選ばれた「20期中央委員の投票」により、「差額選挙で選出した形」を用いることが、次期指導部に**正統性を付与する**上でより有効だと判断したゆえに、今回、習近平は陳敏爾の昇格を見送ったものと著者は解する。

　陳敏爾のトップセブン就任見送りを持って、日本のメディアが異口同音に習近平「3選の布石」と見ているのは、多分間違いであろう。真偽は5年後に明らかになる。習近平の眼中にあるのは、自らの長期政権作りではなく、次世代への共産党政権の順調な引き渡しであろうと著者は見ている。

「ポスト2022年」の習近平

　この政権引き渡しについて、あえて一つの予想を記しておく。2022年の第20回党大会で「党職と公職」を引退した後、習近平は一つだけポストを保持する可能性が強い。それは中共中央軍事委員会主席兼国家中央軍事委員会主席のポストである。そして習近平はこの**軍事委員会主席ポストを2027年まで保持する**のではないか（図表7-6）。

　なぜなら現行の19期軍事委員会には文官は習近平のみであり、2022年の引き継ぎは困難であろう。それゆえポスト習近平の総書記担当者を2022年党大会で選出し、この人物に軍事委員会副主席のポストを与え、一定の見習い期間を経て2027年に主席のポストを後継者に委ねるものと予想しておく。

　これは鄧小平の先例に習うものである。鄧小平は1981年6月、11期6中全会で党中央軍事委員会主席に就任し、常務委員、中央委員を退いた後もヒラ党員の立場で1989年11月、13期5中全会で引退するまでこのポ

図表 7-6　ポスト習近平の 20 期常務委員は 19 期 25 名から選ばれる

		19 期政治局から 20 期常務委員が選ばれる	
氏名	地位	2022 年 年齢	2022 年 常委昇格可能性
習近平	常委	69 歳、引退	
李克強	常委	67 歳、引退	
栗戦書	常委	72 歳、引退	
汪洋	常委	67 歳	再任
王滬寧	常委	67 歳	再任
趙楽際	常委	65 歳	再任
韓正	常委	68 歳、引退	
許其亮	委員	72 歳、引退	
孫春蘭	委員	72 歳、引退	
楊潔篪	委員	72 歳、引退	
張又侠	委員	72 歳、引退	
王晨	委員	71 歳、引退	
劉鶴	委員	70 歳、引退	
楊暁渡	委員	69 歳、引退	
陳希	委員	69 歳、引退	
郭声琨	委員	68 歳、引退	
李希	委員	66 歳	昇格可能
李鴻忠	委員	66 歳	昇格可能
陳全国	委員	66 歳	昇格可能
蔡奇	委員	66 歳	昇格可能
黄坤明	委員	65 歳	昇格可能
李強	委員	63 歳	昇格可能
陳敏爾	委員	62 歳	昇格可能
丁薛祥	委員	60 歳	昇格可能
胡春華	委員	59 歳	昇格可能
		委員中、次期引退見込み者は 13 名	委員中、昇格可能者は 9 名

出所、公報に基づき著者が作成。

ストを保持した。

　もう一つ、いま習近平は重大な選択を迫られている。それはトランプの北朝鮮政策に呼応して、いかなる非核政策を打ち出すか、である。平壌の核ミサイルを米国まで打ち込むのは困難だが、北京や東京を核ミサイルの標的とするならば、それを命中させることははるかに容易なのだ。国連の制裁決議を全面的に支持した中国はいまトランプとどこまで協調すべきか、大きな曲がり角に立たされている。

　常務委員として王滬寧を昇格させ、米国通の外交官楊潔篪を政治局委員

に抜擢した主な目的は、対北朝鮮政策の大転換のためであろう。党大会直後、宋濤・党中央対外連絡部長を団長とする特使団10名が10月17〜20日平壌を訪問したが、金正恩は会見を拒否して、中国の新しい北朝鮮政策を拒否する意向を態度で示した[7]。核保有国の立場を国際的に認めさせたい金正恩とこれを容認せず、北朝鮮の非核化を要求する習近平の立場はいま鋭く対立している。習近平は任期内の2022年までに、この課題に決着をつける陣容を整えたものと著者は解している。12月13〜16日には韓国の文在寅大統領が訪中し、習近平と北朝鮮の非核政策のすり合わせを行ったが、これは大きな一歩となるであろう。

「紀実」に記されたトップセブン選出の経緯

ここまでの著者の記述は基本的に外部からの観察に基づく分析である。新華社は2017年10月26日、ある「紀実[8]」を報じた。これによると、経過は次のごとくである。

① 2017年の初めに習近平は政治局常務委員6名の意見を聴取した。
② 4月24日、政治局常務委員会で『19期中央領導機構人事の準備工作談話に関する調査研究と配置案[9]』を採択した。ポイントは「推薦人数を限定しない、推薦票数は参考とする、得票数で決めることはしない」である。
③ 5月下旬、地方のある省級幹部は中南海に呼び出されたが、そこには人員配置に関するa. 習近平談話（談話調研有関安排）、b. 現行党国家指導

---

7 2007年大会後の特使は劉雲山（政治局常務委員、国家級正職）、2012年大会後の特使は李建国（全人代副委員長、国家級副職）だから、今回は政治局委員宋濤であり、特使の階級が1階級下がっている。なお、この間、2008年には習近平国家副主席が北朝鮮建国60年のため、2010年には周永康（常務委員）が朝鮮労働党創建65年のため、2015年には劉雲山（常務委員）が朝鮮労働党創建70年のため、訪朝している。

8 新華社、北京10月26日電「領航新時代的堅強領導集体——党的新一期中央領導機構産生紀実」（記者：趙承、霍小光、張暁松、羅争光）

9 原文：『関於19期中央領導機構人選醞醸工作談話調研安排方案』

者リスト（現任党和国家領導人党員同志名冊）、c. 省級書記閣僚級幹部のリスト（正省部級党員領導幹部名冊）と題した3つの資料が置かれていた。周永康、孫政才、令計画らが推薦会議で多数派工作、収賄を行ったことに鑑み、リストに〇×を付すやり方をとらなかった。

④4月下旬から6月にかけて、習近平は現行の党国家指導者、中央軍委委員、「党内老同志」都合57人から個別に意見を聞いた［矢吹注：これは習近平個人のヒアリング］。

⑤中央の関係部門の同志［矢吹注：中共中央組織部か？］が、a. 正省部級、b. 軍の正戦区級同志、c. 18期中央委員、都合258人の意見を聴取した。

⑥中央軍委の責任者が軍機関の「戦区級部門」［以前は大軍区級幹部と呼ばれた］の32人の意見を聴取した。

⑦9月25日、政治局常務委は19期指導部候補リストを提出した。9月29日、中央政治局会議で指導者リストを決定し、19期1中全会で決定する段取りを決定した。

⑧以上の経緯を経て選ばれた25名の政治局委員のうち10名（習近平、李克強、栗戦書、汪洋、王滬寧、趙楽際、韓正、許其亮、孫春蘭、胡春華）は再任、3名は全人代、国務院、軍からの転任（楊潔篪は国務院から、張又侠は軍から、王晨は全人代から）、12名（劉鶴、楊暁渡、陳希、郭声琨、李希、李鴻忠、陳全国、黄坤明、陳敏爾、丁薛祥）が新人である。

当局によるタネ明かしから分かるのは、次の2点である。第一に習近平の強いリーダーシップで一連の人事工作が行われたこと、これが習近平をあらかじめ「党の核心」に決定していたことの意味であろう。第二に、9月29日の中央政治局会議で、19期政治局委員の25名が正式に決定された事実である。手続きとしては、正式決定は党大会直後の1中全会で行われる形だが、ここで政治局決定の原案が覆ることはない。それゆえ9月29日の内定は、事実上の正式決定なのだ。中国側の報道が当時のよう

に行われたか、日本のメディアがどこまで肉薄できたかを検証する素材[10]
として重視すべき記事である。

---

[10] 2017年10月26日、著者（矢吹）はNHKの中国報道について以下の公開質問状を書いた。

「NHK報道局御中
1．2012年10月から2017年10月の5年間に、王岐山常務委員の留任（あるいは残留、3選）に関して、NHKはどのような報道を繰り返したかを明らかにされたい。
2．中国共産党のいわゆる「七上八下」なる潜規律についての認識を明らかにされたい。
3．王岐山常務委員は「3期留任」も「残留」もなしに引退したが、この事実をどのように報道し解説したかを明らかにされたい。
4．王岐山留任説はどのような取材に基づき、何を根拠としてこの認識を得たのか、このような報道をなぜ繰り返したのか、その理由を明らかにされたい。
5．中華人民共和国公務員法についての認識を明らかにされたい。
6．「党政領導幹部職務任期暫行規定」（2006年8月）についての認識を明らかにされたい。
7．著者の半世紀に及ぶ研究に基づけば、王岐山留任説は、根も葉もない単なる憶測に過ぎず、矢吹はその主張を繰り返して来た。NHKは憶測（のみ）に基づいて、中国報道を続けたと見受けられるが、世論をミスリードした責任をどう認識しているのか、見解を示されたい。

　　　　　　　　　　　　　　　　　横浜市立大学名誉教授　矢吹晋」

補論2　喉の小骨と化した尖閣紛争

第1節　なぜ、やはり「尖閣問題」が日中関係の核心なのか

今後の日中関係を握る、尖閣問題

　2017年9月、著者は武漢大学の「中国辺界与海洋研究院」が北京郊外で開いたシンポジウムに招かれて、日中和解を妨げる「喉の小骨」のような存在と化している尖閣問題について小さな報告を試みた。補論2はその報告のために作成した覚書である。

　私の報告に対して、会議に出席していたドイツのシュトゥットガルト大学ゲルハルト・ヒルシュヘルト（Gerhard Hirshfeld）教授からコメントがあった。

　教授の発言の要旨は、尖閣諸島（＝釣魚島列嶼）のような無人島を「無主地」とみなすことは、国際法にいう無主地の概念から外れるのではないか。なぜなら無主地（terra nullius）というラテン語は、「たとえば南極大陸のような存在を指す」からだ、という見解を披瀝して報告者矢吹を勇気づけてくれた一幕があった。

　小さな無人島の領有をめぐって日中両国が争うことによって両者は大きな利益を失っている。小稿が紛争解決へ向けて問題の原点を再考する一助になれば幸いである。

勧告書による影響と逼急する紛争解決

　日本では、著名な国際法学者3氏が異口同音に、「尖閣諸島は当時無主地であった」、ゆえに日本政府が「先占を行い、実効支配を行った」とする見解を表明している。すなわち芹田健太郎著『日本の領土』（中央公論

新社、2002年、文庫版は2010年）と松井芳郎『国際法学者がよむ尖閣問題』（日本評論社、2014年）の２冊、そして村瀬信也「領土をめぐる視覚と国際司法裁判所」（『外交』第16巻、2012年11月号）は、無主地論としてその骨子がほぼ同じである。これは尖閣諸島に対して強硬姿勢を続ける安倍政権を理論的に支えているだけでなく、尖閣をめぐる日本国内の議論の中心を成している。本章は、これらの論拠を検討することによって、尖閣紛争解決への道を探るものである。

　芹田著の主な内容は2002年出版当時から部分的にしかup date（アップデート）されていないので、すでにout of date（時代遅れ）の印象が深い。この本が出てから海洋法の展開において大きな進展が見られた。たとえば国連の大陸棚限界委員会は加盟各国に対して領海を接する諸国との線引き案を提出することを求め、国別にパネルを設けて、各国に対して勧告書を発表し続けている。

　日本は2008年に自国領海の線引き案を提案し、これに対して限界委員会は2012年４月に対日勧告書[1]を公表した。それは日本政府の提案した７地域（①九州パラオ海嶺南部地域、②南硫黄島海域、③南鳥島海域、④茂木海山海域、⑤小笠原海台海域、⑥沖大東海嶺南方海域、⑦四国海盆海域）中、②⑤⑥⑦しか認めず、残りの①③④を先送りとした。勧告書に書かれた文言は「先送り」だが、事実上は「申請却下」に等しいことは勧告書を読めば明らかだ。この先送りの事態に対して、芹田著も松井著もほとんど触れていない。

　しかながら、この勧告書は、その後の南シナ海仲裁裁定（国連海洋法条約＝UNCLOS、2016年７月）[2]とともに、尖閣問題など島嶼一般の扱い方に大きな影響を及ぼすものであり、少なくとも日本の領海線引きに関して、これら２つの基本文献を無視して論ずることは、致命的な過ちを導く恐れ

---

[1] Summary of Recommendations of the Commission on the Limits of the Continental Shelf in regard to the Submission made by Japan on 12 November 2008（Commission on the Limits of the Continental shelf, United nations Convention on the law of the Sea）

[2] The South China Sea Arbitration: The Republic of Philippines v. The People's Republic of China. Permanent Court of Arbitration.

があると思われる。

欠けた対日勧告書（2012年4月）への認識

　芹田は『日本の領土』（2010年）の中で、「大陸棚に関する規定が200カイリ距離基準と最大350カイリ限界および200カイリを越える大陸棚に関する大陸棚限界委員会の設立とこの部分の大陸棚開発収益の分与を定めるもののほかは、基本的に大陸棚条約を踏襲しているのに対して、最大200カイリの幅をもつ排他的経済水域は創設的なものである」（222頁）と書いたが、これは海洋法の説明にすぎない。さらに芹田は「この200カイリを超える大陸棚については、日本は2008年11月12日に大陸棚限界委員会に対して申請を提出した。2009年8～9月に開催された同委員会の会期で小委員会が設置され、審査が開始された（248頁）と解説する。

　ここで芹田は「審査開始まで」しか書いていないが、重要なのはその審査結果がどうなったかである。

　前述のように、対日勧告書（2012年4月）では、日本の申請は四国海盆など7申請中4つ、実質は半分しか認められなかった。とりわけ「沖ノ鳥島はイワだ」と認識する中・韓国の口上書（図表8-1、2）について、勧告書が直接言及している点が重要だ。この沖ノ鳥島をめぐる論点は、南シナ海仲裁裁定に引用されることによって新たな意味を付与された。

　それだけではない。2008年に提出された日本の申請はそもそも大陸棚延長350カイリを踏まえた領海線引き提案なのであり、「200カイリ問題」とは別の「350カイリ問題」なのだ。200カイリの排他的経済水域は「創設的なもの」と評価しつつ、これと並んで同じく「創設的なもの」と評価すべき大陸棚延伸には一言も触れていない。現在の尖閣問題や南シナ海領土紛争は、芹田流の国際法理解では歯が立たないはずだ。

　では松井『国際法学者がよむ尖閣問題』（2014年）はどうか。曰く「距岸200カイリを越える大陸棚については国連海洋法条約第76条に従って政令で定める範囲と定めた」（175頁）──これは芹田と同じく排他的経済水域の話だ。

図表 8-1 中国の大陸棚延伸提案
(2012.12.14 国連大陸棚限界委提出)

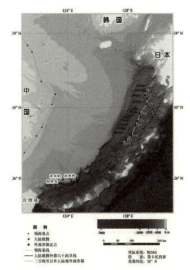

図表 8-2 韓国の大陸棚延伸提案
(2012.12.26 国連大陸棚限界委提出)

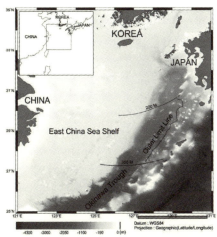

「(9段線は)中国が南シナ海の広大な海域と島嶼に対する主権ないし管轄権の主張の根拠として援用するもので、200カイリを越える大陸棚の限界についてマレーシアとベトナムが共同して大陸棚限界委員会に提出した情報に関して、中国の国連代表部が事務総長に送った2009年5月7日付の口上書で地図を付して提起されて注目されるようになった」(180〜181頁)。

　松井は芹田と違って、短く大陸棚延伸に触れてはいる。だが、この文脈で重要なのは 2012 年 4 月の**対日勧告書**である。松井は、マレーシアとベトナムの大陸棚延伸提案に言及しながら、日中の大陸棚線引き交渉に関わる中国提案に言及していない。
　そもそも、尖閣の領有権騒動が発生したのは、国連大陸棚限界委員会の呼びかけに対して各国が自国領海に関わる線引き申請を行う運びとなったからにほかならない。つまり、そこから各国の領海ナショナリズムが衝突

する事態が生まれたのだ。松井はこの対日勧告書に触れていないが、これに触れずに尖閣紛争や南シナ海紛争を語ることができるのだろうか。

第2節　尖閣諸島は無主地であったのか

「無主地」の概念

　一度、松井芳郎教授の所説に即して、尖閣問題の核心――尖閣は無主地かについて、整理していきたい。

　芹田著は尖閣諸島を**無主地**と「推察し」、松井著は無主地と「推定する」。芹田曰く「船舶の安全にかかわる国家の行為は、通常それに関連する島嶼に対する領有意思とは無関係になされることが多く、主権の権原の直接的証拠となりにくいものであり、こうしたことから推察すると尖閣諸島は無主地であったと考えられる」（158頁）。尖閣諸島／釣魚台列嶼（特に釣魚島、黄尾嶼、赤尾嶼）は**無主地**であったと断定できるであろうか。これが尖閣紛争の発端である。

　無主地（*terra nullius*）いうローマ法の概念と「徴税徴兵の対象地を版図[3]とする」伝統中国の概念が、そもそも異なる歴史から生まれた発想に基づくことはいうまでもない。「琉球の版図ではなく」、「清国の版図でもない」中間の地（「王化」と「化外」の境界を分けるという文脈で中間の地）として古来認識されてきた無人島をある日、突然に「無主地」と認定することには無理があると著者は判断する。芹田も松井も、「無主地先占」論を肯定しているが、その論拠には疑問が残る。

　もし無主地を根拠づける一つの論拠たりうる「発見説」に依拠するならば、1853年に英国海軍サマラン号ベルチャー艦長の調査航海において、

---

[3] 版図とは別に領土の概念があることはいうまでもない。しかしながら、伝統的中国の領土観は皇帝の「徳化＝王化」の及ぶ範囲をもって、夷狄の住む「化外」、蛮夷の住む「絶域」とするものであり、「化外」や「絶域」は変動しうるものと観念されており、近代的領土観とは異なるので領域を画定しにくい。そこで小稿はあえて「版図」の概念によって問題解決の糸口を模索することにしたい。なお、この「化外」「絶域」については、矢吹晋『巨大国家中国のゆくえ』東方書店、1996年、32－40頁で論じた。

尖閣諸島の現地を測量した英国にも権利主張の根拠があるかもしれない[4]。また日本による「実効支配の行為」を顧みると、その大部分の行為は基本的に「台湾割譲以後」に行われた事実を無視できない。

ここで日本の主張する無主地先占論および実効支配論はその論拠が問われる。日本政府の見解は無主地先占を根拠として実効支配を始めたというものだが、無主地先占ではなく下関条約による**台湾割譲の文脈**で尖閣編入を説明する論理も戦前期には用いられた。割譲説は日本軍の武功を宣揚する意味をもつと共に、万一「発見＝先占」を英国が主張した場合に備える意味も込められていた模様である。要するに、「発見＝先占」説にせよ、「条約＝割譲」説にせよ、両者ともそれぞれの弱点をもつ。

この論点について、芹田著は言う。日本の主張は先占による領域取得ということに尽きる（151頁）。通説は発見に未成熟の権原を認めているが、実効的占有がその後に続かなければ領域取得は成立しない（156頁）と。

なるほど、芹田の説くように、尖閣諸島に対する日本の実効支配は明らかだが、その開始時期は日本が台湾を割譲した後、すなわち日本による台湾統治時代と重なる。そのため、「先占」による島嶼支配なのか、「割譲地域」に含まれる島嶼に対する支配なのか、必ずしも分明にしにくい（157頁）弱みをもつ。

この記述から、芹田自身が①無主地先占と、②台湾割譲に伴う実効支配、という「2つの論拠」を分けかねていることが理解できよう。

この点について、松井は、「**無主地だったという強い推定が働く**」（101頁）と結論している。「強い」という形容詞が付されているが、これは松井の感覚を強調したのであり、無主地先占説が「強い論拠をもつ」と主張したのではない。

---

[4] 国土地理院の前身の一つたる旧日本陸軍の陸地測量部が作成した5万分の1地形図「吐噶喇及尖閣群島」（昭和8年発行）は、鹿児島県と沖縄以南との間には県境があるが、沖縄県と台湾の間には県境を記していない。その理由を浅見真規は台湾と沖縄県との一体化を読み取らせるためと解している。同氏ブログ http://masanori-asami.sakura.ne.jp/Diaoyu-Islands_dispute/

尖閣諸島／釣魚台列嶼の帰属問題特有の困難性

　こうして芹田も松井も、国際法の論理を駆使して、無主地論を説いたものの、琉球の版図ではなく、清国の版図でもない冊封、朝貢使節往還の航路をつなぐ「中間の島嶼」を無主地と認定する論拠を欠いている。芹田は「推察すると」「無主地であった」と考えられる、と書き、松井は「無主地だったという強い推定が働く」と、**推察や推定の語**を用いている。この事実は、逆読みすれば、「無主地」とは、言い難い、という結論さえ導かれるのではないか。

　実はここに尖閣諸島／釣魚台列嶼の帰属問題特有の困難性がある、と著者（矢吹）は考える。

　①無主地とは断定しにくい、②下関（馬関）条約の「割譲範囲」に含まれるか、含まれないのか、解釈が分かれる、③日本の実効支配は台湾「割譲以後」の行為であり、「割譲以前」に行われたものではない——これら３点の曖昧性こそが尖閣紛争解決の困難性の核心なのではないか。

　先占の基準として松井は、①主体は国家であるべき、個人は不可、②無主地に対する先占であること、③当該無主地に対して領有意思のあること、④実効的占有であること、の４条件をあげて、先占の実態に迫ろうとするが、これらの再解釈はすべて現代から遡行して歴史に迫る試みである。

　日本政府のいわゆる尖閣編入＝実効支配は、①地理的範囲が不明確（たとえば赤尾嶼＝大正島）、②標杭建設の繰り延べ、③勅令なし、など清国や英国等の反応を顧慮した**腰だめ的対応**が特徴的であった。念のために記すが、「勅令13号」は沖縄県「郡編制」のためであり、尖閣領有の閣議決定自体を保証する勅令は出ていない。

国際法以前の「グレイ・ゾーン」

　さて日本政府による尖閣編入は、どのように解釈するのが妥当か。ここで最大の問題は、編入前に尖閣諸島は、**無主地**と認定できる島嶼であったのか、である。

　まず琉球王国に含まれる諸島を示す版図によると、その範囲は久米島までとすることは、大方が認めるところだ。

次に清朝の版図すなわち、「台湾の附属島嶼」について見ると、「彭家嶼まで」とする記録がほとんどである。中国の「版図」概念は、そもそも「徴税と徴兵」を目的とした記録作成である以上、無人島は版図には含めない原則である。

ここで問題は、冊封使録にしばしば航路標識として「記録されてきた無人島群」をローマ法に由来する無主地（terra nullius）概念にあてはめることは許されるか、である。

ローマ法に起源を持ち、現代の国際法の原則と一つとされている「無主地」概念は、冊封使録に記録された無人島の性格付けにはなじまないのではないか。清朝史や琉球王国史が無人島を「版図に含めてこなかった」のは事実である。これは版図の定義に基づく固い原則だ。しかし、「版図に含まれない無人島」を即「無主地」と認定することには無理があると著者は判断する。

したがってこれを、近代的国境線引き、領海線引き以前の歴史を特徴づけるグレイ・ゾーンと解釈してはどうか。この解釈は「日本の領土」とする主張と「中国の領土」とする主張の対立を克服するための作業仮説である。琉球王国の版図に含まれないことは、古来帆船では「黒水溝」（＝海峡）を渡るうえで困難があり、自然的障壁をなしていたことから明確だ。他方、明清朝は、無人島を版図に含めない。「黒水溝」を「中外の境」とする表記は、必ずしも領土認識ではない。

繰り返すが、「版図に含めていない無人島」を、直ちにローマ法の「無主地」（terra nullius）と解することには無理がある。尖閣の場合は、「割譲か先占か」の解釈も混乱しやすい。条約本文に尖閣諸島が**明記されていない**ことは明らかだ。

ただし、無人島や島名のない島嶼を想定して、あえて列挙を避けたことは、水野遵公使と李経方代表との会談記録に明らかである（伊能嘉矩『台湾文化志』）。実は、日清間ではこのとき初めて**近代的国境の線引き問題**が両国の指導者間で意識されたと解してよい。これは事後の解釈になるが、尖閣領有の「閣議決定」と日清講和「条約調印」がともに **1895 年上期**であることが理解を混同させる。すなわち、①閣議決定による無主地先

占（1895年1月）か、②条約による割譲（1895年5月）か、日清双方にとって異なる理解を導いたとする解釈である（1895年を「決定的期日」とするかについては、次節を参考）。

現在は日本が「①先占」説を主張し、中国が「②割譲」説（ポツダム返還要求と連動する）を主張しているが、戦前期の日本陸軍は「②割譲」説に傾斜していた。たとえば浅見真規は、昭和8年陸地測量部（陸軍）が作成した地図「トカラおよび尖閣群島」において、沖縄県と台湾との間に境界点線がなく、鹿児島県との間にのみ描かれている事実に注目している。一つは陸軍の功績を宣揚するため、もう一つは、無主地＝発見説を根拠とした場合に、英国の艦船サラマン号ベルチャー艦長による経緯度調査の先例があり、英国の先占主張を警戒したため、と浅見は解釈している（ただし、英国は結局この行動に出なかった）。

「版図に含まれざる島」は、即「無主地」か

芹田著、松井著に戻り、いくつかの論点を再確認しておきたい。芹田著は言う。

> 「当時の琉球国の版図が、人居の地であり、かつ首里王庁への貢納の義務を負っていた地域であったことから、これらの条件を満たす島嶼のみが琉球史料や使録類に明記されて来たことを示している」（145頁）。「尖閣諸島は、明代や清代の福建省や台湾省の地方志からみる限り、福建省や台湾省の行政範囲に含められておらず、また、人居の地、貢納の義務という条件を満たす琉球36島に含まれていないという点で、同じく琉球の行政範囲にも含められていなかった」（146頁）。

芹田が「琉球の版図」と「明清国の版図」の意味をこのように解釈しているのは、支持しうる見解である。しかしながら、問題はその次だ。琉球の版図ではなく、明清代の中国の版図（むろん変化あり）でもない、両者の中間に存在する無人島群を即「**無主地**」と解するのは、著しい論理の飛躍であろう。版図の版とは、戸籍のこと、図とは戸籍を図に書き込むこと

だ。版図とは、このように描かれた地図を指す。その目的は**徴税と徴兵のため**にほかならない。古今の国家権力にとって、徴税と徴兵こそが2大行政である。その論理的帰結として「戸籍の作れない無人島」を版図に含めることはしない。

　明清の場合、琉球との冊封、朝貢使の往還航路において、台湾の附属島嶼として扱われてきたのは、基隆（鶏籠）と花瓶島を経て、「彭家嶼まで」である。彭家嶼はその島名が示すように、彭一族が居住したから版図に含める。

　その後、彭佳嶼と同音の漢字に改められたのは、彭一族が居住しなくなったからではないか。ただし近隣の漁民は当然利用してきた。要するに「無人島を版図に含めない」のは大原則であるから、これを台湾附属島嶼に適用すれば、彭佳嶼までが版図に含められ、その先に位置する無人島群（尖閣諸島）は、版図に含めない。これが**版図の描き方**の論理である。

　他方、琉球王国史を見ると、往還路において久米島までが王国の版図であり、その先に流れる「黒水溝」以西にある「赤尾嶼、黄尾嶼、釣魚島」は、古来琉球王国の版図に含められたことはない。

　ここで重要なのは、明清国も琉球王国もいずれも、版図とは徴税徴兵の対象に限るという明確な版図意識をもち、それにしたがって「版図内外の秩序維持」（海賊対策）に努めてきた。ただしこれは近代的な国境防衛とは異なるであろう。尖閣諸島という無人島群は、なによりも冊封、朝貢使節にとって航路標識となる島嶼であるから、海賊に財貨を奪われないように警戒すべき対象地ではあったはずだが、それ以上の存在として版図に書き込まれることはなかった。これが「版図と版図との間にある無人島群」に特有の性格である。これを単に「無主地」と呼び、先占可能な対象と認識するのは、論理の飛躍というほかない。

冊封使録の読み方

　図表8-3は、徐葆光『中山傳信録』（1719年）に挿入された冊封使の航路図である。この図は陳侃『使琉球録』（1534年）、胡宗憲『籌海図編』（1561年）を経て、18世紀初頭には冊封、朝貢使節の往還がすでに定め

図表8-3 『中山傳信録』(1719年)の針路図

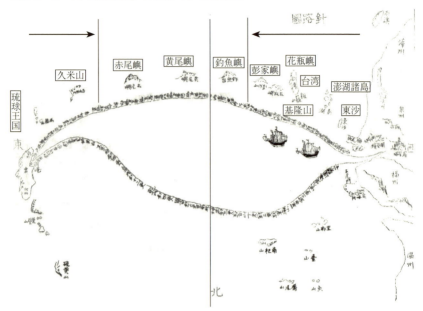

られた航路標識にしたがって、この航路図に指針として、「針路」を定めた200年に及ぶ航海経験の結晶である。

無人島のゆえに版図には含まれていないが、通過すべき航路標識としての釣魚島〜黄尾嶼〜赤尾嶼の位置関係は、すでに明確に定められ、使節たちはこれを標識として往還を繰り返した。

この史実を無視して、「版図に非ざれば、無主地なり」とすることには、大きな疑問が残る。ここで、改めて冊封使録の読み方に言及しておきたい。『臺海使槎録』には紅頭嶼を「版図に入れず」とある。なぜなら、ここは狩猟民族の島であり、役人が首狩りの犠牲になるのを防ぐために、徴税徴兵を見送ったわけだ。これは例外的なケースとみてよい。安易に脱税、兵役逃れを容認する国は亡ぶ。版図の含意を厳密に解することは、原則中の原則とよぶべき鉄則だ。

ただし、王朝の支配が揺らぐと版図を敵国に奪われ、版図は縮小する。松井著は27〜31、78〜83頁などで、冊封使録等を以下2つのように検

討している。

> ①「実効的支配を前提しない版図概念によれば、中国が釣魚台列嶼を同国の版図内にあるとみなしたことは自然なことだった」、
> ②「皇帝の支配に服する住民が住む地域がその版図と観念されていたとすれば、無住の地である釣魚台列嶼が中国の版図に入るという認識が成り立つか、疑問だ」(116頁)。

すでに繰り返したように、松井のいう後者②が中国伝統の版図概念である。それゆえ、「無住の地、無人島」を版図に入れることは、論理的にも歴史的にもありえない。「琉球の版図が久米島まで」とされた琉球王国の論理と同じ論理で、中華文明圏の概念では「清朝は彭家嶼まで」を版図としてきた。

ここで版図に含まれない無人島群を、即「無主地」と断定するのは、暴論なのだ。清国と琉球との往還路に浮かぶ航路には無主地はない。尖閣諸島を安易に無主地と呼ぶことは許されまい。

第3節 「領有紛争は沖縄返還に始まる」のか？

沖縄返還を期日と主張する芹田・松井

「決定的期日（Critical Dates）」とは、「国際法上において、ある紛争当事国間に存在する法的状態を決定する基準となる期日である」[5]。つまり、紛争開始と見なされる期日を指し、この時点での領有権がどちらにあったのかという判断が、国際司法裁判所などの裁定でも極めて重要になる。

日本と中国が尖閣諸島をめぐる領土紛争状態に入った「期日」の候補として、①1895年1月閣議決定、もしくは、②下関（馬関）条約が調印された1895年4月を想定する向きが多い。しかし、②の下関条約（本文および交渉経過記録）に「尖閣」の文言はない。この「明記なし」の意味を

---

[5] https://ja.wikipedia.org/wiki/決定的期日

どう解釈するかが、①②の 1895 年説に関わる課題である。

芹田著に曰く、③ 1971 年 6 月 17 日沖縄返還協定調印の日はもう一つの期日である。それは、「中国が尖閣諸島の領有を争って抗議をはじめたのは 1971 年になってから」（157 頁）であるからだ。松井は、中国または台湾の「最初の抗議または請求の日」とし、④ 1971 年 2 月中旬とする。

ここではなはだ奇怪なのは、芹田・松井はともに沖縄返還を決定的期日の候補と指定しながら、返還協定に決定的影響をもつ『米上院沖縄返還協定批准公聴会記録』[6] に言及していない点だ。

返還協定は上院の公聴会説明をもって批准されたのであり、協定文言の解釈等は、この公聴会で確認された内容が基準とされる。記録は「沖縄の主権（sovereignty）の返還」ではなく、「沖縄の施政権（administrative right）の返還である」と指摘しつつ、とりわけ尖閣諸島について国務省法律顧問は次のように証言している。

「中華民国政府と日本国政府は尖閣諸島の主権帰属に関して見解を異にしている。中華人民共和国もまた同諸島に対して主権を要求している。米国は次のように信ずる。すなわちこれらの島嶼の施政権を日本に返還することは、その返還によって受け取る諸権利はいかなる意味においても（中華民国と中華人民共和国との）潜在的請求権を損なうものではないこと。米国は同諸島の施政権を引き受けた当時、日本が保有していた法的諸権利に対して何も付加できなかったし、これを日本に返還するに際して他の請求国［中華民国および中華人民共和国］の諸権利を減ずることもできない［米国は単に施政権を引受け、引受けた施政権をそのまま過不足なく返還する、の意。ここから米国の中立の立場が生まれる］。米国は尖閣諸島に対して何も請求しないこと、同島嶼に関して主権請求が対立するならば、関係諸国が解決すべき課題である、と米国政府は考える。」

---

6 *Hearings before the Committee on Foreign Relations United States Senate Ninety Second Congress First Session, Okinawa Reversion Treaty*, October 27-29, 1971.

(The Governments of the Republic of China and Japan are in disagreement as to sovereignty over the Senkaku Islands. You should know as well that **the People's Republic of China** has also claimed sovereignty over the islands. The United States believes that **a return of administrative rights over those islands to Japan**, from which the rights were received, can in no way prejudice any **underlying claims**. The United States cannot add to the legal rights Japan possessed before it transferred administration of the islands to us, nor can the United States, by giving back what it received, diminish the rights of other claimants. The United States has made no claim to the Senkaku Islands and considers that any conflicting claims to the islands are a matter for resolution by the parties concerned.)

　この文言は国務省法律顧問ロバート・スター（*Robert I. Starr*）の 1971 年 10 月 20 日付国務省宛書簡を直接引用する形でロジャース国務長官が言及したものである。

　そしてこの解釈は、尖閣の主権問題が浮上するたびに必ず引用され、米国の正式見解であることが繰り返し、確認されてきた[7]。この重要文書をなぜ芹田や松井が参照しないのかは、理解に苦しむ（著者は『尖閣衝突は沖縄返還に始まる』花伝社、2013 年で論じた）。

　なるほど松井は、「日本にもこうした米国の見解を当然の前提として、日本に返還されたのは尖閣諸島の『施政権』だけだと強調する見解がある」として、矢吹等の記述に言及している（松井著 64 頁で、矢吹の『沖縄返還』152 ～ 155、189 ～ 191 頁に言及）ものの、米国が主権と施政権を区別したことを国際法の観点から「十分に」検討する課題を怠っている。

7　Manyin, Mark E., *Senkaku (Diaoyu/Diaoyutai) Islands Dispute: U.S.Treaty Obligation*, Congressional Research Service, Report for Congress, September 25, 2012.

主権紛争の判例——先占・割譲・紛争発生の３要素

　過去の、国際司法裁判所による世界中の判例は、①先占、②割譲、③紛争発生、の３つの要素に注目してきた。ここでは各要素に注目した３つの判例を検討する。

　a）まず、古典的なパルマス島事件では講和による「②割譲」が紛争発生の期日とされた。これはフィリピンミンダナオ島のサン・オーガスチン岬と、オランダ領東インドの北にあるナヌーサ群島の中間にある孤島パルマス島の領有権を巡って、アメリカとオランダが1906年から争った領土紛争である。

　最終的には、1928年に常設仲裁裁判所でオランダの領土であるとの判決が下された。裁判所は決定的期日を、「第三国から割譲された」日と認定し、これを決定した1898年のパリ条約締結を期日と判断し、その時点で実効的支配をしていた当事国（オランダ）に領有権があるとした。

　b）東部グリーンランド事件では、「決定的期日」は「①先占」宣言によるとされた（ただしこれを宣言した側を認めたものではない）。

　これは、デンマークとノルウェーが、東部グリーンランドの帰属をめぐって争った領土紛争である。1931年７月、ノルウェーが「無主地先占」を根拠にして東部グリーンランド島の主権を宣言し、これに対してグリーンランド島全体に主権を主張するデンマークがノルウェーの宣言の違法、無効の判決を求めて常設国際司法裁判所に提訴した。

　裁判所は1933年４月５日の判決で、デンマークのグリーンランドに対する継続的かつ平和的な主権の発現に基づく主張に加えて、ノルウェー外相の口頭の回答に法的拘束力を認め、ノルウェーの先占宣言とその関連措置を違法、無効なものと判決した。先占の対象となる無主地であったという観点により、片方の当事国による先占宣言の時点を決定的期日とした。

　「先占」が有力な論拠となるならば、日本の閣議決定による「①先占」も、これを援用して主権を主張できよう。ただし、先占だけでは話は終わらず、実効支配を伴う必要があるとされた。

　c）マンキエ・エクレオ事件では「③紛争発生」を期日とした。これは、

イギリスのチャネル諸島の一つジャージー島とフランス海岸との間にあるマンキエ諸島とエクレオ諸島をめぐって、イギリスとフランスが領有権を争った事件である。両国は1951年、国際司法裁判所に紛争を提起した。英仏両国は、国家権能の継続的な行使を証明するため、さまざまな証拠を提出した。

エクレオ諸島に対する対立する主張の相対的な強さを評価するとき、裁判所は14世紀初頭以来、同島は継続してイギリス国王の統治下にあったと認定した。フランスは有効な権限を保持してきたことを立証していない。

マンキエ諸島についても、イギリスが提出した証拠は、17世紀初頭、イギリス領ジャージー島の一部として取り扱われ19〜20世紀においても、イギリス当局が国家権能を行使してきたことを示している。中世以来、長期間にわたる競合する権限行使が行われた為、特に決定的期日を定めなかったが、原則的に主権に関する紛争が発生した日を決定的期日として、それ以後の紛争当事国の行動は重視しないとした。

さて、国際司法裁判所が判定を下した以上3つのケースを参考にして、尖閣問題はどのケースに最も近いかを考えてみよう。

仮に「①先占」あるいは「②割譲」を根拠とするならば、「決定的期日」は、いずれも日清戦争が終わりに近づいていた1895年前半となる。しかし、b)の例で見た通り、先占だけではなく、実効支配を伴う必要があるという判例がある以上、日本にも、尖閣への実効支配がいつ行われたかについては弱みがある。尖閣の先占閣議決定は1895年1月12日であり、台湾割譲の条約調印は同年の4月17日であるものの、「実効支配」は台湾の割譲後に行われている。

そこで、もし、「③紛争発生」を根拠とするならば、1971年の**沖縄返還協定調印前後**が「決定的期日」だと見なされよう。前述のように、芹田も松井も③が望ましいとしている。

なので、ここからは、沖縄返還協定条約で、尖閣の主権について**日米はどのように交渉し、2つの中国は何を主張したのか**、それは正当性をもつ主張たりうるのか、それを問題としなければなるまい。

見落とされた「施政権」のみの返還

　国際法の観点から、本当に「沖縄返還」を機とした日本の尖閣諸島領有を主張できるのだろうか。以下3点から検証する。

　第一に、1971年10月の時点で米国は当時外交関係をもつ中華民国の潜在請求権（underlying claims）を認めるとともに、まだ国交のない中華人民共和国をも正式国名で呼び、潜在請求権（underlying claims）を認めている。むろんニクソン訪中計画が背後にある。

　第二に、沖縄返還協定は、サンフランシスコ平和条約に直結しつつ、そこでは解決されるに至らなかった「沖縄の地位」を決定した条約である。

　第三に、この返還協定の交渉過程を通じて、中華民国および中華人民共和国が尖閣への主権を要求した事実に着目しなければならない。これら3点はいずれも常識に属する知見であり、

　それゆえに芹田も松井も、この協定前後の時期を「尖閣紛争の『決定的期日』とせよ」と提案している。ならば、日本が保持するのは「施政権だけであって、主権ではない」とする米国の見解は、国際法の観点からして妥当なのか否か、十分に検討されなければなるまい。

　ジャーナリズムでは、協定文言では3.2億ドルとされた返還にともなう費用が実際には6.5億ドルであったという裏金問題[8]や、非核三原則と矛盾する核兵器の持ち込み問題が追求されたが、「2つの中国からの潜在請求権（underlying claims）の問題」は、日本では軽く扱われ、隠蔽された印象を否めない。これはむろん親米派の牛耳る外務省、政府の真相隠蔽によるものだが、この風潮を安易に受け入れてはなるまい。

　返還協定の条文解釈を曖昧にしたまま、中華民国と中華人民共和国との主権要求を拒否するのが日本政府のやり方である。そこから日中関係の悪循環が始まったのであるから、この原点に立ち返って問題を考察すべきであろう。

8　これは民主党政権時代に「愛知ロジャース会談を伝える極秘電報」（1971年6月9日パリ発外務省宛）等が情報公開された資料群に含まれる。矢吹はこの極秘電報については、『尖閣衝突は沖縄返還に始まる』『南シナ海領土紛争と日本』（いずれも花伝社）等で繰り返し、言及した。

要するに、沖縄返還協定には何が書かれ、何が密約として隠されたのか、その原点を国際法学者は解明する義務があろう。その義務を怠ったところから尖閣紛争が始まったのだ。

芹田や松井の著作に対して著者はこの印象をぬぐいがたい。裏金や核ぬき問題と並んで、あるいはそれ以上に重要な「尖閣の主権」問題は、当時のいわゆる「情報公開」の風潮のもとで、意識的あるいは無意識のうちに再度隠蔽され、2012年秋の日本政府による国有化騒動に至る。このとき国際法学者はどのように対応したのか、疑問が残る。

第4節　村瀬・宮本論文への疑問

1905年あるいは1954年——村瀬信也による竹島「期日」論

村瀬信也上智大学名誉教授（国連国際法委員会委員）は、「領土をめぐる視覚と国際司法裁判所」[9] において、国際法においては紛争発生の「決定的期日」が極めて重要だと次のように解説している。

> 「領土紛争で最も重要なポイントは、裁判所が、紛争発生の「決定的期日」をいつに定めるかという点である。紛争当事国が提出する証拠は、この決定的期日以前のもののみが許容される。つまり、決定的期日がいつになるかによって、領土紛争においては、それが裁判の行方を左右することも多い。裏返して言うと、この期日以降の「実行」は裁判では何ら主張の根拠として援用することはできないのである」（117頁第3段）。「仮に竹島紛争が国際司法裁判所（ICJ）で争われることになったとして、決定的期日はいつになるだろうか。これまでの類似の国際判例から考えられるのは、日本が竹島を島根県に編入した1905年が決定的期日として最も有力と言えよう。日本の主張は、幕府の『渡海免許』が示すように同島は18世紀にはすでに日本の主権の下に置かれていたというものであり、島根県への編入はそれ

---

[9] 村瀬信也『外交』第16巻、2012年11月号。

を『再確認』したにすぎないというものであるから、韓国側としては、1905年以前の時期において、竹島が韓国領であったということを、歴史的事実に即して証明する必要がある」「どちらの国が同島に主権的権能を及ぼしていたかが、証拠に照らして判断されることになる」(117～118頁)。

村瀬はもう一つの「決定的期日」として、「日本が最初にこの紛争をICJに付託することを韓国に提案した1954年が採用される可能性もある。その場合には、1952年の韓国による「海洋主権宣言」や日本の海上保安庁巡視船による韓国漁民竹島上陸の阻止の試みと韓国警備艇の発砲といった事例も裁判所の考慮の対象となろう」(117～118頁) と記している。

村瀬はこのように竹島紛争における「決定的期日」として、1905年あるいは1954年、2つの期日を争点と想定している。要するに**日本による竹島編入**を期日とするか、**韓国による李承晩ラインの設定**を期日とするか、いずれかである。村瀬が挙げた2つの期日のうち、前者ならば竹島編入を肯定するものだから日本に有利だし、後者ならば（竹島編入の正当性を否定し）李承晩ラインの正当性を認めることになるから韓国に有利だ。

さてICJは2つの期日のうち、どちらを選ぶか、村瀬はこれ以上のコメントを避けている。要するに日本に有利な1905年と韓国に有利な1954年を**並列**した。これが村瀬の判断である。

「無主地」を「実効支配」したという村瀬の主張について

では尖閣はどうか。村瀬は言う。

> 「尖閣問題におけるわが国と相手国との関係は、竹島の場合とは、逆転したものとなっている」(118頁)。

村瀬の言う「逆転したもの」とは、多分竹島は韓国が実効支配しているのに対して、尖閣諸島は日本が実効支配していることを指すのであろう。しかし村瀬の論理では、「無主地先占」と「実効支配」の関わりが十分に

明らかではない。

村瀬は言う。

> 「日本の立場は、尖閣に関する領土問題は存在せず、まして紛争は存在しない、というものである」、「日本は1895年1月に、尖閣諸島がいずれの国にも帰属していないことを確認した上で、これを沖縄県八重山郡の一部として編入した。こうした措置は、国際法上『無主地』の『先占』として認められている」（118頁）。

村瀬は尖閣諸島が「いずれの国にも帰属していないことを確認した上で」と書いているが、**何に依拠して何を確認したのかは明らかではない。**

尖閣諸島が琉球王国に帰属していないことは史実に明らかだが、清国に帰属していないことはどのように確認したのか——この確認の根拠があいまいなままで、国際法上の無主地先占を説くのは、論理の飛躍であろう。

著者はこの争点について2017年9月に武漢大学主催「北京シンポジウム」において、釣魚台・黄尾嶼・赤尾嶼は琉球王国からの朝貢使、清国からの冊封使の往還の航路図[10]に明記された無人島であり、無人島を即無主地と断定することには疑問が残る、と指摘した。釣魚台・黄尾嶼・赤尾嶼は、なるほど無人島ではあったが、これが「国際法上の無主地」と判断できるかどうかは疑問が残る、と指摘した次第である。

村瀬は無主地の定義について119頁第2段では、「国際法の原則によれば、無主地であったかなかったかは、そこに具体的な政府機能が実効的に確立されていたかどうかによる」としている。もし無主地をこのように厳密に規定するとすれば、その定義は直ちに日本による実効支配の実態に跳ね返ることになる。

前述したように、日本が尖閣諸島に対して、「具体的な政府機能を実効的に確立したのは下関条約締結以後である。先占の閣議決定はなるほど下関条約締結以前のことではあるが、実効支配が行われたのは、台湾割譲以

10　徐葆光『中山傳信録 1719年』

後である。こうして、尖閣諸島について無主地先占を可とした日本政府の立場については、細かく特定しつつ、肝心の実効支配になると、先占によるものか、割譲によるものか、その根拠は曖昧になっているのが日本側解釈の通例である。

　こうした先占と実効支配のあり方を具体的に点検すると、無主地認定には疑問が残ると言わざるを得ない。もし無主地認定が問題ならば、「先占」という閣議決定にも疑問が残ることはいうまでもない。加えて、日本帝国が閣議決定を行った後、これを「清国に通告しなかった」事実にも注意が向けられるべきだ。

清国はいつ日本の「先占」を認識したか
　日本の「先占」の経緯をあいまいにしたまま「台湾・中国が領有権を主張し始めるのは、1970年代に入ってからのこと」と指摘するのは、一方的ではないか。清国がいつ、日本の「先占」を認識したかが問題となるであろう。村瀬は、

　　「日本が尖閣諸島の領域編入措置を取ったのは、日清戦争終結に関する下関条約締結以前のこと (a) であり、もとよりこの諸島は、日本が日清戦争の結果、清国から奪取したものではない (b)」「以来、日本はその領有を平穏に継続してきた (c)」「台湾・中国が領有権を主張し始めるのは、その75年後、1970年代に入ってからのことである」

と続ける。しかし、下線を引いた3点について疑問が残る。
　(a) については、日本の尖閣編入はなるほど1895年1月であり、4月の講和条約締結以前である。しかしながら、この編入は日清戦争中に行われており、条約および附属文書に尖閣の文字が見られないことは確認できるとしても、台湾の附属島嶼に含まれるか否かは再確認が欲しい。
　すなわち (b) に言う「清国から奪取したものではない」とする解釈とポツダム宣言に言う「清国から盗取せる」ものとの整合性が問われる。

(c) では、「領有を平穏に継続してきた」とされているが、「1945年の敗戦から1972年の沖縄返還までの27年間」は「領有を平穏に継続してきた」と認定できるのだろうか。

村瀬は119頁第3段では「仮に、裁判所がこの決定的期日を、1895年ではなく、中国が問題提起し始めた1970年代初頭に決めた場合」と、1970年を決定的期日とみる見解のありうることを示唆しているが、この場合は1945年の敗戦から沖縄返還までの「実効支配の平穏な継続」の有無が争点になるはずだ。

宮本雄二「無主地」の根拠はどこにあるか

宮本雄二による新刊『強硬外交を反省する中国』[11]、第6章「中国外交のどこが間違っていたのか」(159～160頁) の記述について、疑問を指摘しておく。

宮本元大使は村瀬教授の見解 (前掲、村瀬『外交』) を援用して、日本政府の立場の正当性を主張しているが、これは自分に都合のよい引用をする「断章主義」の疑いが残る。宮本曰く、

——村瀬信也上智大学名誉教授は、国際法においては紛争発生の「決定的期日」(critical dates) が極めて重要だと解く。国際司法裁判所 (ICJ) は、先ずそれを決めるというのだ。日本は、1885年1月に尖閣諸島がいずれの国にも帰属していないことを確認の上、尖閣を「無主の地」の「先占」として日本領に組み込んだ。日清戦争が終結する前である。恐らくこの日が「決定的期日」と指定されるだろう、と。

宮本のこの見解には、疑問が残る。すなわち、宮本は「尖閣諸島がいずれの国にも帰属していないことを確認の上」としているが、この「確認」なるものが問題である。尖閣を「無主の地」の「先占」として日本領に組み込んだ1895年1月14日の経緯にも、疑問が残ることは、すでに繰り

11　PHP新書、2017年11月。

返した通りである。尖閣を国際法で規定する無主地と認定できるかどうか、が大きな疑問なのだ。

　日本側が後に「尖閣」と名付けた魚釣島、黄尾嶼、赤尾嶼は無人島であったが、琉球王国からの朝貢使、清朝からの冊封使が往還の船旅に経由した航路標識として少なくとも200年以上にわたって、これらの島嶼は島名が琉球王国と清朝双方から知られていたことは前述の通りである。このような歴史をもつ無人島を国際法にいう無主地（terra nullius）と認定しうるかどうか――それが問題なのだ。

　それゆえ、日本政府による無主地先占の閣議決定（1895年1月14日）をもって「決定的期日」と指定されるか否かは、甚だ疑問である。宮本が「指定されるだろう」と記述したのは、根拠不十分な推測にすぎないのだ。

下関条約を「期日」とできるか

　宮本は、「中国が尖閣は日清戦争で台湾と同じように日本が奪取したというのであれば、その現実の可能性は小さいが、1895年4月の下関条約締結時が『決定的期日』となることも理論上はあり得る」としているが、これも閣議決定論の弱点と大同小異である。

　一般に、国境線の画定や変更の解決は、戦争による武力奪取や講和条約による割譲に基づくことが多い。日清戦争後の下関条約によって、台湾とその附属島嶼および澎湖諸島が日本に割譲されたことはよく知られている。しかし、下関条約には「尖閣諸島」についての記述はない。

　1895年4月17日に調印、5月8日に発効した下関条約本文に尖閣諸島についての記述の欠如している点は明らかだが、1985年1月に無主地先占を閣議決定した経緯と日清講和条約本文の表記との関係は、十分に明らかとはいえない。それゆえ、これをもって「決定的期日」（critical dates）とすることにも、疑問が残るわけだ。

　宮本は言う。

　　「ICJのこれまでの判例によれば、国際法上の重要な原則として『決定的期日』以前の証拠しか採用することを認めていない。その後行

われた行為は領有権主張の根拠としての『国家実行』としては何らの意味を持たないのだ（村瀬信也、同上）。つまりその後の相手国の行為に対しては、日本として否定する意思さえはっきり表示しておけば良いことになる。だから日本は、ロシア（ソ連）が実効支配している北方領土に対しても、韓国が実効支配している竹島に対しても、相手の一々の行動に対しその都度外交的に抗議し否定するだけである。実力行使に出る必要がないのだ。これが外務省時代の私［宮本］の理解だった。中国人は、これまで国際法に懐疑的であり、基本は、最後は『力』で決まると考えていたように見える。だが、習近平は、最近『各国は、国際法治の権威を護持する責任があり、法に従い権利を行使し、善意を以て履行する義務を有する』と述べている（ジュネーブ国連本部における習近平主席講演「共同構建人類命運共同体」2017年1月18日 http://news.xinhuanet.com/world/2017-01/19/c_1120340081.htm）。

　これまでの国連憲章に加え、広く国際法の認知を進めたものであり、新たな発展であり、大いに歓迎すべきことだ。しかし、現場ではまだそうなっていないのではないか。少なくとも2016年まではそうであった。国際法を尊重する『法の支配』や『法治』を取り戻す必要があることを中国は理解するべきである」（159〜160頁）。

　上記のような宮本の主張には、いくつもの難点が含まれており、説得力を欠く。中国との折衝の前に、日本外交はみずからのスタンスの論理を改めて点検することから着手することが望まれる。無用の論点を繰り返すことは、問題をいっそう紛糾させることになる。相手側を説得することが外交の課題であることを銘記すべきではないか。

第5節　今後の尖閣問題解決にむけて

　日本には国際法を専攻する学者は少なくないが、尖閣紛争についてその見解を明らかにしている代表的な学者として3氏の所説を検討した。

遺憾ながら、これら3氏は表現に微妙な差異は認められるが、尖閣諸島を「無主地」(*terra nullius*) と認定し、日本政府による先占 (*occupatio*) および実効支配 (*effective control*) を是認する点では全く同一であり、いずれも日本政府の立場と変わりはない。

　沖縄返還協定の上院公聴会記録を無視したまま、決定的期日 (*critical dates*) を論ずる、専門家にあるまじき態度を見せている。

　このような日本政府の立場に対して、中華民国や中華人民共和国が異なる見解を主張し、外交問題が生じていることは周知の事実である。竹島の帰属問題では韓国との間に深刻な対立を生じていることも周知の通りである。

　このような隣国との紛争を真に解決するうえで、国際法の役割は大きいはずだと門外漢の著者は考えている。「喉の小骨」を除去するために、「紛争解決に役立つ国際法」が求められているのではないか。

　日本政治においては日本共産党を含めてすべての既成政党が日本政府の立場を支持し、国際法学者もその例外ではないという異様な現象が続いている。日本政治がこのようなウルトラナショナリズムに支配されている限り、日本は隣国との平和を構築できない、と著者は確信している。

おわりに——中国の勃興と日本の危機

　前著『習近平の夢』が第5回岡倉天心記念賞最優秀賞を得た2017年11月30日夜、会場の日比谷松本楼で最も喜んでくれたのが花伝社の平田勝社長であり、編集担当の山口侑紀さんであった。われわれは有楽町のガード下居酒屋で2次会を開き、祝杯を重ね、そこで本書『中国の夢』の構想がまとまった。

　私は1938年に生まれ、1958年に大学に入り、中国語と社会主義を学び始めた。今年は中国学60年目である。1949〜78年の中国は、毛沢東の革命思想に基づき、「中国の道」を模索し、「生産手段の変革」を至上命題とした。1979〜2011年の中国は、鄧小平の発展理論に基づき、ひたすら「生産力の発展」に努力した。白猫黒猫、ネズミを捕るのがよい猫だ。マルクスの説いた「生産関係と生産力」の構図から見ると、両者ともにバランスを崩していた。

　2012年にトップ指導者に選ばれた習近平は、「2つの遺産」、すなわち毛沢東の革命思想と鄧小平の発展理論を止揚し、「新時代の社会主義思想＝習近平思想」を創出する課題を迫られている。21世紀の新時代を特徴づけるのは、地球環境の制約下での経済発展である。習近平はこの課題を解決するために、21世紀最先端のET革命に全面的に依拠する体制を整えている。ドイツの研究者はこれを「デジタル・レーニン主義」と名付けた。「デジタル中国」をレーニンの組織原則でシステム化する試みと理解したわけだ。

　「ビッグデータの独裁」は、われわれにジョージ・オーウェルが『1984年』で警告した「ビッグブラザーの独裁」を想起させる。これに対して中国の識者たちは、「ビッグデータ」や「デジタル・リヴァイアサン」

(*digital Leviathan*)という現代の怪物を飼い馴らす方法を模索している。21世紀の人類を救うのは新時代の社会主義(*digital Leninism*)なのか、それとも伝統的な福利国家(*Welfare States*)なのか——それがいま問われている。

中国であれ、米国であれ、あるいは日本であれ、ビッグデータが「神の見えざる手」のごとく、人々を支配する動きはすでに始まっている。学寮の一室「中国研究会」時代から「コンピュータなくして社会主義なし」と口角泡を飛ばしてきた著者は、かねて夢想していた「電脳社会主義」が隣国で日々現実になりつつあることを実感して本書を書いた。この隣国と巧みにつきあうことができなければ、日本に未来はない。中国「脅威」論や「崩壊」論などに頭脳を汚染されている人々が速やかに目覚めることを期待している。

ここで回想を一つ記しておきたい。著者は30年前に『チャイナ・シンドローム——限りなく資本主義に近い社会主義』(蒼蒼社、1986年)を著し、老師大内力先生が書評(『社会労働評論』1987年4月号)を書いてくださった。

「矢吹教授はけっして中国がやがて資本主義になると考えられているわけではない。『経済面では資本主義を追求しながら、資本主義になりきれない。政治面では民主化を追求しつつも、共産党の指導という名の支配はやめられない』というのが教授の中国の現状にたいする認識であり、それゆえそれは『限りなく資本主義に近い社会主義』なのである」と。

当時の著者は実は、EU加盟を急ぐ東欧諸国[1]を横目で観察しながら限りなく資本主義に近いシステムの行方は「資本主義であろう」と展望して

---

1 これは最終的にここに帰着したものであり、ソ連解体以前の表現は「制御された市場経済つきの計画経済体制」(*Planned economy system with regulated market*)が改革派の構想であった。

いた。本書の結論から明らかなように、著者のこれまでの資本主義への回帰論は間違っており、やはり大内書評の観点が正しかった。

中国はソ連東欧と異なる道を選び、土俵際で共産党の支配を堅持した。かつて大内力編『現代社会主義の可能性』(東大出版会、1975年)に参加した当時の著者は、毛沢東流の社会主義理念に共鳴していたが、その後の試行錯誤を経て、ようやく本書の「電脳社会主義」に辿り着いた。中国における実践のジグザグの歩みは、私自身の認識の試行錯誤と重なる。

「限りなく資本主義に近い中国の電脳社会主義」と「限りなく社会主義に近づく資本主義システム」とは、これからどのような関係を取り結ぶであろうか——。両者は、「持続可能な発展 (sustainable development)」という制約条件のもとで、体制間の融合 (conversion) へ向けて長い道程を歩むのではないか。ただし、核戦争[2]が人類を死滅させないという条件付きで。

2018年　春節前夜に
著者　矢吹晋

---

[2] 「地球最後の日まで残り2分」。アメリカの科学誌『the Bulletin of the Atomic Scientists』は「2018年1月25日、世界の終わりまでの時間を象徴的に表す『終末時計』を30秒進め、残り2分」と発表。「2017年、世界の指導者は迫りくる核戦争の脅威と地球温暖化に効果的に対処することができず、世界の治安情勢を1年前よりも危険にさらし、冷戦時並みの脅威になった」出典：2018 Doomsday Clock Statement (2018 Doomsday Clock Statement Science and Security Board) https://thebulletin.org/2018-doomsday-clock-statement

巻末資料・中国版ノーメンクラツーラ

　以下に紹介する資料は、中共中央組織部の通知、『中共中央管理的幹部職務名称表』の修訂に関する通知（1998年8月13日付、中組発［1998］11号）である。この「通知」には次の注釈が付されている。

　「中共中央の管理する幹部職務名称表」は、初めに中共中央から発出されて以後、中共中央組織部がいくども修訂してきた。最近における修訂は、1990年（1990年5月10日付、中組発［1990］XX号）および1998年（1998年8月13日付、中組発［1998］11号）に行われ、いずれも2つの「附件」（附1：「中共中央管理的幹部職務名称表」、附2：「向中央備案的幹部職務名単」）を付している。

資料　中共中央組織部関于修訂《中共中央管理的干部職務名称表》的通知1998年8月13日中組発[1998]11号
（注）中共中央管理的干部职务名称表最初由中共中央颁发，以后由中共中央组织部作过多次修订，最近的两次在1990年和1998年修订，都有两个附件。
附一：中共中央管理的干部职务名称表，
附二：向中央备案的干部职务名单。
中共中央关于颁发『中共中央管理的干部职务名称表』的决定 1955年1月4日 [55]013号
中共中央组织部关于修订『中共中央管理的干部职务名称表』的通知 1990年5月10日　中组发[1990]XX号
中共中央组织部关于修订『中共中央管理的干部职务名称表』的通知 1998年8月13日　中组发[1998]11号
部长助理职务级别为正厅级，也可明确为副部级。

巻末資料1a　中共中央の管理する幹部職務9類（1998年）

中共中央の管理する幹部職務9類	372単位 （組織・機関）
1. 中央直属機関機構の領導幹部職務類	33単位
2. 中央紀律検査委員会幹部職務類	74単位
3. 中華人民共和国中央国家機関領導幹部職務類	120単位
4. 中央管理の社会団体領導幹部職務類	20単位
5. 中央管理の地方党政領導幹部職務類	10単位
6. 中央管理の国有重点企業領導幹部職務類	53単位
7. 銀行股份有限公司委員会書記副書記委員 銀行股份有限公司董事長副董事長行長副行長監事会主席	22単位
8. 中央管理の高等学校領導幹部職務類	31単位
9. 中央管理のその他単位領導幹部職務類	9単位

出所：中共中央の管理する幹部職務名称表（1998年8月13日 中組発［1998］11号）

巻末資料1b　中共中央の直属機関の領導幹部職務33類

	中共中央の直属機関の領導幹部職務33類
1	中央委員会委員、候補委員
2	中央政治局委員、候補委員
3	中央政治局常務委員会委員
4	中央委員会総書記
5	中央書記処書記
6	中央辦公庁主任、副主任
7	－中央警衛局（総参謀部警衛局）局長、副局長
8	－中央檔案館（国家檔案局）館長（局長）、副館長（局長）
9	－中央直属機関事務管理局局長、副局長
10	中央組織部部長、副部長、部務委員、秘書長
11	中央宣伝部部長、副部長、部務委員、秘書長
12	中央統一戦線工作部部長、副部長、秘書長、副秘書長
13	－中央社会主義学院院長、副院長、教育長、中国共産党中央社会主義学院党組書記、副書記、成員
14	中央対外聯絡部部長、副部長、部長助理、秘書長
15	中央政策研究室主任、副主任、秘書長
16	中央外事工作領導小組（中央国家安全工作領導小組）辦公室（中央外事辦公室）主任、副主任
17	中央台湾工作辦公室（国務院台湾事務辦公室）主任、副主任、主任助理
18	中央対外宣伝工作辦公室（国務院新聞辦公室）主任、副主任
19	中央財政経済工作領導小組辦公室主任、副主任
20	中央機構編制委員会辦公室主任、副主任
21	中央委員会精神文明建設指導委員会辦公室主任、副主任
22	中央農村工作領導小組辦公室主任、副主任
23	中央政法委員会秘書長、副秘書長
24	中央委員会社会治安綜合治理委員会辦公室主任、副主任
25	中央保密委員会辦公室（国家保密局）主任（局長）、副主任（局長）
26	中央直属機関工作委員会書記、副書記、委員
27	中央国家機関工作委員会書記、副書記、委員
28	中央党校校長、副校長、校務委員会委員
29	中央文献研究室主任、副主任、室務委員、秘書長
30	中央党史研究室主任、副主任、室務委員、秘書長
31	人民日報社社長、副社長、総編輯、副総編輯
32	求実雑誌社社長、総編輯
33	中央編訳局局長、副局長

巻末資料 1c 中共中央紀律検査委員会の領導幹部職務 74 類

	中共中央紀律検査委員会の領導幹部職務 74 類
1	中央紀律検査委員会委員
2	中央紀律検査委員会常務委員会委員
3	中央紀律検査委員会書記、副書記
4	中央紀律検査委員会秘書長、副秘書長
5	中央紀律検査委員会副部級検査（監察）専員
6	中央紀律検査委員会辦公庁主任
7	中央紀律検査委員会干部室主任
8	中央紀律検査委員会第一紀検監察室主任
9	中央紀律検査委員会第二紀検監察室主任
10	中央紀律検査委員会第三紀検監察室主任
11	中央紀律検査委員会第四紀検監察室主任
12	中央紀律検査委員会第五紀検監察室主任
13	中央紀律検査委員会第六紀検監察室主任
14	中央紀律検査委員会第七紀検監察室主任
15	中央紀律検査委員会第八紀検監察室主任
16	中央紀律検査委員会信訪室主任
17	中央紀律検査委員会案件審理室主任
18	中央紀律検査委員会党風廉正建設室主任
19	中央紀律検査委員会宣伝教育室主任
20	中央紀律検査委員会政策法規室主任
21	中央紀律検査委員会研究室主任
22	中央紀律検査委員会巡視工作辦公室主任、副部級巡視専員
23	中央紀律検査委員会駐国家発展和改革委員会紀検組組長
24	中央紀律検査委員会駐教育部紀検組組長
25	中央紀律検査委員会駐科学技術部紀検組組長
26	中央紀律検査委員会駐国防科学技術工業委員会紀検組組長
27	中央紀律検査委員会駐国家民族事務委員会紀検組組長
28	中央紀律検査委員会駐民政部紀検組組長
29	中央紀律検査委員会駐司法部紀検組組長
30	中央紀律検査委員会駐財政部紀検組組長
31	中央紀律検査委員会駐人事部紀検組組長
32	中央紀律検査委員会駐労働和社会保障部紀検組組長
33	中央紀律検査委員会駐国土資源部紀検組組長
34	中央紀律検査委員会駐建設部紀検組組長
35	中央紀律検査委員会駐交通部紀検組組長
36	中央紀律検査委員会駐信息産業部紀検組組長
37	中央紀律検査委員会駐水利部紀検組組長
38	中央紀律検査委員会駐農業部紀検組組長
39	中央紀律検査委員会駐商務部紀検組組長
40	中央紀律検査委員会駐文化部紀検組組長
41	中央紀律検査委員会駐衛生部紀検組組長
42	中央紀律検査委員会駐国家人口和計劃生育委員会紀検組組長
43	中央紀律検査委員会駐審計署紀検組組長
44	中央紀律検査委員会駐海関総署紀検組組長

45	中央紀律検査委員会駐国家税務総局紀検組組長
46	中央紀律検査委員会駐国家工商行政管理総局紀検組組長
47	中央紀律検査委員会駐国家質量技術監督検験検疫総局紀検組組長
48	中央紀律検査委員会駐国家環境保護総局紀検組組長
49	中央紀律検査委員会駐国家広播電影電視総局紀検組組長
50	中央紀律検査委員会駐新聞出版総署紀検組組長
51	中央紀律検査委員会駐国家体育総局紀検組組長
52	中央紀律検査委員会駐国家安全生産監督管理総局紀検組組長
53	中央紀律検査委員会駐国家統計局紀検組組長
54	中央紀律検査委員会駐国家林業局紀検組組長
55	中央紀律検査委員会駐国家食品薬品監督管理局紀検組組長
56	中央紀律検査委員会駐知識産権局紀検組組長
57	中央紀律検査委員会駐国家旅遊局紀検組組長
58	中央紀律検査委員会駐国務院僑務辦公室紀検組組長
59	中央紀律検査委員会駐人民日報社紀検組組長
60	中央紀律検査委員会駐新華通訊社紀検組組長
61	中央紀律検査委員会駐中国科学院紀検組組長
62	中央紀律検査委員会駐中国社会科学院紀検組組長
63	中央紀律検査委員会駐中国地震局紀検組組長
64	中央紀律検査委員会駐中国気象局紀検組組長
65	中央紀律検査委員会駐国家電力監督管理委員会紀検組組長
66	中央紀律検査委員会駐国家糧食局紀検組組長
67	中央紀律検査委員会駐国家煙草専売局紀検組組長
68	中央紀律検査委員会駐国家海洋局紀検組組長
69	中央紀律検査委員会駐国家測絵局紀検組組長
70	中央紀律検査委員会駐中国地質調査局国家郵政局紀検組組長
71	中央紀律検査委員会駐国家郵政局紀検組組長
72	中央紀律検査委員会駐国務院三峡工程建設委員会辦公室紀検組組長
73	中央紀律検査委員会駐中華全国総工会紀検組組長
74	中央紀律検査委員会駐中華全国供銷合作総社理事会紀検組組長

巻末資料1d　中国中央国家機関の領導幹部職務120類

	中国中央国家機関の領導幹部職務120類
1	中華人民共和国主席、副主席；主席辦公庁主任
2	全国人民代表大会常務委員会委員長、副委員長、秘書長、委員
3	全国人民代表大会代表
4	中国共産党全国人民代表大会常務委員会党組書記、副書記、成員
5	中国共産党全国人民代表大会常務委員会機関党組書記、副書記、成員
6	全国人民代表大会各専門委員会主任委員、副主任委員、委員
7	全国人民代表大会常務委員会副秘書長
8	全国人民代表大会常務委員会各工作委員会主任（委員）、副主任（委員）、委員
9	国務院総理、副総理、国務委員、秘書長
10	中国共産党国務院党組書記、副書記、成員
11	中国共産党国務院機関党組書記、副書記、成員
12	国務院副秘書長
13	外交部部長、副部長、部長助理；中国共産党外交部委員会書記、副書記、委員、紀委書記
14	国防部部長
15	国家発展和改革委員会主任、副主任、秘書長；中国共産党国家発展和改革委員会党組書記、副書記、成員
16	教育部部長、副部長、部長助理；中国共産党教育部党組書記、副書記、成員
17	科学技術部部長、副部長、秘書長；中国共産党科学技術部党組書記、副書記、成員
18	国防科学技術工業委員会主任、副主任、秘書長；中国共産党国防科学技術工業委員会党組書記、副書記、成員
19	国家民族事務委員会主任、副主任、委員；中国共産党国家民族事務委員会党組書記、副書記、成員
20	公安部部長、副部長、部長助理、政治部主任；中国共産党公安部委員会書記、副書記、委員、紀委書記
21	国家安全部部長、副部長、部長助理、政治部主任；中国共産党国家安全部委員会書記、副書記、委員、紀委書記
22	監察部部長、副部長
23	民政部部長、副部長；中国共産党民政部党組書記、副書記、成員
24	司法部部長、副部長、政治部主任；中国共産党司法部党組書記、副書記、成員
25	財政部部長、副部長、部長助理；中国共産党財政部党組書記、副書記、成員
26	人事部部長、副部長；中国共産党人事部党組書記、副書記、成員
27	労働和社会保障部部長、副部長；中国共産党労働和社会保障部党組書記、副書記、成員
28	国土資源部部長、副部長；中国共産党国土資源部党組書記、副書記、成員
29	建設部部長、副部長；中国共産党建設部党組書記、副書記、成員
30	鉄道部部長、副部長、政治部主任；中国共産党鉄道部党組書記、副書記、成員、紀委書記
31	交通部部長、副部長；中国共産党交通部党組書記、副書記、成員
32	信息産業部部長、副部長；中国共産党信息産業部党組書記、副書記、成員
33	水利部部長、副部長；中国共産党水利部党組書記、副書記、成員
34	農業部部長、副部長；中国共産党農業部党組書記、副書記、成員
35	商務部部長、副部長、部長助理；中国共産党商務部党組書記、副書記、成員
36	文化部部長、副部長、部長助理；中国共産党文化部党組書記、副書記、成員
37	衛生部部長、副部長；中国共産党衛生部党組書記、副書記、成員
38	国家人口和計劃生育委員会主任、副主任；中国共産党国家人口和計劃生育委員会党組書記、副書記、成員
39	中国人民銀行行長、副行長、行長助理；中国共産党中国人民銀行委員会書記、副書記、委員、紀委書記
40	審計署審計長、副審計長；中国共産党審計署党組書記、副書記、成員

41	国務院国有資産監督管理委員会委員会主任、副主任；中国共産党国務院国有資産監督管理委員会委員会書記、副書記、委員
42	海関総署署長、副署長；中国共産党海関総署党組書記、副書記、成員
43	国家税務総局局長、副局長；中国共産党国家税務総局党組書記、副書記、成員
44	国家工商行政管理総局局長、副局長；中国共産党国家工商行政管理総局党組書記、副書記、成員
45	国家質量技術監督検験検疫総局局長、副局長；中国共産党国家質量技術監督検験検疫総局党組書記、副書記、成員
46	国家環境保護総局局長、副局長；中国共産党国家環境保護総局党組書記、副書記、成員
47	中国民用航空総局局長、副局長；中国共産党民用航空総局委員会書記、副書記、委員、紀委書記
48	国家広播電影電視総局局長、副局長；中国共産党国家広播電影電視総局党組書記、副書記、成員
49	新聞出版総署（国家版権局）署長（局長）、副署長、副局長；中国共産党新聞出版総署党組書記、副書記、成員
50	国家体育総局局長、副局長、局長助理；中国共産党国家体育総局党組書記、副書記、成員
51	国家安全生産監督管理総局局長、副局長；中国共産党国家安全生産監督管理総局党組書記、副書記、成員
52	国家統計局局長、副局長；中国共産党国家統計局党組書記、副書記、成員
53	国家林業局局長、副局長；中国共産党国家林業局党組書記、副書記、成員
54	国家食品薬品監督管理局局長、副局長；中国共産党国家食品薬品監督管理局党組書記、副書記、成員
55	国家知識産権局局長、副局長；中国共産党国家知識産権局党組書記、副書記、成員
56	国家旅遊局局長、副局長；中国共産党国家旅遊局党組書記、副書記、成員
57	国家宗教事務管理局局長、副局長；中国共産党国家宗教事務管理局党組書記、副書記、成員
58	国務院参事室主任、副主任；中央文史研究館館長、副館長；中国共産党国務院参事室（中央文史館）党組書記、副書記、成員
59	国務院機関事務管理局局長、副局長；中国共産党国務院機関事務管理局党組書記、副書記、成員
60	国務院僑務辦公室主任、副主任；中国共産党国務院僑務辦公室党組書記、副書記、成員
61	国務院港澳事務辦公室主任、副主任；中国共産党国務院港澳事務辦公室党組書記、副書記、成員
62	国務院法制辦公室主任、副主任；中国共産党国務院法制辦公室党組書記、副書記、成員
63	国務院研究室主任、副主任；中国共産党国務院研究室党組書記、副書記、成員
64	新華通訊社社長、副社長、総編輯、副総編輯、秘書長、副秘書長；中国共産党新華通訊社党組書記、副書記、成員
65	中国科学院院長、副院長、秘書長、副秘書長；中国共産党中国科学院党組書記、副書記、成員
66	中国社会科学院院長、副院長、秘書長；中国共産党中国社会科学院党組書記、副書記、成員
67	中国工程院院長、副院長、秘書長、副秘書長；中国共産党中国工程院党組書記、副書記、成員
68	国家行政学院院長、副院長、校務委員会委員；中国共産党国家行政学院委員会書記、委員
69	国務院発展研究中心主任、副主任；中国共産党国務院発展研究中心党組書記、副書記、成員
70	中国地震局局長、副局長；中国共産党中国地震局党組書記、副書記、成員
71	中国気象局局長、副局長；中国共産党中国気象局党組書記、副書記、成員
72	国家電力監督管理委員会主席、副主席；中国共産党国家電力監督管理委員会党組書記、副書記、成員
73	中国銀行業監督管理委員会主席、副主席、主席助理；中国共産党中国銀行業監督管理委員会委員会書記、副書記、委員、紀委書記
74	中国証券監督管理委員会主席、副主席、主席助理；中国共産党中国銀行業監督管理委員会委員会書記、副書記、委員、紀委書記
75	中国保険監督管理委員会主席、副主席、主席助理；中国共産党中国銀行業監督管理委員会委員会書記、副書記、委員、紀委書記
76	全国社会保障基金会理事会主任、副主任；中国共産党全国社会保障基金理事会党組書記、副書記、成員
77	国家自然科学基金会委員会主任、副主任；中国共産党国家自然科学基金会委員会党組書記、副書記、成員
78	中央人民政府駐香港特別行政区聯絡辦公室主任、副主任、主任助理；中国共産党香港工作委員会書記、副書記、委員

79	中央人民政府駐澳門特別行政区聯絡辦公室主任、副主任、主任助理；中国共産党澳門工作委員会書記、副書記、委員
80	国家信訪局局長、副局長；中国共産党国家信訪局党組書記、副書記、成員
81	国家糧食局局長、副局長；中国共産党国家糧食局局長、副書記、成員
82	国家物資儲備局局長；中国共産党国家物資儲備局党組書記
83	国家煙草専売局局長、副局長；中国共産党国家煙草専売局党組書記、副書記、成員
84	国家原子能機構主任；中国共産党国家原子能機構党組書記
85	中国国家航天局局長；中国共産党国家航天局党組書記
86	国家外国専家局局長、副局長；中国共産党国家外国専家局党組書記、副書記、成員
87	国家海洋局局長、副局長；中国共産党国家海洋局党組書記、副書記、成員
88	国家測絵局局長、副局長；中国共産党国家測絵局党組書記、副書記、成員
89	中国地質調査局局長；中国共産党中国地質調査局党組書記
90	国家郵政局局長、副局長；中国共産党国家郵政局党組書記、副書記、成員
91	国家文物局局長、副局長；中国共産党国家文物局党組書記、副書記、成員
92	国家中医薬管理局局長、副局長；中国共産党国家中医薬管理局党組書記、副書記、成員
93	中国人民銀行第二（上海）総部主任；中国共産党中国人民銀行第二（上海）総部委員会書記
94	国家外彙管理局局長、副局長；中国共産党国家外彙管理局党組書記、副書記、成員
95	国家核安全局局長；中国共産党国家核安全局党組書記
96	国家煤鉱安全監察局局長、副局長；中国共産党国家煤鉱安全監察局党組書記、副書記、成員
97	国務院三峡工程建設委員会辦公室主任、副主任；中国共産党国務院三峡工程建設委員会辦公室党組書記、副書記、成員
98	国務院南水北調工程建設委員会辦公室主任、副主任；中国共産党国務院南水北調工程建設委員会辦公室党組書記、副書記、成員
99	国務院扶貧開発領導小組辦公室主任、副主任；中国共産党国務院扶貧開発領導小組辦公室党組書記、副書記、成員
100	国家科技教育領導小組辦公室主任、副主任
101	国務院西部地区開発領導小組辦公室主任、副主任；中国共産党国務院西部地区開発領導小組辦公室党組書記、副書記、成員
102	国務院振興東北地区等老工業基地領導小組組長、副組長、成員、辦公室主任、副主任；中国産党国務院振興東北地区等老工業基地領導小組辦公室党組書記、副書記、成員
103	国家信息化領導小組辦公室（国務院信息化工作辦公室）主任、副主任；中国共産党国務院信息化工作辦公室党組書記、副書記、成員
104	国務院糾正行業不正之風辦公室主任、副主任
105	国家能源領導小組辦公室主任、副主任；中国共産党国家能源領導小組辦公室党組書記、副書記、成員
106	水利部長江水利委員会主任；中国共産党水利部長江水利委員会党組書記
107	水利部黄河水利委員会主任；中国共産党水利部黄河水利委員会党組書記
108	中国農業科学研究院院長；中国共産党中国農業科学研究院党組書記
109	中国国家博物館館長；中国共産党国家博物館委員会書記
110	中国故宮博物院院長；中国共産党故宮博物委員会書記
111	中国林業科学研究院院長；中国共産党中国農業科学研究院党組書記
112	最高人民法院院長、副院長、政治部主任、審判委員会委員
113	中国共産党最高人民法院党組書記、副書記、成員
114	最高人民検察院検察長、副検察長、政治部主任、検察委員会委員
115	中国共産党最高人民検察院党組書記、副書記、成員
116	中国人民政治協商会議全国委員会主席、副主席、秘書長、常務委員会委員、委員
117	中国共産党中国人民政治協商会議全国委員会党組書記、副書記、成員
118	中国共産党中国人民政治協商会議全国委員会機関党組書記、副書記、成員
119	中国人民政治協商会議全国委員会副秘書長
120	中国人民政治協商会議全国委員会各専門委員会主任、副主任、委員

巻末資料 1e　中央管理の社会団体の領導幹部職務 20 類

	中央管理の社会団体の領導幹部職務 20 類
1	中華全国総工会委員会主席、副主席、書記処第一書記、書記、経費審査委員会主任；中国共産党中華全国総工会委員会党組書記、副書記、成員
2	中国共産主義青年団中央委員会常務委員会委員、書記処第一書記、書記；中国共産党中国共産主義青年団中央委員会党組書記、副書記、成員
3	中華全国婦女聯合会委員会主席、副主席、書記処第一書記、書記；中国共産党中華全国婦女聯合会委員会党組書記、副書記、成員
4	中国共産党中華全国工商業聯合会党組書記、副書記、成員
5	中国科学技術協会主席、副主席、書記処第一書記、書記；中国共産党中国科学技術協会党組書記、副書記、成員
6	中国文学芸術界聯合会主席、副主席、書記処書記；中国共産党中国文学芸術界聯合会党組書記、副書記、成員
7	中国作家協会主席、副主席、書記処書記；中国共産党中国作家協会党組書記、副書記、成員
8	中華全国新聞工作者聯合会主席、副主席、書記処書記；中国共産党中華全国新聞工作者聯合会党組書記、副書記、成員
9	中華全国帰国華僑聯合会主席、副主席；中国共産党中華全国帰国華僑聯合会党組書記、副書記、成員
10	中華全国台湾同胞聯誼会会長、副会長；中国共産党中華全国台湾同胞聯誼会党組書記、副書記、成員
11	中華全国供銷合作総社理事会主任、副主任、監事会主席；中国共産党中華全国供銷合作総社理事会党組書記、副書記、成員
12	中国人民対外友好協会会長、副会長；中国共産党中国人民対外友好協会党組書記、副書記、成員
13	中国紅十字会会長、副会長；中国共産党中国紅十字会党組書記、副書記、成員
14	中国国際貿易促進委員会会長、副会長；中国共産党中国国際貿易促進委員会党組書記、副書記、成員
15	中国宋慶齢基金会主席、副主席；中国共産党中国宋慶齢基金会党組書記、副書記、成員
16	中国残疾人聯合会主席、副主席、理事長、副理事長；中国共産党中国残疾人聯合会党組書記、副書記、成員
17	中国法学会会長、副会長；中国共産党中国法学会党組書記、副書記、成員
18	中国人民外交学会会長、副会長；中国共産党中国人民外交学会党組書記、副書記、成員
19	中国老齢協会会長；中国共産党中国老齢協会党組書記
20	中国計劃生育協会会長；中国共産党中国計劃生育協会党組書記

巻末資料 1f　中央管理の地方党政領導幹部職務 10 類

中央管理の地方党政領導幹部職務 10 類	
	5.1 省、自治区、直轄市
	省 (22 個：黒竜江省、吉林省、遼寧省、河北省、山西省、陝西省、甘粛省、青海省、四川省、貴州省、雲南省、河南省、湖北省、湖南省、広東省、海南省、福建省、浙江省、江蘇省、山東省、安徽省、江西省)
	自治区 (5 個：内蒙古自治区、寧夏回族自治区、新疆維吾爾自治区、西蔵自治区、広西壮族自治区)
	直轄市 (4 個：北京市、上海市、天津市、重慶市)
1	中国共産党各省、自治区、直轄市委員会書記、副書記、常務委員会委員、紀律検査委員会書記
2	各省、自治区、直轄市人民代表大会常務委員会主任、副主任
3	各省人民政府省長、副省長、各自治区人民政府主席、副主席、各直轄市人民政府市長、副市長
4	中国人民政治協商会議各省、自治区、直轄市委員会主席、副主席
5	各省、自治区、直轄市高級人民法院院長
6	各省、自治区、直轄市人民検察院検察長
	5.2 副省級城市 15：哈爾濱市、長春市、沈陽市、大連市、西安市、成都市、武漢市、広州市、深圳市、厦門市、杭州市、寧波市、南京市、済南市、青島市
7	中国共産党各副省級城市委員会書記
8	各副省級城市人民代表大会常務委員会主任
9	各副省級城市人民政府市長
10	中国人民政治協商会議各副省級城市委員会主席

巻末資料1g　中央管理の国有重点企業53社の領導幹部職務

	中央管理の国有重点企業53社の領導幹部職務
1	中国共産党中国核工業集団公司党組書記、副書記、成員、中国核工業集団公司総経理、副総経理、監事会主席
2	中国共産党中国核工業建設集団公司党組書記、副書記、成員、中国核工業建設集団公司総経理、副総経理、監事会主席
3	中国共産党中国航天科技集団公司党組書記、副書記、成員、中国航天科技集団公司総経理、副総経理、監事会主席
4	中国共産党中国航天科工集団公司党組書記、副書記、成員、中国航天科工集団公司総経理、副総経理、監事会主席
5	中国共産党中国航空工業第一集団公司党組書記、副書記、成員、中国航空工業第一集団公司総経理、副総経理、監事会主席
6	中国共産党中国航空工業第二集団公司党組書記、副書記、成員、中国航空工業第二集団公司総経理、副総経理、監事会主席
7	中国共産党中国船舶工業集団公司党組書記、副書記、成員、中国船舶工業集団公司総経理、副総経理、監事会主席
8	中国共産党中国船舶重工集団公司党組書記、副書記、成員、中国船舶重工集団公司総経理、副総経理、監事会主席
9	中国共産党中国兵器工業集団公司党組書記、副書記、成員、中国兵器工業集団公司総経理、副総経理、監事会主席
10	中国共産党中国兵器装備集団公司党組書記、副書記、成員、中国兵器装備集団公司総経理、副総経理、監事会主席
11	中国共産党中国電子科技集団公司党組書記、副書記、成員、中国電子科技集団公司総経理、副総経理、監事会主席
12	中国共産党中国石油天然気集団公司党組書記、副書記、成員、中国石油天然気集団公司総経理、副総経理、監事会主席
13	中国共産党中国石油化工集団公司党組書記、副書記、成員、中国石油化工集団公司総経理、副総経理、監事会主席
14	中国共産党中国海洋石油総公司党組書記、副書記、成員、中国海洋石油総公司総経理、副総経理、監事会主席
15	中国共産党中国国家電網公司党組書記、副書記、成員、中国国家電網公司総経理、副総経理、監事会主席
16	中国共産党中国南方電網有限責任公司党組書記、副書記、成員、中国南方電網有限責任公司総経理、副総経理、監事会主席
17	中国共産党中国華能集団公司党組書記、副書記、成員、中国華能集団公司総経理、副総経理、監事会主席
18	中国共産党中国大唐集団公司党組書記、副書記、成員、中国大唐集団公司総経理、副総経理、監事会主席
19	中国共産党中国華電集団公司党組書記、副書記、成員、中国華電集団公司総経理、副総経理、監事会主席
20	中国共産党中国国電集団公司党組書記、副書記、成員、中国国電集団公司総経理、副総経理、監事会主席
21	中国共産党中国電力投資集団公司党組書記、副書記、成員、中国電力投資集団公司総経理、副総経理、監事会主席
22	中国共産党中国長江三峡工程開発総公司党組書記、副書記、成員、中国長江三峡工程開発総公司総経理、副総経理、監事会主席
23	中国共産党神華集団有限責任公司党組書記、副書記、成員、中国神華集団有限責任公司総経理、副総経理、監事会主席
24	中国共産党中国電信集団公司党組書記、副書記、成員、中国電信集団公司総経理、副総経理、監事会主席
25	中国共産党中国網絡通信集団公司党組書記、副書記、成員、中国網絡通信集団公司総経理、副総経理、監事会主席

26	中国共産党中国聯合通信集団公司党組書記、副書記、成員、中国聯合通信集団公司総経理、監事会主席
27	中国共産党中国移働通信集団公司党組書記、副書記、成員、中国移働通信集団公司総経理、監事会主席
28	中国共産党中国電子信息産業集団公司党組書記、副書記、成員、中国電子信息産業集団公司総経理、監事会主席
29	中国共産党中国第一汽車集団公司委員会書記、中国第一汽車集団公司総経理、監事会主席
30	中国共産党東風汽車公司委員会書記、中国東風汽車公司総経理、監事会主席
31	中国共産党中国第一重型機械集団公司委員会書記、中国第一重型機械集団公司総経理、監事会主席
32	中国共産党中国第二重型機械集団公司委員会書記、中国第二重型機械集団公司総経理、監事会主席
33	中国共産党哈爾濱電站設備集団公司党組書記、副書記、成員、中国哈爾濱電站設備集団公司総経理、副総経理、監事会主席
34	中国共産党中国東方電気集団公司党組書記、副書記、成員、中国東方電気集団公司総経理、副総経理、監事会主席
35	中国共産党鞍山鋼鉄集団公司委員会書記、鞍山鋼鉄集団公司総経理、監事会主席
36	中国共産党上海宝山鋼鉄集団公司委員会書記、上海宝山鋼鉄公司総経理、監事会主席
37	中国共産党武漢鋼鉄集団公司委員会書記、武漢鋼鉄公司総経理、監事会主席
38	中国共産党中国鋁業集団公司党組書記、副書記、成員、中国鋁業集団公司総経理、監事会主席
39	中国共産党中国遠洋運輸集団公司党組書記、副書記、成員、中国遠洋運輸集団公司総経理、副総経理、監事会主席
40	中国共産党中国海運（集団）公司党組書記、副書記、成員、中国海運（集団）公司総経理、副総経理、監事会主席
41	中国共産党中国航空集団公司党組書記、副書記、成員、中国航空集団公司総経理、副総経理、監事会主席
42	中国共産党中国東方航空集団公司党組書記、副書記、成員、中国東方航空集団公司総経理、副総経理、監事会主席
43	中国共産党中国南方航空集団公司党組書記、副書記、成員、中国南方航空集団公司総経理、副総経理、監事会主席
44	中国共産党中国中化集団公司党組書記、副書記、成員、中国中化集団公司総経理、副総経理、監事会主席
45	中国共産党中国糧油食品（集団）有限公司党組書記、中国糧油食品（集団）有限公司総経理、監事会主席
46	中国共産党中国五鉱集団公司党組書記、副書記、成員、中国五鉱集団公司総経理、副総経理、監事会主席
47	中国共産党中国通用技術（集団）控股有限責任公司党組書記、副書記、成員、中国通用技術（集団）控股有限責任公司総経理、副総経理、監事会主席
48	中国共産党中国建築工程総公司党組書記、副書記、成員、中国建築工程総公司総経理、副総経理、監事会主席
49	中国共産党中国儲備糧管理総公司党組書記、副書記、成員、中国儲備糧管理総公司総経理、副総経理、監事会主席
50	中国共産党中国国家開発投資公司党組書記、副書記、成員、中国国家投資開発公司総経理、副総経理、監事会主席
51	中国共産党招商局集団有限公司党組書記、副書記、成員、中国招商局集団有限公司総経理、副総経理、監事会主席
52	中国共産党華潤（集団）公司党組書記、副書記、成員、華潤（集団）公司総経理、副総経理、監事会主席
53	中国共産党香港中旅(集団)有限公司党組書記、副書記、成員、香港中旅(集団)有限公司総経理、副総経理、監事会主席

巻末資料 1h　銀行 22 行の党委員会書記、副書記、委員、董事長、副董事長、行長、副行長、監事会主席の職務

	銀行22行の党委員会書記、副書記、委員、董事長、副董事長、行長、副行長、監事会主席の職務
1	中国共産党中国工商銀行股份有限公司委員会書記、副書記、委員、中国工商銀行股份有限公司董事長、副董事長、行長、副行長、監事会主席
2	中国共産党中国建設銀行股份有限公司委員会書記、副書記、委員、中国建設銀行股份有限公司董事長、副董事長、行長、副行長、監事会主席
3	中国共産党中国農業銀行委員会書記、副書記、委員、中国農業銀行行長、副行長、監事会主席
4	中国共産党交通銀行股份有限公司委員会書記、副書記、委員、交通銀行股份有限公司董事長、副董事長、行長、副行長、監事会主席
5	中国共産党中国国家開発銀行委員会書記、副書記、委員、中国国家開発銀行行長、副行長、監事会主席
6	中国共産党中国進出口銀行股份有限公司委員会書記、副書記、委員、中国銀行股份有限公司董事長、副董事長、行長、副行長、監事会主席
7	中国共産党中国農業発展銀行委員会書記、副書記、委員、中国農業発展銀行行長、副行長、監事会主席
8	中国共産党中国華融資産管理公司委員会書記、副書記、委員、中国華融資産管理公司董事長、副董事長、総経理、副経理、監事会主席
9	中国共産党中国長城資産管理公司委員会書記、副書記、委員、中国長城資産管理公司董事長、副董事長、総経理、副経理、監事会主席
10	中国共産党中国東方資産管理公司委員会書記、副書記、委員、中国東方資産管理公司董事長、副董事長、総経理、副経理、監事会主席
11	中国共産党中国信達資産管理公司委員会書記、副書記、委員、中国信達資産管理公司董事長、副董事長、総経理、副経理、監事会主席
12	中国共産党華融資産管理公司委員会書記、副書記、委員、中国華融資産管理公司董事長、副董事長、総経理、副経理、監事会主席
13	中国共産党中国中信集団公司委員会書記、副書記、委員、中国中信集団公司董事長、副董事長、総経理、副経理、監事会主席
14	中国共産党中国光大集団公司委員会書記、副書記、委員、中国光大集団公司董事長、副董事長、総経理、副経理、中国光大銀行行長、副行長、監事会主席
15	中国共産党中煤信託投資有限責任公司委員会書記、副書記、委員、中煤信託投資有限責任公司董事長、副董事長、総経理、副経理、監事会主席
16	中国共産党中央国債登記結算有限責任公司委員会書記、副書記、委員、中央国債登記結算有限責任公司董事長、副董事長、総経理、副経理、監事会主席
17	中国共産党中国銀河証券有限公司委員会書記、副書記、委員、中国銀河証券有限公司董事長、副董事長、総経理、副経理、監事会主席
18	中国共産党中国民族証券有限責任公司委員会書記、副書記、委員、中国民族証券有限責任公司董事長、副董事長、総経理、副経理、監事会主席
19	中国共産党中国科技証券有限責任公司委員会書記、副書記、委員、中国科技証券有限責任公司董事長、副董事長、総経理、副経理、監事会主席
20	中国共産党中国人民保険公司委員会書記、副書記、委員、中国人民保険公司董事長、副董事長、総経理、副経理、監事会主席
21	中国共産党中国人寿保険公司委員会書記、副書記、委員、中国人寿保険公司董事長、副董事長、総経理、副経理、監事会主席
22	中国共産党中国再保険公司委員会書記、副書記、委員、中国再保険公司董事長、副董事長、総経理、副経理、監事会主席

巻末資料1i　中央の管理する大学の領導幹部職務31類

	中央の管理する大学の領導幹部職務31類
1	中国共産党清華大学委員会書記、清華大学校長
2	中国共産党北京大学委員会書記、北京大学校長
3	中国共産党天津大学委員会書記、天津大学校長
4	中国共産党南京大学委員会書記、南京大学校長
5	中国共産党復旦大学委員会書記、復旦大学校長
6	中国共産党山東大学委員会書記、山東大学校長
7	中国共産党吉林大学委員会書記、吉林大学校長
8	中国共産党廈門大学委員会書記、廈門大学校長
9	中国共産党重慶大学委員会書記、重慶大学校長
10	中国共産党東南大学委員会書記、東南大学校長
11	中国共産党中南大学委員会書記、中南大学校長
12	中国共産党四川大学委員会書記、四川大学校長
13	中国共産党蘭州大学委員会書記、蘭州大学校長
14	中国共産党同済大学委員会書記、同済大学校長
15	中国共産党南開大学委員会書記、南開大学校長
16	中国共産党浙江大学委員会書記、浙江大学校長
17	中国共産党中山大学委員会書記、中山大学校長
18	中国共産党武漢大学委員会書記、武漢大学校長
19	中国共産党哈爾濱工業大学委員会書記、哈爾濱工業大学校長
20	中国共産党大連理工大学委員会書記、大連理工大学校長
21	中国共産党中国人民大学委員会書記、中国人民大学校長
22	中国共産党北京師範大学委員会書記、北京師範大学校長
23	中国共産党北京航空航天大学委員会書記、北京航空航天大学校長
24	中国共産党北京理工大学委員会書記、北京理工大学校長
25	中国共産党中国農業大学委員会書記、中国農業大学校長
26	中国共産党西北農林科技大学委員会書記、西北農林科技大学校長
27	中国共産党中国科学技術大学委員会書記、中国科学技術大学校長
28	中国共産党西安交通大学委員会書記、西安交通大学校長
29	中国共産党西北工業大学委員会書記、西北工業大学校長
30	中国共産党上海交通大学委員会書記、上海交通大学校長
31	中国共産党華中科技大学委員会書記、華中科技大学校長

巻末資料 1j　中央の管理する大学の領導幹部職務 31 類

	中央の管理するその他単位の領導幹部職務 19 類
1	新疆生産建設兵団司令員、政治委員、中国共産党新疆生産建設兵団委員会書記、副書記；中国新建集団董事長、副董事長、総経理、中国共産党中国新建集団委員会書記、副書記
2	中国日報社社長、総編輯、中国共産党中国日報社党組書記、副書記
3	光明日報社社長、総編輯、中国共産党中国日報社党組書記、副書記
4	経済日報社社長、総編輯、中国共産党中国日報社党組書記、副書記
5	科技日報社社長、総編輯、中国共産党中国日報社党組書記、副書記
6	中国中央電視台台長、中国共産党中央電視台分党組書記
7	中国中央人民広播電台台長、中国共産党中央人民広播電台分党組書記
8	中国国際広播電台台長、中国共産党中国国際広播電台分党組書記
9	中国煤炭工業協会会長、中国共産党中国煤炭工業協会党組書記
10	中国石油和化学工業協会会長、中国共産党中国石油和化学工業協会党組書記
11	中国鋼鉄工業協会会長、中国共産党中国鋼鉄工業協会党組書記
12	中国紡織工業協会会長、中国共産党中国紡織工業協会党組書記
13	中国軽工業聯合会会長、中国共産党中国軽工業聯合会党組書記
14	中国鉱業聯合会会長、中国共産党中国鉱業聯合会党組書記
15	中国有色金属工業協会会長、中国共産党中国軽工業聯合会党組書記
16	中国建築材料工業聯合会会長、中国共産党中国建築材料工業聯合会党組書記
17	中国商業聯合会会長、中国共産党中国商業聯合会党組書記
18	中国物流与採購聯合会会長、中国共産党中国物流与採購聯合会党組書記
19	中国工業経済聯合会会長、中国共産党中国工業経済聯合会党組書記

巻末資料２　中国公務員の基本給と職務手当て（月額・元）

	月給総額	うち基本給	うち職務給	副部長級以上の高級幹部				
1級	7,820	3,820	4,000	国家級 4000 元				
2級	6,840	3,640	3,200	国家級副職 3200 元 2〜4				
3級	6,710	3,510	3,200					
4級	5,888	3,378	2,510		部長級 2510 元 4〜8		副部長級以上の高級幹部	13級以上高級部
5級	5,768	3,258	2,510					
6級	5,030	3,130	1,900			副部長級 1900 元 6〜10		
7級	4,780	2,880	1,900					
8級	4,060	2,650	1,410					
9級	3,848	2,438	1,410					
10級	3,234	2,244	990					
				副部長級以上の高級幹部				
11級	3,142	2,152	990	13級以上の高級幹部				
12級	2,895	2,065	830					
13級	2,816	1,986	830					
14級	2,475	1,835	640					
15級	2,344	1,704	640					
16級	2,089	1,579	430					
17級	1,833	1,403	430					
18級	1,674	1,294	380					
19級	1,481	1,141	340					
20級	1,341	1,001	340					
21級	1,213	873	340					
22級	1,097	757	340					
23級	993	653	340					
24級	936	596	340					
25級	860	520	340					
26級	795	455	340					
27級	760	420	340					

巻末資料

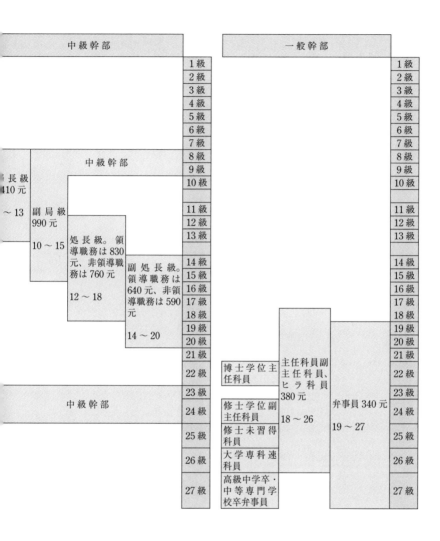

巻末資料３　中国の代表的な国有企業と金融機関（幹部は党中央が任命）

中央管理の国有重点企業53社（1998年リストによる）

経営幹部	総経理	総経理は正部級幹部
	党書記・委員は副部級幹部	
党務幹部	党組書記	党組書記は正部級幹部
	副書記・委員は副部級幹部	
航天科技集団公司		
経営幹部	総経理	総経理は正部級幹部
	副総経理・監事会主席	
党務幹部	党組書記	党組書記は正部級幹部
	副書記・委員は副部級幹部	
核工業集団公司		
国家級正職幹部	正部級・閣僚級の幹部	
国家級副職幹部	副部級・次官級の幹部	

1	2	3	4	5	6	7	8	9	10	11	12	13	14	15	16	17	18	19	20	21	22	23	24	25	26
核工業集団公司	核工業建設集団公司	航天科技集団公司	航天科工集団公司	航空工業第一集団公司	航空工業第二集団公司	船舶工業集団公司	船舶重工集団公司	兵器装備集団公司	兵器科技集団公司	電子科技集団公司	石油天然気集団公司	石油化工集団公司	海洋石油総公司	国家電網公司	南方電網有限責任公司	華能集団公司	大唐集団公司	華電集団公司	国電集団公司	電力投資集団公司	長江三峡工程開発総公司	神華集団有限責任公司	電信集団公司	電信局集団公司	網絡通信集団公司

28	29	30	31	32	33	34	35	36	37	38	39	40	41	42	43	44	45	46	47	48	49	50	51	52	53
電子信息産業集団公司	第一汽車集団公司	東風汽車公司	第二汽車集団公司	哈爾濱電站設備集団公司	第一重型機械集団公司	鞍山鋼鉄集団公司	上海宝山鋼鉄集団公司	武漢鋼鉄集団公司	鋁業集団公司	遠洋運輸集団公司	海運集団公司	航空集団公司	東方電気集団公司	南方航空集団公司	東方航空集団公司	中化集団公司	糧油食品集団公司	五鉱集団公司	通用技術集団控股有限責任公司	建築工程総公司	儲備糧管理総公司	国家開発投資公司	招商局集団有限公司	華潤集団有限公司	香港中旅集団有限公司

（※27欠番）

中央管理の金融機関22社（1998年リストによる）

1	2	3	4	5	6	7	8	9	10	11	12	13	14	15	16	17	18	19	20	21	22
工商銀行股份有限公司	建設銀行股份有限公司	農業銀行	交通銀行股份有限公司	国家開発銀行	進出口銀行	農業発展銀行	華融資産管理公司	農業資産管理公司	東方資産管理公司	信達資産管理公司	華融集団公司	光大集団公司	中煤信託投資有限責任公司	中央国債登記結算有限責任公司	銀河証券有限責任公司	民族証券有限公司	科技証券有限責任公司	人寿保険公司	人民保険公司	再保険公司

矢吹 晋（やぶき・すすむ）

1938年生まれ。東京大学経済学部卒。東洋経済新報社記者、アジア経済研究所研究員、横浜市立大学教授を経て、横浜市立大学名誉教授。(財)東洋文庫研究員、21世紀中国総研ディレクター、朝河貫一博士顕彰協会代表理事。

著書
『二〇〇〇年の中国』（論創社 1984）『チャイナ・ウオッチング──経済改革から政治改革へ』（蒼蒼社 1986）『「図説」中国の経済水準』（蒼蒼社 1986）『チャイナ・シンドローム』（蒼蒼社 1986）『中国開放のブレーン・トラスト』（蒼蒼社 1987）『ポスト鄧小平──改革と開放の行方』（蒼蒼社 1988）『中国のペレストロイカ』（蒼蒼社 1988）『文化大革命』（講談社現代新書 1989）『ペキノロジー』（蒼蒼社 1991）『毛沢東と周恩来』（講談社現代新書 1991）『保守派 vs. 改革派』（蒼蒼社 1991）『〈図説〉中国の経済』（蒼蒼社 1992）『鄧小平』（講談社現代新書 1993）『〈図説〉中国の経済』〈増補改定版〉（蒼蒼社 1994）『鄧小平なき中国経済』（蒼蒼社 1995）『巨大国家中国のゆくえ』（東方書店 1996）『中国人民解放軍』（講談社選書メチエ 1996）『〈図説〉中国の経済』〈第2版〉（蒼蒼社 1998）『「朱鎔基」中国市場経済の行方』（小学館文庫 2000）『中国の権力システム』（平凡社新書 2000）『中国から日本が見える』（That's Japan002、ウェイツ 2002）『鄧小平』（講談社学術文庫 2003）『日中の風穴』（智慧の海叢書、勉誠出版 2004）『激辛書評で知る中国の政治・経済の虚実』（日経BP社 2007）『朝河貫一とその時代』（花伝社 2007）『日本の発見──朝河貫一と歴史学』（花伝社 2008）『〈図説〉中国力（チャイナ・パワー）』（蒼蒼社 2010）『チャイメリカ』（花伝社 2012）『尖閣問題の核心』（花伝社 2013）『尖閣衝突は沖縄返還に始まる』（花伝社 2013）『敗戦・沖縄・天皇』（花伝社 2014）『対米従属の原点 ペリーの白旗』（花伝社 2015）『南シナ海領土紛争と日本』（花伝社 2016）『沖縄のナワを解く』（情況新書 2017）など多数。
『習近平の夢──台頭する中国と米中露三角関係』（花伝社 2017）で第5回「岡倉天心記念賞」最優秀賞を受賞。

共著・編著
『天安門事件の真相』〈上巻〉（編著、蒼蒼社 1990）『天安門事件の真相』〈下巻〉（編著、蒼蒼社 1990）『中国情報用語事典── 1999-2000年版』（共編、蒼蒼社 1999）『周恩来「十九歳の東京日記」』（解説、小学館文庫 1999）『一目でわかる中国経済地図』（編著、蒼蒼社 2010）『客家と中国革命』（共著、東方書店 2010）『劉暁波と中国民主化のゆくえ』（共著、花伝社 2011）『中共政権の爛熟・腐敗──習近平「虎退治」の闇を切り裂く』（共著、蒼蒼社 2014）『文化大革命──〈造反有理〉の現代的地平』（共著、白水社 2017）

訳書
『毛沢東政治経済学を語る──ソ連政治経済学読書ノート』（現代評論社 1974）『中国社会主義経済の理論』（竜渓書舎 1975）『毛沢東社会主義建設を語る』（編訳、現代評論社 1975）『中国石油』（編訳、竜渓書舎 1976）金思愷『思想の積木』（竜渓書舎 1977）J・ガーリー『中国経済と毛沢東戦略』（共訳、岩波現代選書 1978）王実味『中国トロツキスト回想録』（アジア叢書、柘植書房 1979）S・シュラム『改革期中国のイデオロギーと政策』（蒼蒼社 1987）『チャイナ・クライシス重要文献』〈第1巻〉（編訳、蒼蒼社 1989）『チャイナ・クライシス重要文献』〈第2巻〉（編訳、蒼蒼社 1989）『チャイナ・クライシス重要文献』〈第3巻〉（編訳、蒼蒼社 1989）アムネスティ・インターナショナル『中国における人権侵害』（共訳、蒼蒼社 1991）『ポーツマスから消された男──朝河貫一の日露戦争論』（編訳、横浜市立大学叢書4、東信堂 2002）朝河貫一『入来文書』（柏書房 2005）朝河貫一『大化改新』（柏書房 2006）『朝河貫一比較封建制論集』（編訳、柏書房 2007）『中世日本の土地と社会』（編訳、柏書房 2015）

中国の夢──電脳社会主義の可能性

2018年3月20日　初版第1刷発行

著者————矢吹　晋
発行者———平田　勝
発行————花伝社
発売————共栄書房
〒101-0065　東京都千代田区西神田2-5-11 出版輸送ビル2F
電話　　　03-3263-3813
FAX　　　03-3239-8272
E-mail　　info@kadensha.net
URL　　　http://www.kadensha.net
振替　　　00140-6-59661
装幀————三田村邦亮
カバー写真——The White House (https://youtu.be/IxkEBaP0sZQ)
印刷・製本——中央精版印刷株式会社

Ⓒ2018　矢吹　晋

本書の内容の一部あるいは全部を無断で複写複製（コピー）することは法律で認められた場合を除き、著作者および出版社の権利の侵害となりますので、その場合にはあらかじめ小社あて許諾を求めてください

ISBN978-4-7634-0849-5 C0036

― 花伝社の本 ―

習近平の夢
――台頭する中国と米中露三角関係

第5回「岡倉天心記念賞」最優秀賞受賞！

矢吹 晋 著

本体価格2500円＋税

●米中対決か米中提携か取り残される日本

習近平がシルクロードにかけた夢・「一帯一路」政策、アメリカの弱みを握るロシア、毛沢東化する習近平、北朝鮮への対応、首脳会談後に連結を強める米中、時代遅れの中国封じ込め製作に固執する安倍政権――トランプ登場で「チャイメリカ」はどうなる？

花伝社の本

チャイメリカ
——米中結託と日本の進路

矢吹晋 著

本体価格2200円＋税

●同床異夢——チャイメリカ＝米中結託＝協調体制こそが核心

中国に財布を握られているアメリカは、中国とは戦えない。
中国経済に深く依存する日本も、中国を敵にすることは不可能だ。
中国を仮想敵国とした日米安保は無用であり、
すみやかに条件を整えて廃止すべきだ。激動の中国を読む！

花伝社の本

尖閣問題の核心
——日中関係はどうなる

矢吹 晋 著

本体価格2200円＋税

●紛争の火種となった外務署の記録抹消・改ざんを糺す！
尖閣紛争をどう解決するか。
「棚上げ合意」は存在しなかったか？
日中相互不信の原点を探る。日米安保条約は尖閣諸島を守る保証となりうるか？

――― 花伝社の本 ―――

尖閣衝突は沖縄返還に始まる
―― 日米中三角関係の頂点としての尖閣

矢吹 晋 著

本体価格2500円＋税

● なぜアメリカは、尖閣の領有権問題で中立なのか？
なぜ「沖縄返還」は、「領有権返還」ではなく「施政権返還」だったのか？
なぜ周恩来は、日中国交回復交渉で尖閣棚上げを提起したのか？
なぜ中国・台湾は、アメリカの尖閣ミサイルの射爆場設置に抗議しないのか？
知られざる日米沖縄返還交渉の舞台裏と尖閣衝突の起源

花伝社の本

南シナ海領土紛争と日本

矢吹 晋 著

本体価格2000円＋税

●沖ノ鳥島は島か岩か？
南シナ海・南沙諸島紛争は、人類が経験した最も複雑な領有権争いである。その出発点に、日本の敗戦処理において、日本が戦時中に領有したこれらの島々を放棄しただけで、帰属先を決めていないことがあった。決して他人事ではない南シナ海領土紛争。その解決には人類の英知が試され、日本の役割が問われている。
人類・地球の宝、母なる海を、領土・領海ナショナリズムから解き放て。

―― 花伝社の本 ――

中国と南沙諸島紛争
――問題の起源、経緯と「仲裁裁定」後の展望

呉士存 著（中国南海研究院院長）
朱建榮 訳（東洋学園大学教授）

本体価格3500円＋税

●平和的解決の道はあるか？
中国の南シナ海問題の第一人者による
中国の立場・見解の全容の解明
平和的解決の道はあるか？

――南シナ海を沿岸国の「共通の庭」と提言した著者の真意は？